TABLEAU

DE

L'EUROPE ORIENTALE

OU

RECHERCHES HISTORIQUES ET STATISTIQUES

SUR LES PEUPLES

D'ORIGINE SLAVE, MAGYARE ET ROUMAINE

PAR N.-A. KUBALSKI

ANCIEN FONCTIONNAIRE PUBLIC EN POLOGNE

NOUVELLE ÉDITION

AUGMENTÉE D'UN APPENDICE CONTENANT LES DERNIERS DOCUMENTS SUR LA

QUESTION D'ORIENT

Avec une carte coloriée comprenant le

THÉATRE DE LA GUERRE ACTUELLE

PAR MM. Ld CHODZKO ET P. RAYMOND

PARIS

DELARUE, LIBRAIRE

11 QUAI DES AUGUSTINS

ET CHEZ TOUS LES LIBRAIRES DE PARIS ET DES DÉPARTEMENTS.

1854

AVERTISSEMENT

———⋅⊶⊷⋅———

•

Les graves événements dont l'Europe orientale devient, en ce moment, le théâtre, excitent au plus haut point l'attention publique.

Cette circonstance est venue donner un nouvel et puissant intérêt aux *Recherches sur les Peuples d'origine slave, magyare et roumaine*, peuples qui habitent les pays où va se décider un débat si important pour l'équilibre européen.

C'était un devoir pour l'auteur de chercher à mériter de plus en plus les encouragements flatteurs dont la presse périodique l'a honoré, et il s'est efforcé de le remplir en complétant son travail.

Les documents les plus intéressants qui se rattachent à la question d'Orient ont été recueillis, classés et réunis dans un *Appendice*, et, de plus, la carte jointe aux *Recherches* a reçu aussi les développements nécessaires pour qu'on puisse suivre les opérations des armées belligérantes.

Nous espérons que ces améliorations seront appréciées, et vaudront à cette nouvelle édition un favorable accueil du public.

N. - A. KUBALSKI.

Mai 1854.

TABLEAU GÉNÉRAL

DES PEUPLES

D'ORIGINE SLAVE, MAGYARE ET ROUMAINE

SOUMIS (en 1848) AUX CINQ ÉTATS EUROPÉENS

RUSSIE, AUTRICHE, PRUSSE, SAXE royale et TURQUIE

		ÉTATS			PEUPLES						IDIOMES		CULTES	
			ORIGINES ET BRANCHES.			NOMBRE D'INDIVIDUS PAR RACES.						DES	OFFICIELS ou	PROFESSÉS par les
NOMS.	GOUVERNEMENTS.	RACES INDIGÈNES.	NATIONALITÉS.	TRIBUS.	RAPPORT aux races étrangères.	Slaves y compris les Lettons.	Magyares.	Roumains.	Divers.	Ensemble.	OFFICIELS.	MASSES.	DOMINANTS.	MASSES.
						millions	millions	millions	millions	millions				
Russie d'Europe.	Autocratie illimitée dans le spirituel et le temporel.	Slaves.	Russo-Moskovite (Normando-Slaves).	Grands Russes ou Moskovites, Bulgares, Ouraliens, Kosaks, etc.	Mêlés avec les Normands et Tatares.	$54.$	»	$0.\frac{16}{20}$	$6.\frac{18}{20}$	$41.\frac{8}{20}$	Moskovite.	Moskovite, Polonais, Russien.	Greco-Russe, doublement schismatique et politique.	Greco-Russe.
Russie, Autriche et Prusse (Pologne).	Autocratie comme ci-dessus, et monarchies absolues dans le temporel ou tempérées par les institutions modernes et constitutionnelles.	Idem.	Polono-Russienne (Letto-Slaves).	Polonais, Russiens, Lithuaniens, etc.	Libres du mélange étranger.	$16.\frac{11}{20}$	»	»	$5.\frac{2}{20}$	$22.$	Moskovite et Allemand.	Polonais, Russien, Allemand.	Greco-Russe, catholique romain et protestant.	Catholique romain.
Autriche, Prusse et Saxe royale, (Bohême, Silésie, Luzace, etc.)	Monarchies comme ci-dessus.	Idem.	Bohême ou Tchèque Polonaise, Illyrienne, (Germano-Slaves).	Tchèques, Polonais, Horvates, Slovaques, Raizes, Vendes, etc.	Mêlés avec les Allemands.	$7.\frac{8}{20}$	»	»	$4.$	$11.\frac{8}{20}$	Allemand.	Tchèque, Illyrien, Allemand.	Catholique romain.	Catholique romain et protestant.
Turquie, (Serbie, Bulgarie etc.).	Monarchie féodale (en partie) et absolue dans le temporel.	Idem.	Illyrienne (Turco-Slaves).	Kroates, Serbes, Bulgares, Albanais, etc.	Mêlés avec les Turcs.	$3.\frac{14}{20}$	»	$0.\frac{2}{20}$	$0.\frac{8}{20}$	$4.\frac{4}{20}$	Illyrien et Turc.	Illyrien et Turc.	Grec-schismatique et mahométan.	Grec-schismatique et mahométan.
Autriche, (Hongrie, Transylvanie etc.).	Monarchie absolue dans le temporel, et en partie constitutionnelle.	Magyares, Slaves et Roumains.	Hongroise, Tchèque, Illyrienne, Valaque.	Hongrois, Scheklars (Magyares), Slovaques, Kroates, Serbes, etc. (Slaves), Valaques (Roumains).	Les Magyares seuls sont libres du mélange étranger.	$6.\frac{6}{20}$	$5.\frac{3}{20}$	$1.$	$1.\frac{8}{20}$	$14.\frac{4}{20}$	Magyare.	Magyaro, Tchèque, Illyrien, Valaque.	Catholique romain.	Catholique romain.
Turquie, (Moldavie et Valachie).	Monarchie féodale, mais tempérée par des institutions modernes.	Roumains.	Moldo-Valaque.	Valaques, Moldaviens, etc.	Mêlés avec les Slaves.	$0.\frac{3}{20}$	»	$3.\frac{4}{20}$	$0.\frac{7}{20}$	$3.\frac{14}{20}$	Valaque.	Valaque.	Grec-schismatique.	Grec-schismatique.
TOTAUX						$68.\frac{7}{20}$	$5.\frac{9}{20}$	$4.\frac{16}{20}$	$18.\frac{4}{20}$	$96.\frac{18}{20}$				

INTRODUCTION

Melior est sapientia quam vires, et vir
prudens quam fortis.

LIVRE DE LA SAGESSE.

On sait que la question d'Orient, depuis si long-temps débattue, attend toujours une solution défini-tive; on n'ignore pas non plus que l'état social des pays situés dans le nord-est de l'Europe n'est rien moins que rassurant. Il importe donc d'appeler l'at-tention publique sur les peuples plus particulière-ment intéressés au dénouement du double drame qui se laisse entrevoir.

Un tel appel semble d'autant plus urgent qu'on pourrait encore prévenir une crise et ses consé-quences incalculables pour le monde civilisé.

En effet, l'agitation qui travaille depuis plus d'un siècle le continent européen, provient principalement de ce que l'équilibre politique et territorial y est for-

A

tement ébranlé: c'est l'avis des publicistes éminents
de notre époque.

Il paraît évident que, pour remédier au mal, il faudrait rasseoir cet équilibre sur ses bases naturelles ;
c'est-à-dire sur la reconstitution des nationalités
qui, formées dans le temps et graduellement déve-
loppées par races ou branches distinctes, subissent aujourd'hui pour la plupart la domination de l'étranger.

Cette restauration, aussi légitime qu'elle est nécessaire, restera-t-elle subordonnée à des palliatifs
politiques? ou l'attendra-t-on de quelque nouvelle
révolution, d'une violente intervention des peuples ?

L'expérience répond négativement à ces questions.

Pour apaiser les esprits, pour empêcher une con-
flagration générale, devra-t-on s'abandonner à ces
promoteurs de la paix universelle dont la politique
n'aboutirait qu'au maintien du *statu quo* des États
européens ?

Agir ainsi, ce serait imiter l'ingénieur qui pré-
tendrait arrêter le débordement d'un fleuve, sans
régler d'abord le cours de ses affluents.

Non ! C'est au mal même qu'il convient de s'attaquer pour détruire une agitation si menaçante pour
le repos de l'Europe, et, selon nous, ce but ne saurait être sûrement atteint que par la reconstitution

de celles des nationalités dont l'asservissement est une des causes principales de l'agitation qui vient d'être signalée.

Ces diverses considérations nous ont amené à de longues et sérieuses recherches sur les peuples de la partie orientale de l'Europe comprise entre les Ourals, les Alpes et la Baltique, peuples encore peu connus ou mal appréciés.

Le résultat de nos investigations se trouve consigné dans l'ouvrage que nous présentons au public.

Un tableau général placé en tête du livre donne la classification des peuples d'origine slave, magyare et roumaine.

Il ressort du tableau :

Que ces peuples comptent à eux seuls près de cent millions d'individus, ou plus des deux cinquièmes de la population totale de l'Europe ;

Que sur ce nombre un sixième seulement est d'origine étrangère, et que les cinq autres sixièmes appartiennent aux trois grandes races qui nous occupent ;

Que ces races se subdivisent en six branches ou nationalités, dont chacune comprend plusieurs tribus, et dont quatre notamment sortent de la race slave.

Enfin, que cinq desdites branches ou nationalités,

formant plus de la moitié du nombre total de ces peuples, subissent la domination de l'étranger, ou sont soumises à des branches de même origine, mais composées d'éléments différents.

Une série d'observations et de comparaisons montre ensuite le passé des pays habités par ces peuples dans leurs diverses périodes, depuis l'introduction du christianisme jusqu'à nos jours, et leur état actuel. Constitution physique, industrie, productions, — population, idiomes, croyances religieuses, conditions sociales, — ressources financières et forces militaires; ces différents sujets, soigneusement examinés, se trouvent présentés, aux yeux du lecteur, en chiffres extraits de documents authentiques ou puisés à d'autres sources dignes de foi.

Ces chiffres sont le résultat de recherches consciencieuses et d'appréciations mûrement réfléchies: aussi, bien qu'ils ne s'accordent pas toujours avec certains autres calculs, doit-on les considérer comme se rapprochant le plus de la vérité.

A la suite du texte, trois tableaux synoptiques, résumant les détails, en font mieux saisir l'ensemble, et une carte ethnographique présente la situation de chacun des pays dont il est question dans l'ouvrage. Enfin, de nombreuses notes et pièces justificatives viennent, pour ainsi dire, corroborer les faits et les considérations qui précèdent.

De cet examen général il résulte, en substance, ce qui suit:

1° Les pays habités par les peuples dont il s'agit relèvent aujourd'hui, directement ou indirectement, des trois empires germanique, russe et ottoman.

Les deux premiers de ces empires ne sont qu'une agglomération de plusieurs races différentes, tandis que le troisième renferme le reste de pays autrefois conquis sur diverses races ou nationalités chrétiennes.

2° La plupart de ces pays ont plus d'étendue, sont placés dans de meilleures conditions physiques, renferment une population relativement plus nombreuse, ou ont plus de forces productives que les empires dont ils font partie. Ils contribuent donc essentiellement aux avantages matériels dont jouissent ces derniers, au détriment non-seulement de leurs habitants primitifs, mais encore des États de l'Europe occidentale qui], par suite, ne sont plus en relations directes avec eux.

3° Les différences de nationalités, d'idiomes, de croyances religieuses, produisent des résultats encore plus fâcheux.

Autrefois ces peuples étaient pour la plupart indépendants, parlaient chacun une même langue et professaient la religion chrétienne selon les trois rites, latin, grec et arménien.

Aujourd'hui ils subissent une domination plus ou moins étrangère, des langues différentes et de nouveaux cultes, dont l'un, le gréco-russe, doublement schismatique et essentiellement politique, tend de jour en jour à absorber les autres confessions.

4° Parmi ces populations, formées en grande majorité de paysans, on compte plus d'un tiers de serfs attachés à la glèbe et de colons militaires, tandis que le nombre des manufacturiers, et surtout des propriétaires fonciers, est relativement fort insignifiant.

5° Bien que plusieurs de ces pays aient en eux des ressources financières et autres suffisantes, et au delà, pour assurer leur indépendance, ils paraissent aujourd'hui plus ou moins épuisés par le détournement de ces ressources au profit de trois empires, comparativement plus pauvres ou plus obérés.

6° Enfin, les populations de la Pologne et de la Hongrie, qui comptent pour plus d'un tiers parmi les habitants des trois races, s'en distinguent principalement par l'ancienneté de leur indépendance nationale et par leur homogénéité mieux conservée.

Dans un état de choses aussi anormal, ce qui doit frapper avant tout, c'est, d'une part, le préjudice qui en résulte pour les intérêts actuels de l'Europe occidentale, et, d'une autre part, les dangers que les nations libres pourraient courir si cet état devait se prolonger sans contre-poids.

Ces dangers seraient d'autant plus imminents que les États russo-allemands sont organisés militairement ou régis par des institutions féodales. Étroitement liés entre eux, ils continuent ainsi le système prétendu conservateur, qui, en définitive, n'aboutit qu'à la conquête.

Espérons que la France et l'Angleterre, qui marchent à la tête de la civilisation moderne, ne perdront jamais de vue les conséquences possibles d'une situation qui a tant de gravité.

En résumé, l'auteur, tenant compte des détails historiques et statistiques sur les peuples d'origine slave, magyare et roumaine, s'est attaché surtout à faire connaître les éléments essentiels de leur vie sociale et nationale, à signaler les principaux obstacles qui en arrêtent le développement.

A cause de leur plus d'étendue et de population, la Russie et la Pologne occupent dans le livre une place plus large qu'aucun des autres pays. Il est encore à remarquer que pour la première fois, la Pologne et quelques pays secondaires ont été présentés séparément, c'est-à-dire isolés des États dont ils font aujourd'hui partie.

Ainsi, mis à même de constater par une étude consciencieuse les causes et les effets du mal, le lecteur éclairé parviendra plus facilement à se faire une idée des moyens propres à prévenir les dangers dont l'Europe continentale semble aujourd'hui menacée.

Il ne sera pas inutile d'ajouter : que l'auteur a pris soin de se tenir constamment en dehors de tout esprit de parti; qu'en comparant entre eux les divers pays, il n'a voulu porter aucune atteinte au caractère de leurs habitants; enfin, que son exposé s'arrête généralement à l'année 1848, d'ailleurs si féconde en événements.

En terminant, il nous reste à exprimer l'espoir que les efforts de l'auteur seront appréciés par tous les amis du progrès et de l'humanité.

PREMIÈRE PARTIE

PAYS HABITÉS PAR LES PEUPLES D'ORIGINE SLAVE ET LETTONNE

Avant d'aborder les détails concernant les habitants de ces pays (dont ceux d'origine slave sont connus aussi sous le faux nom d'*Esclavons*), nous croyons devoir donner une notice sur leur passé en général.

Nous y ajoutons quelques mots sur leurs langues et leur littérature.

NOTICES PRÉLIMINAIRES.

Voici un extrait de l'article que nous avons publié, en 1844, dans l'*Encyclopédie du XIX siècle*, sous le titre *Slaves*, article que nous reproduisons avec quelques corrections :

« Ces peuples (Slaves) doivent leur nom selon les uns au mot *slava*, qui dans leur langue signifie gloire ou renommée, selon les autres au mot *slovo*, qui signifie parole. Comme les Allemands, ils ont conservé sans altération leur caractère primitif. L'Inde paraît avoir été leur berceau ; on trouve, en effet, dans cette contrée de remarquables vestiges de l'idiome et de la mythologie slaves. Quelques historiens les font descendre des anciens

Sarmates, et, d'après le témoignage d'Hérodote, ils habitaient déjà, de son temps, sous le nom de Scythes, les contrées situées sur les bords du Tyras ou Dniester. Quoi qu'il en soit, leur arrivée en Europe précède de plusieurs siècles le commencement de l'ère chrétienne. Selon Jornandès, écrivain du VIᵉ siècle, ils occupaient le nord des monts Karpathes (Krapaks) depuis la source de la Vistule jusqu'à la mer Baltique, et depuis le Dniester jusqu'au Tanaïs (Don). Les anciens historiens représentent ces peuples comme s'adonnant à l'agriculture, laborieux, hospitaliers, doux et pacifiques; ils ne faisaient la guerre que pour repousser les attaques injustes des étrangers.

« Après avoir été soumis par les Goths et les Huns, vers la fin du IVᵉ siècle, les Slaves se virent pressés par les hordes de Mongols venues du Kaukase et des bords de la mer Noire; ils furent forcés de se retirer sur les bords du Danube. Cette retraite eut lieu au VIᵉ siècle, lorsque les Vendes ou Vénèdes, ayant franchi les monts Karpathes, envahirent les pays abandonnés par les Goths entre la Vistule et l'Elbe.

« Plus tard, on voit les peuples Vendo-Slaves former deux puissantes associations, désignées sous le nom de grande et de petite Krobatie. La première renfermait la Bohême orientale, la Pologne et la Silésie; la seconde comprenait la Bohême occidentale, la Moravie, la Misnie et la Serbie. Attaqués tour à tour par les Francs et les Avares, ces États se morcelèrent et formèrent plusieurs subdivisions; *Samo* les réunit sous sa domination vers le milieu du VIIᵉ siècle.

« Peu de temps après, les Slaves commencèrent à

former des nations distinctes, répandues entre la mer Adriatique et la Baltique. On voit d'abord figurer parmi elles : les Bohêmes ou Tchekhs, les Moraviens, les Sorabes, les Obotrites, les Vilziens, les Poméraniens ; puis les Polonais ou Polacy (descendants des Polaniens ou Lechites), les Russiens ou Rutheniens, les Serviens ou Serbiens, les Bulgares.

« Les Slaves avaient pour voisins, d'un côté, les peuples d'origine germanique, lettonne et scandinave, habitant sur les bords de la mer Baltique (Prussiens ou Borussiens, Litvaniens, Samogitiens, Kourlandais, Livoniens, Estoniens, Finnois ou Normands) ; de l'autre, ceux d'origine magyare, grecque et mongole. Quelques-uns des peuples slaves, habitant entre l'Oder et l'Elbe, parvinrent à s'établir sur la rive gauche de ce dernier fleuve ; mais attaqués par les Allemands, ils furent exterminés ou germanisés. Vers ce temps on voit les Normands envahir les pays habités par les Slaves, sur la rive gauche du Dniéper, qui sont connus sous le nom de Grande-Russie ou de Moskovie.

« L'idolàtrie était le culte des anciens Slaves ; ils adoraient la divinité sous deux noms principaux, savoir : *Bely-Bog* (Dieu blanc ou bon), et *Tcherny-Bog* (Dieu noir ou mauvais). Ils se réunissaient, pour exercer leur culte, dans les temples ou dans les forêts sacrées ; ils étaient dans l'usage de brûler les corps des personnes défuntes.

« C'est seulement au IXᵉ siècle, après les conquêtes de Charlemagne, que les Slaves commencèrent à embrasser le christianisme. Les Bohêmes et les Moraves furent éclairés les premiers de la lumière évangélique, dont les rayons se répandirent successivement sur les Polonais, les Russiens, les Poméraniens et les Prussiens. Ces derniers cependant retombèrent plus d'une fois dans l'idolâtrie. La conversion des Slaves, y compris les Magyares (Hongrois), fut le résultat des efforts du clergé romain; mais les Russiens et une partie des Bohêmes reçurent le baptème des prêtres grecs. On cite, parmi les apôtres qui firent briller chez les Slaves les premiers rayons du christianisme, saints Cyrille et Methode, Greco-Slaves d'origine, et saint Adalbert ou *Woyciech*, d'origine tchèque, qui fut successivement évêque de Prague et de Gnezne. De là vient qu'on voit parmi ces peuples deux rites différents: le latin ou romain, et le grec ou oriental. Ces deux rites ne différaient d'abord entre eux que par la langue et les cérémonies usitées dans la liturgie; mais depuis le schisme entre l'Église romaine et les Grecs, ils se divisèrent en deux communions distinctes.

« Vers la fin du ixe siècle les Bohêmes, les Moraves, les Polonais et les Russiens formaient déjà des États indépendants, gouvernés par des rois, des ducs ou des grands-ducs, qui se transmettaient le pouvoir par ordre de primogéniture.

« Micezyslas, duc de Pologne, issu de la famille de Piast, se signala en embrassant le christianisme avec tout son peuple (965). Cet exemple fut imité par Vladimir, grand-duc de Kiew, descendant de Rurik (988); ce prince se distingua aussi par ses conquêtes. En mourant il partagea le grand-duché entre ses fils. Depuis cette époque, on vit s'élever dans les terres russiennes plusieurs principautés indépendantes, dont les chefs étaient presque continuellement en état d'hostilité.

« Le gouvernement des Slaves paraît alors concentré dans les mains des princes, dont la volonté, éclairée par les conseils des notables, servait de règle plutôt que la loi écrite. Les terres étaient la propriété exclusive du prince et de quelques familles privilégiées.

« L'industrie était encore dans l'enfance, le commerce n'était fait que par des étrangers, et se concentrait dans quelques villes dont voici les principales : Prague, Olmutz, Belgrade, Viddin, Varna, Krakovie, Posen, Gnesne, Smolensk, Polock, Kiew, Rostow, Nowgorod, Pskow ; ces deux dernières villes, habitées par les Normands, formaient des États républicains.

« Au commencement du xie siècle, Boleslas le Grand, dit *Chabry* ou Valeureux, roi de Pologne, ayant repris aux Allemands et aux Hongrois les pays habités par les Slaves, étendit les frontières de ses États jusqu'à l'Elbe et au Danube; mais un de ses successeurs, Boleslas dit Bouche de travers, les partagea entre ses fils, division par suite de laquelle la Pologne se trouva déchirée par des discordes intestines, et envahie par des peuples voisins. Dans cette situation critique, on appela (1225) au secours de la Pologne les chevaliers teutoniques, qui, après de longues guerres, s'emparèrent de la Prusse et d'une partie de la Litvanie; on les voit, plus tard, tourner leurs armes contre leurs maîtres.

« A la même époque les Obotrites, unis à plusieurs tribus vendes, formèrent un État puissant, qui, peu de temps après, fut subjugué par les princes saxons et les rois du Danemark.

« D'un autre côté, les Mongols envahirent, à la fin du xiie siècle, les pays habités par les Slaves, invasion par

suite de laquelle ces contrées furent ravagées et soumises
en grande partie. C'est alors que diverses tribus slaves
s'établissent sur les bords du Danube, et qu'on voit
s'élever les royaumes de Krobatie ou Kroatie, de Slavonie, de Dalmatie, de Serbie, de Bosnie, de Bulgarie, etc. Tous ces États, après avoir opposé une vive
résistance aux Grecs, aux Magyares (Hongrois), aux
Italiens (Vénitiens), aux Turcs et aux Allemands (Autrichiens), finirent par tomber sous le joug de ces puissances. La Bohême et la Hongrie éprouvèrent le même
sort : d'électifs qu'ils étaient, ces royaumes devinrent
héréditaires sous l'empire de la maison d'Autriche.

« Vers la fin du xıvᵉ siècle (1386), Wladislas Jagellon,
grand-duc de Litvanie, embrasse le catholicisme et,
après avoir épousé Hedvige, reine de Pologne, unit son
pays à ce dernier royaume. Ensuite on voit cet État
former, pendant deux siècles environ (1386-1572), une
monarchie tempérée qui, régie plus d'une fois par les
mêmes princes que la Hongrie et la Bohême, résista aux
attaques des Turks, conquérants de l'empire d'Orient, et
des Mongols, devenus si terribles pour la chrétienté.
C'est alors que la Moldavie et la Walaquie reconnurent
la souveraineté de la Pologne; peu de temps après la
Kourlande et la Prusse, ayant échappé aux mains des
chevaliers teutoniques, suivirent l'exemple de ces
pays.

« Ainsi se trouva consommée l'union de trois peuples,
savoir : des Polonais, des Litvaniens et des Russiens.
Les Russiens, unis de cette manière, sont connus sous le
nom de Ruthéniens ou de Petits-Russiens. On les distingue ainsi parce qu'ils diffèrent par leur dialecte et par

leurs coutumes des Grands-Russiens ou Moskovites qui, mêlés jadis avec les Varègues-Normands, restèrent pendant plus de deux siècles sous la domination des Tatares ou Mongols. En effet, ce n'est que vers la fin du xve siècle qu'on les voit secouer le joug de ces hordes barbares; ils enlèvent ensuite à leurs anciens maîtres les royaumes de Kasan et d'Astrakan, subjuguent les villes libres habitées par les Normands, et s'emparent de la Sibérie, contrée nouvellement découverte. C'est alors que leurs princes, issus de la maison de Rurik, ayant pris le titre de tzars, adoptent la politique des Mongols, et qu'ils établissent un gouvernement despotique qui bientôt, sous le règne de Jean le Terrible, dégénéra en tyrannie. A la même époque, le protestantisme, qui avait pris naissance en Allemagne, se répandit parmi les Slaves voisins de ces pays; il excita des luttes sanglantes, surtout en Bohême. D'un autre côté, les Russiens (Ruthéniens) se réunirent volontairement à l'Église romaine. Dans ce temps aussi les Turcs envahissent les pays slaves situés sur les bords du Danube. »

On voit par ce qui précède que les peuples d'origine slave se divisent en trois grandes branches ou nationalités qui habitent les pays situés dans le nord-est de l'Europe, savoir :

1° *Grands-Russes* ou *Moskovites* (Normando-Slaves), dont le berceau est l'empire de Russie proprement dit.

2° *Polonais* et *Russiens* ou *Ruthéniens*, y compris les *Lettons* ou *Litvaniens* (Letto-Slaves), qui habitent l'ancienne Pologne, la Silésie, la Litvanie et les provinces connues jusqu'à présent sous le nom de *Terres Russiennes*.

3° *Bohêmes* et *Illyriens* (Germano-Turco-Slaves) habitant la Bohême, la Moravie, la Serbie, la Bulgarie, la Bosnie, l'Albanie, la Hongrie et autres pays voisins.

LANGUES ET LITTÉRATURE.

Le peuple slave est, ainsi qu'on vient de le voir, originaire de l'Inde, et sa langue paraît dériver de l'idiome sanskrit.

Remarquable par la régularité de ses formes, sa mélodie, et la richesse de ses expressions, elle aurait une grande supériorité sur les langues d'origine latine, si elle n'était partagée en une foule d'idiomes ayant chacun son cachet particulier. Les principaux de ces idiomes (excepté le litvanien) sont au nombre de cinq, savoir :

1° Le *vieux slavon* (langue liturgique). Les monuments littéraires de cette langue remontent jusqu'au IXᵉ siècle, époque à laquelle les Slaves embrassèrent le christianisme ; cependant elle ne s'emploie plus que dans les livres religieux qui aujourd'hui servent à l'usage du clergé grec exclusivement. Nous voulons parler du clergé grec-uni, qui reste en communion avec l'Église de Rome, ainsi que de celui qui en est séparé, y compris les Greco - Russes ou Moskovites. Quelques philologues modernes prétendent voir dans cet idiome un des anciens dialectes illyriens.

2° Le *bohême* (tchèque). Malgré les nombreux germanismes qui s'y sont introduits depuis trois siècles, cette langue ne s'éloigne pas encore beaucoup de sa pureté primitive. Divisée en trois principaux dialectes, plus ou moins différents (tchèque, slovake et vende), elle est l'idiome des Slaves qui habitent la Bohême, la Moravie, la Lusace et la Hongrie.

Quant à la littérature tchèque, elle est répandue surtout dans les pays que nous venons de citer, et ses monuments écrits remontent jusqu'au vi^e siècle, époque à laquelle les Slaves étaient encore païens. Après avoir atteint le plus haut degré de son développement, dans le courant du xive siècle, cette littérature tomba sous l'action de la cour de Vienne dans une telle décadence, que la plupart de ses monuments furent détruits ou dispersés. Cependant, de nos jours, on s'occupe de leur réunion, et la littérature tchèque paraît se relever de sa chute.

3° *Le polonais* et *le russien.* Après avoir formé primitivement l'un des dialectes du bohême ou tchèque, la langue polonaise commença à s'en séparer vers la fin du xive siècle, et à s'unir avec le russien ; ce fut alors que sa littérature prit un grand essor. Cette langue se divise en plusieurs dialectes différant peu entre eux, et conservant encore leur pureté primitive. Les principaux sont le *polonais* proprement dit et le *russien* (ruthénien), dont se servent les Slaves habitant non-seulement la Pologne et la Litvanie, mais encore les pays unis jadis avec ces deux États (Silésie, Volhynie, Podolie, Russie-Blanche, Petite-Russie, etc.).

Quant aux monuments littéraires de l'idiome polonais, ils remontent à la même époque que ceux du bohême ou tchèque. Du reste, sa littérature, qui est commune aux habitants de tous les pays dont nous venons de parler, se développe tous les jours davantage et se fait connaître même des diverses autres contrées de l'Europe continentale.

4° *Le moskovite* (russe). Cet idiome, qui dérive du russien, doit son origine aux réformes dont il fut l'objet au commencement du xviiie siècle, époque à laquelle il reçut un nouvel alphabet (grec-modifié), et fut élevé au rang de langue officielle du nouvel empire de Russie. On y trouve plusieurs mots étrangers (varègues, tatares, allemands, etc.), mélange qui le fait différer des autres idiomes slaves plus rapprochés de leur source primitive. Le moskovite (russe) est la langue des Slaves (Grands-Russes ou Moskovites) habitant les provinces de la vieille Russie et ses colonies non européennes, qui subissaient jadis la domination soit des Varigues-Normands, soit des Mongols ou Tatares. Bien que sa littérature ne date que d'un siècle et demi, elle possède déjà un assez grand nombre d'ouvrages en prose et en vers, mais qui consistent principalement en traductions des langues étrangères.

5° L'*illyrien*. Renfermant beaucoup de mots étrangers (grecs, turcs, allemands, italiens), cette langue se divise en plusieurs dialectes dont les principaux, qui se rapprochent le plus de leur pureté primitive, sont le *serbe*, le *bulgare* et le *kroute*; ils sont en usage dans les pays situés entre les mers Noire et Adriatique (Serbie, Bulgarie, Bosnie, Albanie, Kroatie, Dalmatie, etc.). Les monuments littéraires de l'illyrien qui remontaient au ixe siècle furent détruits en grande partie lors de l'invasion des Turks; cependant, il reste encore des chants populaires qui, datant pour la plupart des temps postérieurs, se conservent surtout parmi les Serbes et les Bulgares.

Aujourd'hui la littérature illyrienne commence à

renaître en Kroatie, et il est même question dans ce pays (Agram) d'adopter un des idiomes vivants qui serait commun à tous.

Enfin, pour ce qui concerne le litvanien qui, étant d'origine celtique ou finnoise, n'a rien de commun avec le slave, nous observerons qu'il n'est plus en usage que parmi les paysans de quelques contrées de la Litvanie, et que ses monuments littéraires se réduisent aux livres de piété ou aux chants populaires, dont se servent exclusivement les personnes auxquelles le *polonais* et le *russien* sont tout à fait inconnus.

CHAPITRE I

RUSSIE D'EUROPE (EMPIRE DE)

——————◄✪►——————

§ 1er.

NOTICE HISTORIQUE.

Ainsi qu'on l'a vu plus haut, les fastes de cet empire peuvent être divisés en trois grandes périodes, savoir :

1° Depuis l'introduction du christianisme (d'après le rite grec ou oriental), parmi les anciens habitants du pays, jusqu'à l'invasion des Mongols ou Tatares (988-1236).

2° Depuis cette invasion jusqu'à l'émancipation des Grands-Russes ou Moskovites (1236-1477).

3° Enfin depuis cette dernière époque jusqu'à nos jours (1477-1848).

PREMIÈRE PÉRIODE.

Dans le courant de cette période, dont la durée n'est que d'un siècle et demi environ, on voit d'abord le noyau de l'empire actuel de Russie, compris sous le nom de *grand-duché de Kiovie*, s'étendre entre le Dniéper (Borysthène), le Volga (Rha) et la Dzwina (Rubo ou Duna). Ces pays se trouvaient déjà envahis par l'un des peuples scandinaves (Varègues-Normands) sous la conduite des princes issus de la maison de Rurik.

Peu de temps après, le même État se divise en diverses principautés plus ou moins indépendantes, et ces divisions provoquent maintes fois l'intervention des rois de Pologne en faveur des chefs dépossédés.

C'est dans le courant de cette période que la plupart des nouvelles principautés prennent les noms de Russie (grande, petite, blanche, noire, rouge), et que la population slave commence à se mêler aux races normande, finnoise et autres, habitant sur les frontières de l'Asie.

Enfin, le schisme grec ayant éclaté en Orient au milieu de cette même période (xie siècle), pénètre bientôt dans ces pays, et parvient à s'y consolider.

DEUXIÈME PÉRIODE.

Au commencement de cette période, qui embrasse plus de deux siècles, le grand-duché de Kiovie est encore envahi par les Mongols ou Tatares; mais il trouve bientôt ses libérateurs dans les grands-ducs de Litvanie, qui parviennent à en affranchir une partie, y compris la capitale (Kiow). Annexés à la Litvanie, ces pays en partagent le sort, et s'unissent, sous le nom de Terres Russiennes, avec la Pologne (1386).

Quant aux autres parties du même État, elles continuent de rester tributaires des Tatares jusqu'à la fin de la même période.

De cette époque date la distinction entre les Russiens ou Ruthéniens (sujets de la Pologne), et les Russes proprement dits, ou Grands-Russes (soumis aux Tatares), ainsi que le mélange de ces derniers avec la race mongole ou tatare. Alors eut lieu la dissolution du grand-duché de Kiovie, et on vit surgir à sa place celui de Moskovie appelé aussi Tzarat (1328).

TROISIÈME PÉRIODE.

Dans le courant de cette période, qui est plus longue que les deux précédentes, les grands-ducs ou tzars de Moskovie commencent à suivre le système politique des Tatares; ils s'arrogent un pouvoir arbitraire, et en poussent l'exercice jusqu'à la tyrannie.

D'un autre côté, en s'appuyant sur les armées permanentes, ils deviennent conquérants à leur tour et se jettent sur les États voisins. Par suite de cette politique, ces princes parviennent à s'emparer non-seulement des pays possédés par leurs anciens maîtres (Kasan, Astrakan, Sibérie), mais encore de ceux qu'habitaient deux peuples chrétiens des plus anciens, les Polonais et les Suédois.

Plus tard (1612) la maison de Romanoff ayant suc–

cédé à celle de Rurik, qui venait de s'éteindre, ses chefs continuèrent, avec plus ou moins de succès, la politique de leurs prédécesseurs. En effet, ils s'emparèrent d'abord (XVII° siècle) de diverses provinces situées vers l'embouchure du Dniéper qui appartenaient à la Pologne; puis l'un de ces chefs alla beaucoup plus loin que tous les autres. Nous voulons parler de ce prince qui, surnommé le Grand, passe pour le civilisateur des Grands-Russes ou Moskovites (Pierre 1er).

S'étant allié avec les chefs des divers États qui formaient l'empire germanique, il commença par organiser son pays militairement, et par se proclamer empereur autocrate de toutes les Russies. Ensuite, après avoir concentré entre ses mains et le pouvoir spirituel et le pouvoir temporel, il arrêta un plan ayant pour but d'agrandir de plus en plus le nouvel empire aux dépens des peuples voisins.

Ce prince et ses successeurs d'une maison allemande (Holstein-Gottorp) mirent dans l'exécution de ce plan gigantesque une telle persévérance, que sans compter les nouvelles conquêtes qu'ils firent en Asie et en Amérique, on vit, dans l'espace de moins d'un siècle (1704-1795) quatre États Européens mutilés (Suède, empire ottoman), ou anéantis (Krimée, Pologne), au profit de la Russie et de ses alliés d'Allemagne.

C'est alors que les Grands-Russes ou Moskovites, déjà envahis par le schisme grec, s'en séparèrent définitivement et formèrent un nouveau culte dominant (dit orthodoxe), qui n'est que doublement schismatique et essentiellement politique.

C'est alors aussi qu'ils furent l'objet de diverses réformes distinées à les faire ressembler aux peuples civilisés, tandis que leurs masses tombaient dans le plus profond esclavage.

Il faut encore ajouter que, fidèles au plan tracé par le fondateur de l'empire, ses successeurs eurent soin de faire embrasser le nouveau culte, devenu dominant en Russie, non-seulement aux populations qui professaient la croyance grecque schismatique, mais encore à celles qui étaient unies à l'Église de Rome (Grecs-unis).

Du reste, comme on l'a déjà vu, c'est de l'époque dont nous parlons que date également, et la réforme de la langue dont se servent aujourd'hui les habitants primitifs de cet empire, et l'origine de sa littérature. Enfin, c'est à la même époque que remonte la création de l'industrie et de la marine militaire russo-moskovites.

Aussi les chefs autocrates du même empire commencent-ils dès lors à établir des colonies dans l'Amérique du nord, et à intervenir dans les affaires de l'Europe occidentale.

En effet, vers la fin du dernier siècle ils font partie des coalitions formées contre la France; puis bientôt s'allient avec elle et profitent de ces nouvelles relations (1807-1809) pour étendre encore les frontières de leur empire au préjudice de deux nationalités voisines (Pologne et Suède).

La rupture de cette alliance, jointe à la dissolution de l'ancien empire germanique (1806), amène la Russie, il est vrai, à figurer dans une guerre européenne qui, soutenue par le plus grand nombre de puissances continentales, paraissait promettre le rétablissement de l'équilibre européen déjà si ébranlé (1812). Toutefois, elle parvient à en éviter les funestes conséquences, grâce aux désastres éprouvés par les armées alliées.

Après ce triomphe inattendu, s'étant mis à la tête d'une nouvelle coalition formée contre la France, l'empereur-autocrate Alexandre se proclame *défenseur des peuples opprimés et promoteur des idées libérales*. C'est ainsi qu'il prend part au célèbre congrès de Vienne (1814—1815), que l'on croyait-devoir mettre en pratique ces idées.

On sait bien que les membres de ce congrès étaient déjà presque tous tombés d'accord sur le besoin de renoncer au système politique qui avait prévalu en Europe depuis un siècle, et d'émanciper les nationalités asservies ; qu'à cet effet il fut même signé un traité secret d'alliance entre l'Angleterre, l'Autriche et la France (1815), traité qui brisait la nouvelle ligue qu'on venait alors de former contre cette dernière puissance ; mais qu'empêchée par les circonstances extraordinaires, la même assemblée se borna à maintenir le *statu quo*, tout en stipulant certaines conditions au profit de diverses nationalités, y compris celle des Polonais.

D'un autre côté, le congrès de Vienne, tout en prenant des mesures propres à abaisser la France, qui venait de se soulever contre la maison des Bourbons, se prononça pour l'abolition de la traite des noirs.

En vertu de ces stipulations, la Russie étendit ses frontières au delà de la Vistule (duché de Varsovie), et son chef autocrate prit le titre de *roi* (tzar) *de Pologne*.

Il forma en même temps (26 septembre 1815), avec les souverains de divers États européens, une nouvelle alliance, décorée du nom de *sainte*, d'après laquelle disait-on, « *conformément aux paroles des saintes Écritures qui ordonnent à tous les hommes de se considérer comme frères*, les princes allaient dorénavant gouverner *les peuples soumis à leurs sceptres, dans le même esprit de fraternité dont ils sont animés pour protéger la religion, la paix et la justice.* »

De là vient le maintien d'un gouvernement constitutionnel et représentatif dans les provinces polonaises, transformées alors en royaume, y compris la ville de Krakovie reconnue libre, indépendante et neutre.

De là, ces assurances réitérées officiellement, que le sort des autres populations serait amélioré progressivement (voir Pologne).

On se fera une idée de la différence entre ces promesses si solennelles et leurs résultats, en se rappelant que peu de temps après, le gouvernement de Russie comprima tout mouvement national au sein des populations soumises à sa domination, et participa aux actes de ses alliés dirigés vers un but analogue (1820 - 1825). Aussi, loin d'exécuter toutes les stipulations arrêtées par le congrès de Vienne, en faveur de la Pologne, il alla jusqu'à modifier les institutions dont elle jouissait avant son union à la Russie.

En même temps, les tzars fondèrent sur les frontières de leur empire de vastes colonies militaires, et non-seulement poursuivirent leurs conquêtes du côté de l'Orient (1828 - 1829) en agrandissant ainsi leur empire, au préjudice de deux États voisins (Perse, empire Ottoman), mais encore s'imposèrent plus d'une fois aux souverains de ces États en qualité de protecteurs.

Indépendamment de ces avantages, le dernier tzar

(Nicolas) se fit décerner un protectorat exclusif dans les deux principautés voisines (Moldavie et Valaquie), habitées par une population d'origine roumaine (1829), et devint co-protecteur du nouveau royaume de Grèce, qui, de même que ces derniers pays, renferme une population professant presque exclusivement la croyance grecque-schismatique (1834).

De grandes révolutions ayant successivement éclaté en France, en Belgique et en Pologne (1830), l'autocrate de Russie, d'accord avec ses alliés d'Allemagne, se montra hostile à la première comme aux autres.

Aussi, après avoir étouffé le dernier de ces trois mouvements, poussa-t-il la vengeance à l'égard des vaincus jusqu'à des mesures ayant pour but la destruction de leur nationalité. Ces actes, constituant une violation si manifeste des traités en vigueur, donnèrent lieu, il est vrai, à des protestations diplomatiques des gouvernements de la France et de l'Angleterre. Nous rappellerons cependant que, loin de produire quelque effet, ces protestations firent renaître l'ancienne ligue entre la Russie et les principaux États allemands (Autriche, Prusse), et qu'à la suite d'une nouvelle coalition formée par eux avec les autres gouvernements européens (1840), la France se trouva exclue d'un traité destiné à régler la question turco-égyptienne, qui se lie si étroitement avec celle d'Orient.

OBSERVATIONS.

D'après ce qui vient d'être dit, il est facile de voir que la troisième et dernière période de l'histoire de Russie renferme des faits beaucoup plus importants que les deux précédentes. Voici leurs principales conséquences à l'égard de l'Europe continentale.

1° Destruction de l'antique barrrière qui, formée par des peuples dévoués à la cause de la liberté et de l'humanité, séparait le monde chrétien des hordes asiatiques ;

2° Établissement d'un nouvel empire asiatico-européen et conquérant, dont les institutions, tant politiques que religieuses, n'ont rien de commun avec celles des anciens peuples civilisés.

3° Développement d'une politique envahissante au préjudice des nationalités chrétiennes d'origine Slave et Roumaine, de telle sorte qu'au mépris des traités solennels elles se trouvent aujourd'hui (1848) asservies ou livrées à la merci des trois gouvernements du Nord.

4° Changement de l'ancien équilibre européen au profit de ces mêmes gouvernements qui, pesant de tout leur poids sur les autres États, composés de nationalités encore indépendantes, les serrent et les menacent de plus en plus.

Ces conséquences paraîtront encore plus évidentes par la suite du présent écrit.

———

Nous ferons observer que les possessions non-européennes de la Russie (colonies) ne se trouvent mentionnées ici que pour mémoire.

D'un autre côté, les provinces polonaises envahies par la Russie, l'Autriche et la Prusse, depuis l'année 1772, y sont présentées séparément, à cause des droits bien distincts de la nationalité de leurs habitants.

§ 2.

CONSTITUTION PHYSIQUE DU PAYS.

—◦—

I

POSITION GÉOGRAPHIQE.

Envisagé dans son ensemble, l'empire actuel de Russie s'étend, du sud au nord, sur un espace de 31 degrés, et, d'occident en orient, sur un espace de 86 degrés, de manière que sa surface totale renferme 364,385 milles carrés géographiques.

Ainsi, ses possessions européennes se trouvent situées entre les 16e et 57e degrés de longitude, et entre les 44e et 69e de latitude septentrionale. Elles occupent donc plus d'un quart de cette surface (92,686 milles carrés), tandis que le reste n'est compris que par ses possessions non-européennes (colonies), 271,699 milles carrés.

FRONTIÈRES.

Les limites principales dans lesquelles cet immense empire se trouve renfermé sont :

1. Au *nord-est*, l'océan Glacial arctique, avec le détroit de Behring (Asie), la Nouvelle-Bretagne (Amérique) et l'océan Pacifique (Asie, Amérique);

2. Au *sud*, les provinces de l'empire de Chine, le pays des Tatares indépendants, la mer Caspienne et la Perse (Asie), la mer Noire, le Pruth, le Dniester, le Styr, le San, la haute Vistule (en Europe), qui le séparent de l'empire Ottoman, de la Moldavie, des provinces austro-polonaises et de la Silésie;

3. A l'*ouest*, les provinces prusso-polonaises et la vieille Prusse, séparée par le Warta (affluent de l'Oder) et le Niémen; puis la Suède qui en est séparée par la Baltique et la Tana.

On voit par là que les limites de la Russie d'Europe s'étendent aujourd'hui, d'un côté aux frontières de l'empire Ottoman, de l'autre à celles de l'ancien empire Germanique et de la Suède proprement dite, tandis qu'il y a un siècle à peine elles s'arrêtaient au Dniéper, à la Dzwina et à la Baltique, qui la séparaient de la Pologne, de la Prusse et de la Finlande, alors province suédoise.

PROVINCES.

Voici maintenant les noms et l'étendue des diverses parties qui composent cet empire, en commençant par ses possessions européennes.

I. — PROVINCES ANCIENNES.

Vieille ou Grande-Russie (ancien grand-duché de Moskovie et les provinces limitrophes). . . .	14,883	
Provinces de la Baltique (Livonie, Esthonie, Ingrie).	1,616	
Petite-Russie et pays des Kosaks..	10,298	74,020
Provinces septentrionales (Arkhangel, Vologda, etc.).	24,446	
Provinces situées sur les côtes de l'Oural, de la mer Caspienne et du Volga (Perm, Ovenbourg, Kasan, Astrakhan, Saratoff, etc.	22,777	

II. — PROVINCES CONQUISES DEPUIS UN SIÈCLE.

Nouvelle-Russie (Krimée, Bessarabie).	1,946	
Finlande.	6,400	
Provinces polonaises (Russie-Blanche, Volhynie, Podolie, etc. Litvanie, Kourlande). . . .	8,050	18,666
Royaume actuel de Pologne. . .	2,270	
Total.		92,686

En y ajoutant les possessions non-européennes, ou colonies, savoir :

Celles d'Asie (Sibérie et provinces trans-kaukasiennes).	254,199	271,699
Celles d'Amérique (pays situés sur les côtes nord-ouest). . . .	17,500	
On aura un total général de.		364,385

II

CLIMAT.

Sous ce rapport la Russie se divise en quatre parties ou régions, savoir : glaciale (arctique), froide (boréale), tempérée (centrale), et chaude (méridionale).

1° *Région glaciale* (arctique). Elle renferme les contrées au nord-est, telles que Laponie, Sibérie septentrionale et autres, placées au delà du 67ᵉ degré de latitude boréale (Asie, Amérique). On y jouit d'un été très-court, tandis que l'hiver dure ordinairement jusqu'à dix mois, et le froid y est tellement rigoureux que le mercure se fige en plein air. On ne trouve là que des habitants sauvages qui se procurent péniblement leur nourriture par la chasse et la pêche.

2° *Région froide* (boréale). Ici sont compris les pays qui s'étendent du 57ᵉ jusqu'au 67ᵉ degré de latitude boréale, avec la ville de Saint-Pétersbourg (Europe, Asie) ; l'hiver y dure plus de six mois, et le froid dépasse 32 degrés (de Réaumur).

3° *Région tempérée* (centrale). Elle s'étend du 50ᵉ jusqu'au 57ᵉ degré, et renferme ainsi la plus grande partie des possessions européennes de l'empire, y compris les provinces polonaises.

Cette région, qui est la plus élevée, jouit d'un climat qui se rapproche de celui de la Prusse et du Danemark ; cependant l'hiver de ces contrées devient plus long et plus rigoureux à mesure qu'elles s'avancent vers le nord-est.

4° *Région chaude* (méridionale). Elle embrasse les pays situés entre le 38° et le 58° degré (en Europe et en Asie); l'hiver y est très-court et très-doux, mais l'été fort chaud et même brûlant, ce qui occasionne de fréquentes sécheresses. Cependant, le climat de la Géorgie (province trans-kaukasienne) se rapproche de celui d'Italie, car le Kaukase la garantit du vent.

Les deux premières régions (glaciale et froide) présentent des inconvénients qui résultent, pour la plupart, de leur climat rigoureux.

Quant à la région centrale (tempérée), elle jouit d'un air pur et sain, avantage qu'on doit surtout attribuer à son élévation.

Enfin, dans la région méridionale (chaude), les exhalaisons salines altèrent aussi l'air et rendent son climat parfois insalubre.

Ce qu'on observe, d'abord, à l'égard des habitants de la seconde et de la troisième région (Grands-Russes ou Moskovites), c'est que la rigueur du climat émousse chez eux les sens du tact, du goût et de l'odorat, et que l'aspect des vastes plaines couvertes de neige affaiblit leur vue.

En revanche, ils ont l'ouïe très-fine, une grande souplesse dans les membres et une agilité peu commune.

Il y a parmi eux peu de maladies dominantes, et la petite vérole n'enlève pas autant d'enfants qu'ailleurs.

Du reste, les vieillards mêmes y jouissent d'une bonne santé, bien que leur nombre diminue de jour en jour par suite de l'abus des liqueurs fortes et des maladies vénériennes, qui deviennent d'autant plus funestes que le climat est plus rigoureux.

Les maladies les plus communes parmi les habitants du nord-est (Finnois) sont le scorbut, l'épilepsie et surtout l'hypocondrie. Quant aux autres (Polonais, Russiens, Lettons), nous renvoyons au chapitre suivant.

Enfin, ceux qui habitent les contrées méridionales de l'Europe (Tatars) se trouvent, pour la plupart, préservés des maladies qui affligent les autres; mais la petite vérole exerce quelquefois chez eux de terribles ravages.

NATURE DU SOL.

Élévation. Le sol de la Russie européenne est en général plat, de sorte que, sauf l'Oural, les chaînes des Karpathes, les Balkans, les monts de la Tauride (Krimée) et de la Finlande (dont la hauteur dépasse quelquefois 2,000 pieds), on n'y trouve guère que des plateaux.

Quant aux possessions non-européennes (colonies), nous nous bornerons à indiquer, pour mémoire, leurs principales montagnes, qui consistent dans l'*Altaï*, les *Sayans*, le *Kaukase* et l'*Ararat* (Asie), dont les sommets atteignent de 6,000 à 16,000 pieds de hauteur.

Composition géologique. Les plaines de la Russie d'Europe se composent, en général, de dépôts d'alluvion et de sédiment supérieur; ce sont des terrains de formation primitive, comme le gneiss et des calcaires anciens. Le Dniéper traverse surtout cette sorte de terrains qui se trouvent aussi mêlés de matières salines, aux environs de Moskou, sur les deux rives de la Dzwina et sur les pentes orientales du Valdaï.

Près du lac d'*Ilmen* on rencontre même du gypse,

du mercure et du sel gemme. Du reste, entre la Baltique et le lac d'Onéga, le sol est traversé par une double bande de roches schisteuses et calcaires.

La plupart des montagnes sont formées de gneiss et de roches micacées que l'on considère comme primitifs.

Fertilité. Voici les différences que présente, sous ce rapport, chacune des quatre régions :

Dans la région *glaciale* (arctique), l'intérieur de la terre est toujours gelé, ce qui rend le sol rebelle à toute espèce de culture. De là vient qu'on n'y voit que des déserts couverts de mousse ou de marécages bourbeux, et au lieu de forêts il n'y a que de chétives broussailles.

La région *froide* (boréale) renferme un sol maigre qui produit du grain jusqu'au 60ᵉ degré; mais au delà il est rare de pouvoir en récolter.

Dans la région *tempérée* (centrale), les contrées septentrionales possèdent un sol maigre, sablonneux ou couvert d'herbes; mais les forêts y sont abondantes et les marécages rares. Quant aux contrées méridionales, leurs vastes plaines renferment un sol composé d'argile et d'une terre végétale si grasse que les engrais y sont souvent inutiles (voir Pologne). Cette région est la mieux cultivée de toutes.

Enfin, la région *chaude* (méridionale) offre, dans sa partie orientale, des steppes immenses et arides, presque sans bois et dont le terrain est pour la plupart salé. D'un autre côté, la partie occidentale de cette région, qui comprend les contrées situées sur les bords du Dniéper et du Dniester, possède des terres très-fertiles (voir Pologne).

III

EAUX ET DIVERSES VOIES DE COMMUNICATION.

MERS.

La Russie d'Europe se trouve entourée de quatre mers, savoir : celles d'Azoff, Noire, Baltique et Blanche, dont voici la description sommaire :

1° *La mer d'Azoff* (Palus Méotis des anciens), placée au nord de la mer Noire, avec laquelle elle communique, n'a que 50 lieues de longueur sur 40 de largeur ; putride et marécageuse, la navigation y devient de plus en plus difficile à cause des sables qu'apportent sans cesse ses affluents, dont le principal est le *Don*.

2° *La mer Noire* (Pontus Euxinus) n'a de communication avec la Méditerranée que par un canal (Bosphore) qui sépare le continent d'Europe d'avec celui d'Asie ; sa longueur est évaluée à 250 et sa plus grande largeur à 120 lieues ; cette mer, outre le Danube, reçoit le Dniester et le Dniéper ; mais sa navigation, dans les saisons rigoureuses, n'est pas libre d'entraves, à cause des glaces qui la couvrent à une grande distance du rivage. Parmi les îles qui appartiennent ici à la Russie, on doit citer celles de Taman et de Sulina. Ces dernières, placées à l'embouchure du Danube, en arrêtent la navigation.

3° *La mer Baltique*, formant du côté de la Russie trois grands golfes (ceux de Riga, de Finlande et de Bothnie), a pour affluents la Newa, la Dzwina, le Niémen et la Vistule. Bien que la plus fréquentée de toutes, la navigation est souvent dangereuse sur cette mer, et s'y trouve même interrompue pendant plusieurs mois, à cause des glaces. Les principales îles qui appartiennent à la Russie sont Dago, Oesel et Kronstadt.

4° *La mer Blanche*, ou le golfe d'Arkhangel, formé par l'océan Glacial arctique, n'est navigable que pendant fort peu de temps, à cause des glaces. Elle reçoit l'Onéga, la Duna, le Mezen et la Petchora.

Les possessions non-européennes de cet empire sont baignées principalement par la mer Kaspienne et les deux grands océans (Glacial arctique et Pacifique), qui forment plusieurs détroits ou golfes et reçoivent un nombre considérable de rivières.

LACS.

Le plus grand des lacs que possède la Russie d'Europe est celui de *Ladoga* (gouvernements de Saint-Pétersbourg, de Wybourg et d'Olonetz). Il a une étendue de 292 milles carrés et communique, par la Newa, avec les lacs d'*Onéga* et d'*Ilmen*. Viennent ensuite ces deux derniers lacs (gouvernements d'Olonetz et de Nowgorod), ainsi que ceux de *Belo-Ozero* ou lac Blanc (gouvernement de Nowgorod); de *Peipous* (gouvernement de Saint-Pétersbourg) et de *Saïma* (Finlande). Celui d'*Onéga*, qui est le plus considérable de tous, après le lac de *Ladoga*, compte 50 lieues de longueur sur environ 20 de largeur.

Quant aux lacs qui se trouvent dans les possessions non-européennes de l'empire, le principal est celui de *Baïkal* (Sibérie) ayant 140 lieues de longueur sur environ 16 de largeur.

RIVIÈRES ET FLEUVES.

Voici le tableau des fleuves qui se déchargent dans les quatre mers qui baignent la Russie d'Europe :

TRIBUTAIRES de la MER D'AZOFF.	SOURCES.	LONGUEUR du PARCOURS.	OBSERVATIONS.
1. Le *Don* (Tanaïs).	Gouvernement de Toula.	130 milles.	Profondeur peu considérable, cours très-lent.
2. Le *Kouban* (Hypanis) avec son affluent le *Terek*.	En Asie.	. . . . .	Pour mémoire.
TRIBUTAIRES de la MER NOIRE.			
1. Le *Dniester* (Tyras).	. . . . .	. . . . .	(Voir Pologne.)
2. Le *Dniéper* (Borysthène).	Gouvernement de Smolensk.	250 milles.	Lit profond, mais entravé par des blocs de granit.
TRIBUTAIRES de la MER BALTIQUE.			
1. La *Newa*.	Gouvernement de Saint-Pétersbourg.	10 milles.	Dangereuse à cause de ses débordements soudains.
2. La *Dzwina*.	Gouvernement de Twer.	140 milles.	
3. Le *Niémen* (Memel).	. . . . .	. . . . .	(Voir Pologne.)
4. La *Vistule* (Wisla).	. . . . .	. . . . .	*Idem.*
TRIBUTAIRES de la MER BLANCHE.			
1. L'*Onega*.	Gouvernement d'Olonetz.	. . . . .	Ne sont pas navigables dans la saison rigoureuse.
2. La *Duna*.	Gouvernement de Wologda.	98 milles.	
3. Le *Mezen*.	*Idem.*	. . . . .	
4. La *Petchora*.	Gouvernement de Perm.	75 milles.	

Chacun de ces fleuves reçoit un nombre plus ou moins considérable d'affluents.

On doit encore ajouter que parmi les fleuves de la Russie, et de ses possessions non-européennes, qui versent leurs eaux dans d'autres mers que celles déjà citées, le plus considérable est le *Wolga* (Rha). Il prend sa source dans le gouvernement de Twer, et se jette, près d'Astrakan, dans la mer Kaspienne. Large dans sa partie navigable de 90 pieds jusqu'à cinq lieues, le Wolga parcourt une distance d'environ 400 milles géographiques; ses eaux sont limpides, son cours est partout régulier bien que divisé, près de son embouchure, par plusieurs îles. Ce fleuve, très-important pour le commerce intérieur de la Russie, est extrêmement poissonneux.

CANAUX.

Les plus grands canaux de la Russie, qui établissent la communication entre les mers Baltique et Blanche d'un côté, et les mers Kaspienne et Noire de l'autre, sont au nombre de cinq. Le principal lien de ces communications consiste dans le Wolga et ses nombreux affluents. Voici leurs noms et les détails qui s'y rattachent :

NOMS	POINTS D'UNION.	LONGUEUR.	NOMBRE des ÉCLUSES.	OBSERVATIONS.
1. Le canal de *Wychnia-Wolotchok* (gouvernement de Twer).	Le Wolga et la Newa.	3 milles.	3	
2. Le canal de *Tikwinka*.	Le Wolga et le lac de *Ladoga*.	. . . . .	15	
3. Le canal de *Marie*.	Le lac d'*Onéga* et celui de *Belo-Ozero*	3 milles.	12	
4. Le canal de *Ladoga*.	Le Volkhof et la Newa.	. . . . .	32	Ce canal est le plus fréquenté de tous.
5. Le canal de *Koubansk*.	Le Wolga et la Duna.			

Quant aux canaux de Pologne, qui ont pour but d'établir la communication entre les mers Baltique et Noire, ceux qui se trouvent dans les provinces envahies par la Russie sont au nombre de quatre, savoir : 1° Royal, 2° d'Oginski, 3° de Lepel, 4° d'Augustow (voir Pologne).

ROUTES ET PONTS.

La Russie proprement dite compte fort peu de routes pavées, et celles qui y existent ont pour but de faciliter les communications uniquement entre les villes principales.

Les autres routes possèdent en général des ponts peu solides, et souvent ces derniers sont remplacés par des bacs.

CHEMINS DE FER.

Les chemins de fer sont sur le point de parcourir plusieurs provinces de ce vaste empire, et celui de Pétersbourg à Moskou est déjà fort avancé (1848). On s'occupe aussi de la construction du chemin destiné à lier la première de ces villes avec Varsovie.

Quant aux chemins de fer des provinces polonaises, ils sont au nombre de deux, savoir : 1° entre la ville de Varsovie et celle de Krakovie ; 2° entre la ville de Liban située sur la Baltique et celle de Yourbourg, sur le Niémen (voir Pologne).

§ 3.

INDUSTRIE ET PRODUCTIONS.

———

I

AGRICULTURE.

On a déjà vu, dans le paragraphe qui précède, qu'en-visagé sous le rapport du climat et de la nature du sol, l'empire actuel de Russie se divise en quatre parties ou régions, dont l'une seulement (celle du centre ou *tem-pérée*) se distingue par un sol susceptible d'être cultivé et par sa fertilité.

Ainsi, la majeure partie de la surface territoriale en Russie se composant de terres incultes ou stériles, il faut en conclure que l'industrie agricole y est preque nulle.

Cette conclusion paraît d'autant plus fondée que la ré-gion la plus favorisée sous ce point de vue, renferme les provinces conquises depuis un siècle.

En effet, excepté les provinces polonaises (voir Pologne) et les contrées qui touchent aux ports ou aux grandes villes, l'agriculture est tellement négligée en Russie, qu'on porte à un sixième seulement de sa surface totale l'étendue des terres labourables et des prairies; et comme les forèts en occupent plus d'un quart, le reste du terri-toire de cet empire, c'est-à-dire plus des deux tiers, ne renferme que des rochers, des steppes, des eaux ou des marais.

Nous allons maintenant énumérer les principales productions agricoles de Russie, en les classant d'après leur ordre naturel.

ANIMAUX.

1. *Quadrupèdes.* Parmi les animaux domestiques de cette catégorie, les plus communs sont les chevaux, les mulets, les bêtes à cornes, celles à laine et les porcs. Viennent ensuite le chameau, qui ne vit que dans la région chaude, et le renne, qui habite exclusivement les régions glaciales (arctique et froide).

Les chevaux des contrées méridionales sont excellents, surtout ceux des peuples nomades. Quant aux bêtes à cornes, on les élève en général assez mal, excepté dans les contrées occidentales où les pâturages sont plus abondants (voir Pologne).

On peut en dire de même des moutons, parmi lesquels n'ont de véritable valeur que ceux à queue longue et grasse de quelques steppes du midi, ou ceux à laine grise que l'on voit en Krimée, ou enfin ceux qu'élèvent les colons allemands.

Parmi les animaux sauvages dont les fourrures sont recherchées, on remarque la zibeline, le renard bleu, rouge, blanc et noir (ce dernier, estimé entre tous, se trouve en Sibérie), la martre, l'hermine, le castor et le chat.

Du reste, on chasse en Russie l'ours, le sanglier, le chevreuil, le daim, le lièvre, le loup, etc.

Dans les contrées situées au nord-est, telles que la Sibérie, on trouve aussi l'ours blanc et la loutre.

2. *Oiseaux*. Outre les oiseaux domestiques, on en voit un grand nombre de sauvages, surtout dans les possessions non-européennes.

3. *Poissons*. Dans les mers du nord-est on pêche la baleine, le phoque, le narval et d'autres espèces fournissant de l'huile.

Parmi les poissons d'eau douce, les plus remarquables sont l'esturgeon (estimé pour ses œufs et sa colle), le sterlet (dont on obtient le meilleur caviar), le brochet, le saumon et la carpe.

4. *Insectes*. Au nombre de ces animaux on doit placer, avant tout, les abeilles et les vers à soie ; ces derniers se trouvent surtout dans la région méridionale (chaude). C'est dans les mêmes contrées qu'on voit apparaître de temps en temps cette terrible sauterelle qui ravage tout ce qu'elle trouve dans les champs.

PRODUCTIONS VÉGÉTALES.

1. *Céréales* (Blés). Parmi ces substances alimentaires le froment occupe la première place ; viennent ensuite le seigle, l'orge, l'avoine, le millet, etc. Les récoltes varient selon le climat, mais la quantité de toutes ces productions dépasse, dans les provinces centrales, les besoins des cultivateurs.

2. *Légumes* et *plantes*. On comprend sous cette dénomination de légumes, les choux, les pois, les oignons, les raves, etc., qui abondent surtout dans la région centrale ou tempérée. D'un autre côté, l'horticulture étant

presque inconnue dans les anciennes provinces de l'empire, excepté dans les environs des villes, il en résulte qu'on n'y voit que quelques plantes, telles que le chanvre, le lin, le houblon, dont la qualité est assez bonne et la quantité suffisante aux besoins des contrées qui les produisent. Il n'en est pas de même du tabac et des fourrages.

3. *Arbres.* Les arbres fruitiers sont fort rares dans la vieille Russie et dans ses possessions non-européennes (colonies), à l'exception des contrées situées sur la mer Kaspienne (Georgie), où l'on trouve tous les fruits des pays méridionaux, tels que raisins, amandes, pêches, figues, etc. Du reste, ces contrées possèdent aussi de beaux bois, tandis que dans la partie centrale de l'empire on rencontre d'immenses forêts qui contiennent différentes espèces d'arbres, telles que le pin, le bouleau, le tilleul, etc. ; mais il y a en revanche fort peu de chênes et de hêtres.

PRODUCTIONS MINÉRALES

1. *Métaux.* Ici on doit placer au premier rang les métaux précieux, tels que l'or, l'argent, le platine ; viennent ensuite le cuivre et le fer. Ce sont les montagnes de l'Oural et de l'Altaï (Sibérie) qui renferment les trois premiers, mais en quantités bien différentes. Ainsi, d'après les rapports officiels, on en a extrait approximativement pendant l'année 1835, 130 quintaux d'or, 400 quintaux d'argent et environ 35 quintaux de platine.

Quant au cuivre et au fer, qui se trouvent dans les mêmes montagnes aussi bien qu'ailleurs, on évalue le produit annuel du premier à 80,000 quintaux, et celui du second à 4 millions de quintaux. Outre ces métaux, on trouve le zinc dans les provinces polonaises (voir Pologne).

Il est à observer que les métaux extraits en Russie, et dont on porte la valeur à environ 160 millions de francs par an, proviennent pour la plupart de mines de l'État.

2. *Sels.* Il existe en Russie toute espèce de matières salines, ainsi que différentes sortes de sel dont la principale est le sel gemme ; il se trouve en abondance dans l'Oural et sur les bords de l'Ylek (Orenbourg). Du reste, les sources salines sont assez abondantes et assez nombreuses, bien que disséminées dans trois gouvernements (Savatoff, Perm, Simbisk).

En général, la production du sel dépasse les besoins de la consommation intérieure. Toutefois, les habitants des provinces plus éloignées, étant dans l'impossibilité de profiter de cet avantage, sont obligés de s'approvisionner à l'étranger.

3. *Sources minérales.* A l'exception des provinces polonaises et de celles situées au pied de l'Oural, il n'y a aucune source importante de ce genre dans les possessions européennes de la Russie (voir Pologne). Quant à ses possessions non-européennes (colonies), on en trouve plusieurs, même thermales, dans les montagnes du Kaukase.

4. *Pierres.* Parmi les pierres *dures*, on doit citer le granit et le marbre (de diverses couleurs), qu'on extrait dans l'Oural (Olonetz) et surtout en Finlande. On y trouve aussi le porphyre, l'albâtre et le cristal de roche.

Quant aux pierres *fines*, les plus remarquables sont le

jaspe, l'émeraude, la topaze et la malachite, que renferment les mines de la Sibérie appartenant à la couronne. Depuis quelque temps on rencontre même le diamant dans les montagnes de l'Oural.

Du reste, outre le plâtre et l'ardoise, qui abondent presque partout, plusieurs contrées produisent de la terre à porcelaine (Sibérie), de la terre sigillaire à faïence et à foulon (Krimée), du soufre, de la tourbe, de la houille, etc.

OBSERVATION.

On voit par ce qui précède que, malgré l'état arriéré de l'agriculture en Russie, les productions agricoles y abondent, grâce à la nature du sol, au point que plusieurs d'entre elles dépassent les besoins de la consommation intérieure, et que leur excédant pourrait trouver des débouchés à l'étranger, soit comme substances alimentaires ou combustibles (bestiaux, grains, bois), soit comme matières premières (plantes, métaux, pierres).

II

MANUFACTURES.

Cette industrie, qui n'a été introduite en Russie que depuis un siècle et demi, s'y trouve généralement entre les mains des étrangers. On compte plus de six mille grandes fabriques qui, exploitées presque toutes au profit du gouvernement, occupent plus de 400,000 ouvriers. Dans ce nombre n'entrent point les hommes occupés par les distilleries et les usines des mines, ni ceux qui sont attachés aux fabriques du royaume de Pologne.

Les principales productions des fabriques russes consistent en huile de lin et de chanvre, poix, goudron, potasse, chandelle, savons, cuirs, pelleteries, toiles, draps, cotons, verreries, glaces, armes, bijouterie, ainsi qu'en articles de cuivre, de fer, de laiton, etc., (voir Pologne).

OBSERVATION.

Comme on le voit, l'industrie manufacturière en Russie est comparativement encore moins avancée que l'agriculture. De là il résulte que cet empire doit tirer de l'étranger les articles nécessaires à ses habitants ou les leur fournir à des prix beaucoup plus élevés que partout ailleurs.

III

COMMERCE.

D'après les notices préliminaires placées en tête de cette première partie, on voit que le commerce des pays formant le noyau de l'empire actuel de Russie se trouvait jadis exclusivement entre les mains des étrangers, et qu'on n'y comptait que deux villes réellement considérables (Küow, Rostoff).

Il nous reste à ajouter que, depuis l'extension des frontières russo-moskovites jusqu'à la Baltique, à la mer Noire et à l'Oder, le nombre de ces villes s'est accru notablement; mais, ainsi qu'on va le voir, l'état de choses dont nous venons de parler n'y a pas beaucoup changé.

COMMERCE INTÉRIEUR. — Cette branche de l'industrie commerciale, qu'en Russie le climat facilite plus particulièrement dans la saison rigoureuse, s'exploite, dans les villes, surtout pendant les foires et marchés qui ont lieu assez souvent.

Parmi les foires de la Russie, la plus remarquable est celle de Nijni-Nevgorod (sur le Wolga), où l'on trafique des objets de l'industrie tant européenne qu'asiatique.

Malgré ces avantages, le commerce intérieur de l'empire russe, comparé à celui des autres États européens, est encore peu développé.

COMMERCE EXTÉRIEUR. — 1. *Exportations.* Les principaux produits que la Russie exporte à l'étranger sont les pelleteries, les suifs, les grains (blés), le chanvre, le lin, les draps, les cordages, le cuivre, le fer, le bois et le goudron, dont on estimait, en 1843, la valeur à 89 millions de roubles ou 356 millions de francs par an. Dans cette somme les blés seuls entrent pour environ un cinquième.

2. *Importations.* Au nombre des objets importés figurent les étoffes manufacturées, les machines, le thé, les vins et les liqueurs, les sucres et autres denrées coloniales, les articles de bijouterie et de quincaillerie. La valeur de ces différents objets était portée, en 1843, à 97 millions de roubles ou 388 millions de francs par an.

3. *Total.* En ajoutant la valeur annuelle des exportations à celle des importations on obtient un total de 744 millions de francs, de sorte que la différence en faveur des importations s'élève à 32 millions de francs. Ainsi ces dernières excèdent les premières de plus d'un onzième.

Il nous reste à ajouter que le transport de tous ces articles se fait ordinairement par la mer Baltique.

COMMERCE DE TRANSIT. — Parmi les articles de transit, qui viennent surtout de la Chine et de la Perse, les plus remarquables sont le nankin, le thé, la rhubarbe et autres plantes médicinales.

Cette branche de commerce se fait ordinairement par les caravanes. Aussi est-elle encore moins développée que les deux premières; et il est même impossible d'indiquer avec précision la valeur des objets qu'elle comprend annuellement.

OBSERVATION.

On voit, d'après tout ce qui vient d'être dit sur les diverses branches du commerce russe, qu'en général leur état actuel laisse beaucoup à désirer, surtout quant à ce qui concerne le commerce extérieur et de transit.

IV

VILLES PRINCIPALES ET PORTS.

VILLES.

On compte en Russie (d'Europe) plus de vingt villes considérables, dont deux ayant au delà de cent mille habitants, sont de premier ordre.

Voici leurs noms et leur population :

NOMS.	POPULATION.	OBSERVATIONS.
1. Saint-Pétersbourg (sur la Newa et la Baltique).	450,000	Capitale de l'Empire, habitée en grande partie par des étrangers.
2. Moskou.	340,000	Seconde capitale habitée par les indigènes.
3. Kasan.	60,000	Habitée par les Tatares.
4. Riga (sur la Dzwina et la Baltique).	58,000	Habitée par les Allemands.
5. Odessa (sur la mer Noire).	55,000	Habitée par des étrangers.
6. Küow (sur le Dniéper).	40,000	Habitée par les Russiens et les Polonais.
7. Toula.	40,000	Fabrique d'armes.
8. Saratoff (sur le Wolga).	35,000	Habitée par les Tatares.
9. Kharkow.	33,000	Habitée par les Russiens et les Polonais.

NOMS.	POPULATION.	OBSERVATIONS.
10. Astrakhan (sur le Wolga et la mer Kaspienne).	32,000	Habitée par les Tatares.
11. Kalouga.	26,000	
12. Orel.	25,000	
13. Woronége (sur le Don).	25,000	Habitée par les Russiens.
14. Kherson (sur le Dniéper).	24,000	Habitée par les Russiens et les Polonais.
15 Yaroslaw (sur le Wolga).	24,000	
16. Koursk.	23,000	
17. Nijni-Nowgorod (sur le Wolga).	22,000	Célèbre par ses foires que fréquentent les marchands de l'Asie.
18. Nikolaiew (sur la mer Noire).	22,000	Habitée par les Russiens.
19. Orenbourg.	21,000	Habitée par les Tatares.
20. Tambow.	20,000	
21. Kostroma.	20,000	
22. Pwer (sur le Wolga).	20,000	Habitée par les Finnois.
23. Kichenew (sur le Dniester).	20,000	Habitée par les Russiens.
24. Perm.	19,000	Habitée par les Finnois.
25. Arkhangel (sur la mer Blanche).	19,000	Habitée par les Finnois.
26. Taganrog (sur la mer d'Azoff).	17,000	Habitée par les Russiens et les Tatares.

Ces ports sont au nombre de neuf, savoir :

1º Pétersbourg
et Kronstadt,

2º Riga,

3º Abo,   } sur la Baltique ;

4º Helsingfors ,

5º Revel ,

6º Arkhangel , sur la mer Blanche ;

7º Odessa, sur la mer Noire. C'est un port très-important et qui jouit aujourd'hui encore de certaines franchises ;

8º Kherson, sur la mer Noire ;

9º Astrakhan , sur la mer Kaspienne.

OBSERVATIONS.

On voit par là qu'outre les deux villes de premier ordre, les autres, au nombre de vingt-quatre, renferment chacune de dix-sept jusqu'à soixante mille habitants , et que leur population appartient en grande partie aux races d'origine étrangère ou aux branches slaves autres que celles des Moskovites.

D'un autre côté , il est à observer que dans ce nombre n'entrent pas les provinces polonaises (voir Pologne).

Il est encore à remarquer que la Russie n'ayant pas de marine marchande , toutes les communications entre ses ports et ceux des autres États se font par des navires étrangers.

Aussi le mouvement de son commerce maritime est-il insignifiant, et devient-il presque nul dans la saison rigoureuse.

§ 4.

POPULATION.

En retraçant les fastes de l'empire de Russie, nous avons fait voir que ses anciens habitants, opprimés d'abord par les Varegues-Normands et les Mongols ou Tatars, s'étaient mêlés à ces peuples étrangers et non-européens en partie; mais qu'ensuite, après avoir secoué le joug des derniers, tombés sous le pouvoir arbitraire de leurs chefs ou tzars, ils étaient devenus conquérants à leur tour et avaient subjugué (indépendamment des pays situés en Asie) plusieurs peuples voisins de l'Europe.

Il est facile de conclure de là que la population actuelle de cet empire doit se composer de plusieurs races ou branches, séparées les unes des autres soit par leur origine ou leurs idiomes, soit par leurs croyances religieuses ou leurs mœurs.

En effet, on y compte plus de quatre-vingts peuples qui parlent jusqu'à quarante langues différentes, sans compter les dialectes. Cependant les principales races européennes se trouvent au nombre de trois; savoir : slave, lettonne et finnoise, dont la première se divise en deux branches distinctes (russo-moskovite, polono-russienne).

D'un autre côté, les Lettons s'étant déjà pour la plu-

part confondus avec les Slaves (Polonais et Russiens),
on doit envisager leur race comme unie à ces derniers
(voir Pologne). Quant aux races non-européennes, les
plus remarquables sont aussi au nombre de trois,
savoir : tatare, mongole et kaukasienne, dont la première habite encore, en partie, les possessions européennes de la Russie.

Enfin, pour ce qui concerne le nombre total de cette
population, il est difficile de le déterminer avec précision, les calculs officiels même étant insuffisants. On
l'évalue de cinquante-neuf à soixante-quatre millions
d'individus, y compris les peuples nomades et ceux qui
ne se trouvent encore soumis qu'en partie. Nous croyons
devoir adopter pour base le premier de ces chiffres,
comme le plus rapproché de la vérité.

Il nous reste à ajouter que l'empire de Russie ne
comptait vers le milieu du dernier siècle (1763) que
vingt-deux millions d'habitants, et que, d'après les observations faites depuis l'année 1798, l'accroissement
naturel de sa population s'élève à environ cinq cent
mille âmes par an.

Voici maintenant les résultats numériques que présente cette population, envisagée sous ses divers rapports :

ÉVALUATION GÉNÉRALE.	ÉTENDUE en MILLES CARRÉS.	POPULATION	
		générale ou absolue.	relative ou par mille carré
D'après ce qui précède, la surface territoriale de la Russie étant de.	364,391		
Le chiffre de sa population totale au nombre de. . . .		59,000,000	
répartis sur elle, donne.			161
Dans cette étendue entrent les possessions non–européennes pour.	271,699		
De sorte que celles de l'Europe n'y figurent que pour	92,686		
En répartissant chacune de ces populations sur la surface occupée par elle, on aura pour la première. . . .		3,500,000	13
(Voir plus loin *Origine ou Races*.)			
Et pour l'autre.		55,500,000	598
Cependant comme dans ces derniers chiffres (qui représentent l'étendue et la population européenne de l'empire) entrent les provinces polonaises pour.	10,320	14,092,000	
(Voir *Pologne*.)			
En les retranchant donc, il ne reste à la Russie d'Europe que.	82,366	41,408,000	
Ce qui donne en moyenne.			503

Il faut rappeler que dans ces derniers chiffres entrent les autres provinces conquises par la Russie depuis un siècle (Bessarabie, Krimée, Finlande), pour 8,356 milles carrés, et plus de 3,500,000 habitants.

ORIGINES ou RACES.	RAPPORT avec les CHIFFRES TOTAUX.	NOMBRE D'INDIVIDUS.	
a. EUROPÉENNES.		chiffres partiels.	chiffres totaux.
Slaves mêlés avec les races étrangères (Grands-Russes ou Normando-Slaves, Bulgares, Kosacks, Serbes) et Slaves purs, y compris les Lettons (Letto-Slaves).	$\frac{49}{60}$	34,000,000	
Finnois (Esthoniens, Livoniens, Finlandais). . . .	$\frac{4}{..}$	3,000,000	38,908,000
Roumains (Moldo-Valaques).	$\frac{1}{..}$	500,000	
Etrangers. Allemands, Suédois, Grecs, Arméniens, Juifs.	2	1,408,000	
b. NON EUROPÉENNES.			
Tatares qui habitent encore l'Europe, au nombre d'environ 2,500,000.	$\frac{4}{..}$	2,500,000	2,500,000
Tatares et *Mongols* (y compris les Kirguises, les Baskires et les peuples polaires) qui habitent l'Asie, au nombre de 1.500,000 à peu près.	»	Pour mémoire.	
Kaukasiens (Grousiniens, Circassiens, etc.) qui habitent l'Asie et l'Amérique, au nombre d'environ 2,000,000.	»	Pour mémoire.	
			41,408,000

IDIOMES.	RAPPORT avec les CHIFFRES TOTAUX.	NOMBRE D'INDIVIDUS.	
		chiffres partiels.	chiffres totaux.
a. IDIOMES EUROPÉENS.			
Slaves. Russe ou Moskovite, mêlé avec le Finnois, le Tatare, etc., le Russien et le Polonais qui conservent encore leur pureté	$\frac{49}{60}$	34,000,000	
Finnois.	$\frac{4}{..}$	3,000,000	38,908,000
Roumain ou *Valaque.*	$\frac{1}{..}$	500,000	
Étrangers. Allemand, Arménien, Grec, etc. . .	$\frac{2}{..}$	1,408,000	
b. IDIOMES NON EUROPÉENS.			
Tatare et autres.	$\frac{4}{..}$	2,500,000	2,500,000
			41,408,000

CROYANCES RELIGIEUSES.

a CULTES CHRÉTIENS.

	RAPPORT	chiffres partiels	chiffres totaux
Greco-Russes doublement *Schismatiques* qui suivent le culte dominant (Moskovites, Russiens, Kosaks, Roumains, Grecs).	$\frac{50}{60}$	34,700,000	
Arméniens schismatiques (Grousiniens en Asie, au nombre de 1,000,000 environ).	»	Pour mémoire.	38,708,000
Protestants (Finnois, Allemands, Suédois). . . .	$\frac{4}{..}$	2,500,000	
Catholiques Romains (Polonais, Allemands, etc., au nombre de 1,108,000, et Arméniens-unis, au nombre de 400,000).	$\frac{2}{..}$	1,508,000	

b. CULTES NON CHRÉTIENS.

Israélites (Juifs) au nombre de. . . . . 200,000 / *Mahométans* (Tatares d'Europe) au nombre de 2,500,000	$\frac{4}{..}$	2,700,000	2,700,000
Mahométans, Lamaïses (Tatares, Mongols, Circassiens, peuples polaires en Asie et en Amérique, au nombre de 2,500,000).	· ·	Pour mémoire.	
			41,408,000

CLASSES ou CONDITIONS SOCIALES.
a. PAYSANS.

Serfs attachés à la glèbe, au nombre de 31,500,000 (*Slaves*).	$\frac{46}{60}$		
Paysans libres, y compris les colons étrangers et les peuples nomades de l'Europe, au nombre de 3,500,000. (Divers).	$\frac{5}{..}$	35,000,000	

b. BOURGEOIS

Ou habitants des villes, y compris les artisans, les marchands et les militaires de l'armée régulière. . (Slaves, Finnois, Tatares, Étrangers).	$\frac{8}{..}$	5,500,000	41,408,000

c. PROPRIÉTAIRES-FONCIERS.

Noblesse et clergé.	$\frac{1}{..}$	908,000	

d. HABITANTS DES COLONIES.

Populations qui habitent l'Asie et l'Amérique, au nombre d'environ 3,500,000.	»	Pour mémoire.	

OBSERVATIONS.

1° On voit par le tableau qui précède que la population générale de la Russie d'Europe (y compris les Tatares qui habitent encore au milieu d'elle) forme seize parties sur dix-sept de ses habitants, et qu'ainsi celle des possessions non-européennes (colonies) n'y entre que pour un dix-septième.

2° D'un autre côté, il résulte de là que ces deux chiffres réunis donnent 161 individus par mille carré, mais que cette population relative devient quatre fois plus nombreuse, si l'on répartit la première (européenne) sur l'étendue occupée par elle exclusivement, c'est-à-dire y compris celle des provinces polonaises.

3° D'après le même tableau, envisagée sous le rapport de l'origine, la population européenne de la Russie se compose de deux races principales, dont la plus nombreuse, celle des Slaves, divisée en deux grandes branches (normando-slave ou russo-moskovite, et letto-slave ou polono-russienne), y entre pour plus des trois-quarts.

Ainsi, la race finnoise et les habitants d'origine étrangère forment à peine la dixième partie de cette population.

Il est à remarquer que la première branche des Slaves (russo-moskovite), qui forme la majorité de cette race, se trouve mêlée aux populations d'origine étrangère, et en partie non-européenne, tandis que l'autre (polono-russienne) est libre de tout mélange étranger.

4° La même différence se fait voir entre ces deux branches par rapport aux idiomes; celui de la première (le moskovite) étant un mélange de diverses langues plus

ou moins éloignées du slave, et celui dont se sert la
seconde (le polonais et le russien) se rapprochant beaucoup plus de leur source primitive. Ajoutons encore que
la littérature russo-moskovite ne date, comme on l'a vu
plus haut, que d'un siècle et demi, tandis que celle de
l'autre branche est beaucoup plus ancienne.

Il résulte donc de ces considérations que la minorité
de la population slave, en Russie, se distingue de la
majorité non-seulement par la pureté de sa race et de
ses idiomes, mais encore par sa littérature plus ancienne
et par conséquent plus développée.

On doit cependant observer que cette minorité se
change en majorité, si l'on y ajoute la population des
provinces polonaises habitées, pour la plupart, par la
branche des Letto-Slaves.

5° Pour ce qui concerne les croyances religieuses en
Russie, les chrétiens (qui entrent pour plus de trois
quarts dans le nombre total des habitants) y paraissent
former l'immense majorité de sa population. Il est cependant à observer que cette majorité se compose presque exclusivement de partisans du culte greco-russe
(moskovite) ou dominant, et de ceux auxquels on im-
posa le même culte il y a peu de temps (Russiens).

Ainsi donc, les catholiques-romains et les protestants,
c'est-à-dire la population purement chrétienne, s'y
trouvent réduits à une bien faible minorité.

Du reste, ce résultat change encore considérablement
si l'on y ajoute la population des provinces polonaises,
dont la majorité professe encore le catholicisme, ou ne
suit, malgré elle, que depuis peu de temps le culte dominant dans l'empire de Russie (voir Pologne).

6° D'après le même tableau, les habitants de la Russie se divisent en trois classes, dont celle des paysans, qui entrent pour plus des cinq sixièmes dans le chiffre général, est la plus nombreuse.

Cependant, comme les paysans libres, c'est-à-dire ceux qui ne sont pas attachés à la glèbe, y compris les colons étrangers et les tribus nomades, n'y figurent que pour une cinquième partie, il en résulte que les serfs attachés à la glèbe forment encore une immense majo_rité.

7° D'un autre côté, comme les propriétaires-fonciers représentent à peine une soixantième partie de la population totale en Russie, il s'en suit que la classe moyenne ou bourgeoise (habitants des villes et ceux des campagnes qui en approchent le plus) n'y forme pas même une sixième partie de cette population.

8° Il est enfin à remarquer que cette disproportion entre la classe des paysans et les deux autres devient moins frappante, si l'on y ajoute la population des provinces polonaises, qui comptent un nombre comparativement beaucoup plus grand, tant de paysans libres que de propriétaires-fonciers.

§ 5.

RESSOURCES FINANCIÈRES ET FORCES MILITAIRES.

I

FINANCES.

RECETTES.

Évaluation générale. D'après le budget de l'empire de Russie, ses recettes ne s'élèvent, en moyenne, qu'à 355 millions de roubles (de papier) par an, ce qui fait autant de francs à peu près. Aussi, comme cette somme (dont plus de la moitié se trouve absorbée par l'armée) suffit à peine aux dépenses ordinaires, le gouvernement est obligé de contracter des dettes pour faire face aux dépenses extraordinaires.

Il est cependant à observer que dans ce chiffre n'entrent point les revenus du royaume de Pologne, ayant son budget particulier, dont le chiffre s'élève à 45 millions de francs (voir Pologne); ni la valeur des corvées ou des objets fournis en nature, qui sont, en Russie, beaucoup plus considérables que dans aucun autre État, et qu'on peut évaluer pour le moins au double de la somme à laquelle s'élèvent les recettes, c'est-à-dire à 710 millions.

Ainsi on doit porter les revenus annuels de cet empire à 1,065,000,000 de francs.

Comme il y a plusieurs provinces en Russie (surtout dans ses possessions non-européennes) qui se trouvent exemptes d'impôts, parce qu'elles sont désertes ou stériles, et que certains peuples (Kosaks, Tatares, Bashkirs, etc.) fournissent un contingent militaire au lieu de donner de l'argent, le *minimum* des populations ainsi libérées peut être évalué à. . . 5,000,000 indiv.

En y ajoutant les habitants du royaume de Pologne au nombre de. 4,330,000

On aura un chiffre de. . . . 9,330,000

Et comme celui qui représente la population totale de l'empire est de. 59,000,000

En retranchant donc le premier de l'autre. 9,330,000

Le nombre des individus imposables en Russie se réduit à. . . . 49,670,000

Ce chiffre, réparti sur la somme de 1,065,000,000 fr. donne 21 f. 44 c. par tête.

Maintenant, si l'on déduit, dans la même proportion, la part supportée par les habitants des anciennes provinces polonaises (Lithuanie et Terres russiennes) au nombre de 9,762,000, ce qui donne un chiffre de 209,297,280 francs, le revenu total de l'empire de Russie que supportent les habitants imposables au nombre de 39,908,000, ne s'élèvera qu'à 855,702,720 francs.

Quant aux sources des recettes en numéraire (355 millions de francs), en voici les principales :

1. *Domaines et forêts* (y compris les mines, les usines, les salines et les autres établissements exploités au profit du gouvernement).

2. *Contributions directes* (impôt foncier ou capitation, patentes).

3. *Contributions indirectes* (impôts sur les boissons et autres objets de consommation, douanes, régie du sel et du tabac, droits de poste, de timbre, de ponts et chaussées, de navigation, etc.).

Ainsi en ajoutant au produit des domaines et contributions directes les corvées et les objets fournis en nature, on voit que ces trois sources entrent pour plus des deux tiers dans le chiffre total des revenus de l'empire russe.

DÉPENSES.

Voici les principaux titres des dépenses ordinaires qui, comme on a déjà vu, absorbent le montant des recettes :

1. Intérêts et amortissement de la dette publique ;

2. Pensions et rentes attachées aux domaines ;

3. Administration centrale et provinciale, y compris la liste civile ;

4. Ponts et chaussées, navigation.

5. Solde et entretien de l'armée.

Il est à observer que les chiffres des titres n°s 1 et 5 dépassent ceux des autres, de sorte qu'ils entrent pour plus de moitié dans le chiffre total des dépenses ordinaires.

DETTE PUBLIQUE.

Destinée à couvrir les dépenses extraordinaires, la dette publique de Russie se divise en deux catégories, savoir :

	SOMMES ÉVALUÉES EN FRANCS.
Dette déclarée (en 1843) pour 290,434,155 roubles en argent, ce qui fait.	1,161,736,000
Valeur de la monnaie de papier en circulation, pour.	597,776,310
Total. . . .	1,757,512,310

Somme qui, répartie sur la population imposable au nombre de 49,670,000 individus, donne 35 fr. 43 cent. par tête.

Il est bien entendu que dans ces chiffres n'entre point la dette du royaume de Pologne, ni la valeur des billets émis par diverses banques de l'empire, qui font leurs opérations sous le contrôle exclusif du gouvernement.

OBSERVATIONS.

1. On voit par les calculs qui précèdent que les recettes en numéraire de l'empire de Russie ne couvrent pas les dépenses ordinaires, mais que les corvées et les objets fournis en nature suppléent au déficit qui en résulte.

2. D'un autre côté, comme la valeur de ces derniers, jointe aux produits des domaines et aux contributions directes, entre pour plus des deux tiers dans le chiffre total du revenu public, il est facile d'en conclure que les contributions indirectes forment à peine un quart de ce dernier chiffre.

3. Il faut encore observer qu'au nombre des domaines se trouvent compris les biens-fonds du clergé et des divers établissements publics, ainsi que des habitants de la Pologne dont on a confisqué les fortunes par des motifs politiques.

4. Enfin, comme les deux principaux titres des dépenses ordinaires, tels que l'intérêt et l'amortissement de la dette publique et les armées, absorbent la plus grande partie du même revenu, il en résulte que les trois autres n'entrent que pour une faible partie dans son chiffre total.

II

FORCES MILITAIRES.

CONTINGENT GÉNÉRAL.

On évalue l'effectif de l'armée de terre et de mer de la Russie, en temps de paix, à 670,000 hommes (y compris la marine et les troupes irrégulières), chiffre qui, réparti sur sa population sujette au recrutement (au nombre de 22 millions cinq cent mille), donne, en moyenne, un soldat par 34 habitants. En retranchant de ces chiffres les provinces polonaises (avec le royaume) qui y entrent pour un tiers au moins, c'est-à-dire pour 223,000 hommes, le nombre des soldats de cet empire se réduit à 446,700.

Ce résultat ne paraîtra pas absolument exact, si l'on prend en considération qu'il y existe, depuis plus de trente ans, des colonies militaires et des pays (petite Russie, pays des Kosaks, etc.) dont toute la population mâle capable de porter les armes se trouve enrôlée.

Les peuples nomades compensent en quelque sorte cette différence, soit parce qu'ils ne se trouvent encore soumis qu'en partie, soit parce qu'ils ne fournissent leur contingent qu'en temps de guerre.

Dans ce dernier cas les levées de soldats varient selon les circonstances, de manière qu'on y appelle quelquefois jusqu'à deux hommes sur cent. D'après cette proportion les forces armées de l'empire s'élèveraient à plus d'un million de combattants.

Il est cependant à observer que le mode de recrutement n'y repose sur aucune base fixe, de sorte que les communes sont obligées de fournir le nombre de recrues décrété par le gouvernement, quelle que soit leur population valide.

Du reste, l'effectif de l'armée russo-moskovite n'est jamais au complet, et l'immense étendue de l'empire ne permet pas de réunir plus d'un tiers de son armée, y compris les réserves.

Pour ce qui concerne les frais qu'occasionne l'entretien des armées en Russie, ils s'élèvent, en temps de paix, à environ 310 millions de francs, somme dans laquelle n'entrent pas les contributions prélevées lors du recrutement, et qui varient de 10 à 15 fr. par conscrit.

ARMÉE DE TERRE.

L'effectif de cette armée, qu'on évalue en temps de paix à 625,000 hommes, se compose principalement d'infanterie, qui y entre pour plus de moitié (132 régiments à trois bataillons de 800 hommes). Viennent ensuite la cavalerie, l'artillerie et le génie, dont la première y figure pour environ un sixième (92 régiments à 5 escadrons de 200 hommes) et les deux autres armes pour un douzième (50,000 hommes avec 1,632 pièces de campagne).

Le reste de l'armée de terre se compose des troupes irrégulières et de celles des garnisons, qui comptent plus de 100,000 hommes. On évalue à 230 millions de francs par an la solde et l'entretien de l'armée de terre en Russie. Enfin, la durée du service militaire est de 20 à 25 ans.

COLONIES MILITAIRES.

Nous avons observé plus haut (§ 1er) que de nos jours (1810-1815) un système de colonisation militaire avait été adopté par le gouvernement de Russie. Il nous reste à ajouter que ce système ayant pour but de créer une population exclusivement militaire, dont on porte le nombre à 100,000 hommes, subit depuis plusieurs modifications. De là vient que, bien qu'on voie ces colonies, établies dans les domaines de la couronne, sur les frontières de la vieille Russie, s'étendre entre la Newa et le Pruth, il est impossible d'en connaître l'état actuel avec précision.

Nous nous bornerons donc à dire que ces établissements ne paraissent pas encore répondre à leur but.

PLACES FORTES.

Nous n'en citerons ici que les principales, qui toutes
sont comprises dans les possessions européennes de l'empire. Voici leurs noms et leur situation :

1. Kronstadt,
2. Riga , } sur la Baltique.

3. Chocim (Khotsim),
4. Bender, } sur le Dniester.

5. Akerman, sur le Danube.
6. Taganrog, sur la mer d'Azoff.

Pour les autres qui, au nombre de cinq, se trouvent
dans les provinces polonaises (Bobruysk, Dunabourg,
Modlin, Zamosc, Demblin), nous renvoyons au chapitre
suivant.

MARINE.

La marine militaire de la Russie se compose de 45
vaisseaux de ligne, dont huit à vapeur, 30 frégates,
128 bricks, corvettes, etc., c'est-à-dire de deux cents bâtiments à peu près. Elle est répartie en cinq divisions dont
trois stationnent dans la Baltique, et deux dans la
mer Noire. Les mers Blanche et Kaspienne possèdent en
outre chacune une escadrille.

On porte le nombre des marins et des soldats d'équi-
page à 45,000.

La manière dont on fait les levées n'a pas de règle fixe.
Cependant, comme la marine marchande n'existe pas
encore en Russie , on s'y trouve forcé de prendre les matelots parmi la population sujette au recrutement ordi-
naire.

On évalue à 80 millions de francs les dépenses qu'occasionnent tous les ans la solde et l'entretien de la marine.

Voici les noms et la situation de ceux qui se trouvent placés dans les possessions européennes ou dans leur voisinage.

1. Kronstadt,
2. Revel, } sur la Baltique.

3. Sebastopol,
4. Nikolaïew, } sur la mer Noire.

5. Arkhangel, sur la mer Blanche.
6. Astrakhan, sur la mer Kaspienne.

On voit par ce qui précède que les forces armées de l'empire de Russie n'atteignent pas, en temps de paix, sept cent mille hommes, et que ce nombre se réduit de plus de moitié, si l'on en retranche les troupes irrégulières, ainsi que les soldats fournis par les provinces conquises depuis un siècle.

Comme ces forces ne sont pas ordinairement au complet, et qu'on ne peut jamais en réunir plus d'un tiers, il en résulte que le contingent militaire du même empire ne saurait être évalué à plus de deux cent mille hommes.

Du reste, on se rappelle que les frais occasionnés par la solde et l'entretien de cette armée entrent pour plus de moitié dans le chiffre total des dépenses ordinaires (310 millions de francs). Dans cette somme sont comprises les colonies militaires, dont l'état actuel n'est pas connu avec précision, et les places fortes au nombre de six, qui se distinguent par leur position stratégique.

Enfin, on voit par là que la marine militaire qui se trouve concentrée dans six ports (dont cinq sont situés en Europe), et se recrute comme l'armée de terre, n'entre dans le contingent général que pour environ un quinzième.

§ 6.

REMARQUES ET COMPARAISONS.

I

HISTOIRE ET GÉNÉRALITÉS.

DEUX PREMIÈRES PÉRIODES.

D'après ce qui a été dit sur les fastes de la Russie (§ 1er.), le noyau de cet empire se trouve dans l'ancien grand-duché de Kiovie qui, à l'époque de la conversion de sa population au christianisme, était déjà envahi par les princes Varègues-Normands de la maison de Rurik. Il résulte de là que les habitants primitifs de cet empire perdirent leur indépendance politique avant leurs temps historiques.

Comme ces mêmes habitants se trouvèrent peu de temps après envahis par le schisme grec-oriental et subjugués par les Tatares ou Mongols, leur unité politique et religieuse dut se briser avant d'avoir pu se consolider (x^e-xve siècles).

Plus tard, c'est-à-dire après avoir été soumis aux Tatares pendant deux cent quarante ans, les habitants du grand-duché de Kiovie, transformé en tzarat de Moskovie, parviennent, il est vrai, à secouer la domination étrangère ; cependant, cette délivrance pouvait d'autant moins changer leur ancien état qu'ils retombèrent aussitôt sous le joug d'un gouvernement arbitraire, dont les chefs (tzars) poussèrent l'exercice du pouvoir suprême jusqu'à la tyrannie et devinrent conquérants (xvie-xviie siècles).

Ainsi s'explique, soit leur mélange avec les races étrangères, tant européennes que non-européennes, soit l'état de barbarie dans lequel ils restèrent plongés pendant plus de sept siècles, et la différence qui, sous le rapport de la nationalité, les séparait des autres peuples d'origine slave.

Ainsi s'explique encore l'agrandissement territorial qu'atteignit, en ce temps, le nouveau tzarat de Moskovie, au préjudice des peuples voisins non-seulement asiatiques, mais encore européens et chrétiens.

TROISIÈME ET DERNIÈRE PÉRIODE.

Si les tzars de Moskovie, après avoir organisé leur pays militairement, se proclamèrent empereurs-autocrates de toutes les Russies et unirent le pouvoir spirituel au pouvoir temporel ; s'ils firent subir aux habitants du nouvel empire diverses réformes pour les rapprocher des peuples civilisés, ces mesures n'étaient rien moins que propres à les tirer de leur ancienne barbarie ; au moment surtout où ils devinrent instruments aveugles de leurs chefs plus que jamais despotes et conquérants (xviiie- xixe siècles).

De là vient le double schisme auquel furent livrés les Grands-Russes ou Moskovites ; schisme qui, en réduisant leur religion à un culte purement politique, les éloigna encore davantage des autres peuples issus de la même source.

De là cet état de servitude dans lequel se trouvent plongées les masses en Russie, et par conséquent l'infériorité morale de ses habitants vis-à-vis des autres peuples civilisés.

Enfin, on s'explique aussi par là soit l'extension de l'empire de Russie du Dniéper et de la Dzwina jusqu'aux Karpathes et à l'Oder, soit les conséquences funestes qui en résultèrent pour les nationalités voisines et pour l'équilibre européen.

CONCLUSION.

En résumé, l'empire actuel de Russie renfermant plusieurs races et nationalités tant européennes que non-européennes, ses habitants paraissent former une agglomération factice de divers peuples plutôt qu'une nation homogène et une société régulière.

Ce qui vient surtout à l'appui de notre conclusion, c'est la voix presque unanime des publicistes modernes et indépendants, qui, tout en signalant comme nous un état de choses si anormal, présagent à cet empire une dissolution peu éloignée, à moins qu'il ne se réforme promptement et radicalement.

II

CONSTITUTION PHYSIQUE.

SUPERFICIE TERRITORIALE.

On a déjà vu l'empire actuel de Russie posséder une surface territoriale qui dépasse plus de deux fois celle de l'Europe (364,391 milles carrés). Cependant, comme ses possessions asiatiques et autres (colonies) y entrent pour presque deux tiers (271,205 milles carrés), il n'occupe que la majeure partie de l'Europe (92,686 milles carrés).

Quant à ses possessions européennes, qui comptaient, il y a un siècle, à peine les quatre cinquièmes (74,020 milles carrés) de leur étendue actuelle, on voit qu'elles se sont accrues de plus d'un cinquième (18,437 milles carrés) au détriment des États voisins formés principalement par les nationalités chrétiennes, d'origine slave, roumaine et autres.

CLIMAT ET SOL.

On a démontré plus haut que le climat, dans les anciennes provinces de la Russie, est en général rigoureux ou insalubre, et que, sauf quelques exceptions, le sol y reste en friche soit par suite de sa stérilité, soit à cause de la nature du climat.

Ainsi, la majeure partie du territoire de l'empire

actuel de Russie étant à peu près inhabitable, sa population doit se concentrer dans les provinces européennes,
et surtout dans celles qui ont été nouvellement conquises.
On s'explique donc par là l'intérêt que le gouvernement
des tzars attache à la possession et à l'extension de ces
provinces.

EAUX ET DIVERSES VOIES DE COMMUNICATION.

Si les eaux qui arrosent l'empire de Russie ne rendent
pas de grands services à ses habitants, on en doit
d'autant moins attribuer la cause à leur insuffisance,
qu'il est baigné par deux océans et par plusieurs mers
ou lacs. Ajoutons encore qu'il compte un grand nombre
de rivières ou de fleuves navigables, liés entre eux et rat-
tachés par quelques canaux. Mais, comme on l'a remarqué plus haut (§ 2e), la navigation fluviale et maritime y
laisse encore beaucoup à désirer, entravée qu'elle se trouve
soit par la rigueur du climat et par l'immense étendue
de l'empire, soit par la mauvaise direction de cette partie
du service public.

C'est par les mêmes raisons qu'on parvient à s'expliquer l'insuffisance des autres voies de communication,
telles que les routes ordinaires, les ponts et les chemins
de fer.

III

INDUSTRIE.

Nous avons déjà fait remarquer (§ 3e) que l'agriculture en Russie se trouve dans un état voisin de l'enfance; que son industrie manufacturière est encore peu développée, et que les diverses branches du commerce n'y sont pas plus avancées; de sorte que le chiffre des importations excède celui des exportations de plus d'un onzième.

Cet état de choses frappe d'autant plus que l'immense étendue de l'empire autorisait à compter sur des résultats bien différents. Aussi faut-il en attribuer la cause non-seulement à la population comparativement peu nombreuse de la Russie et à ses voies de communication fort restreintes, mais encore à la compression exercée sur les diverses branches de l'industrie et surtout du commerce.

En effet, les charges énormes qui pèsent sur les produits de l'industrie indigène et étrangère (voir finances), jointes à celles qui résultent du régime militaire (voir armées), doivent y contribuer d'autant plus qu'en élevant le prix des produits agricoles et manufacturiers ils rendent leur échange très-difficile et parfois impossible.

De là le peu de profit que la Russie retire des produits agricoles, dont la quantité (grâce à la fécondité du sol) dépasse, dans quelques-unes de ses provinces, les besoins de la consommation, et qui trouvent un débouché avantageux dans les pays manufacturiers de l'Europe centrale ou occidentale.

De là, la famine qui atteint de temps en temps certaines contrées de ce vaste empire.

Enfin, on s'explique par là l'excédant de ses importations sur les exportations, dont le chiffre doit dépasser de beaucoup celui que nous avons établi d'après des données officielles.

CONCLUSION.

En résumé, l'état actuel de l'industrie en Russie est tel que tout développement de son commerce devient impossible, et que les États manufacturiers et commerciaux de l'Europe sont obligés de transporter sur d'autres marchés l'excédant de leurs produits pour les échanger contre ceux dont ils ont besoin. Ce qui vient à l'appui de notre conclusion, c'est que le commerce de la France avec les pays du nord est de nos jours presque insignifiant.

IV

POPULATION.

ÉVALUATION GÉNÉRALE.

D'après ce qui précède (§ 4e), la population générale de l'empire de Russie surpasse, il est vrai, en nombre celle des autres grands États européens, et paraît même susceptible d'être doublée dans l'espace d'un siècle. Cependant, cette supériorité s'évanouit si l'on considère que les habitants des possessions non-européennes (colonies) y entrent à peine pour un dix-septième, et que le reste forme la population européenne, dont l'augmentation doit être attribuée moins à son accroissement naturel, qu'à la conquête des nouvelles provinces plus peuplées que les anciennes.

POPULATION RELATIVE.

Répartie sur la surface totale de l'empire, la même population donne 161 individus par mille carré (dont 13 seulement dans ses possessions non-européennes ou colonies), et ne devient quatre fois plus nombreuse que dans les possessions européennes.

Ainsi donc, la population relative de la Russie présente des résultats tout à fait opposés à ceux de sa population générale.

RACES ET IDIOMES.

Bien que les habitants d'origine slave soient beaucoup plus nombreux que ceux des autres races, la différence qui existe entre les deux branches des premiers (Normando-Slaves et Letto-Slaves) n'en est pas moins considérable.

Nous en avons déjà fait voir les causes principales, qui proviennent, soit du mélange des habitants primitifs de cet empire (Moskovites) avec les races étrangères et non-européennes, soit des institutions politiques et religieuses qui l'ont régi pendant plusieurs siècles ou le régissent encore.

Il nous reste à ajouter que la supériorité numérique des habitants primitifs qui composent la première branche (Moskovites), doit uniquement être attribuée à ce qu'on les confond avec l'autre branche de la même race (Letto-Slaves) et particulièrement avec cette partie de la même branche (russienne) qui , comme nous l'avons démontré plus haut, se distingue de la première sous plus d'un rapport.

CROYANCES RELIGIEUSES.

C'est par des raisons analogues qu'on parvient aussi à s'expliquer l'immense majorité que présentent , parmi la population chrétienne , les Greco-Russes-, c'est-à-dire les partisans du culte dominant en Russie , qui se disent orthodoxes.

En effet , comme leur supériorité numérique date seulement de l'époque où ce culte fut imposé aux Russiens dits *Rutheniens* (xviiie - xixe siècles), il en résulte qu'en retranchant ceux-ci, au nombre de plus de cinq millions, elle se trouverait considérablement diminuée.

D'un autre côté, en ajoutant à ce nombre le chiffre de la population purement chrétienne de l'empire (catholiques-romains , protestants), et celui des provinces polonaises, le nombre des partisans du culte dominant sera diminué de plus d'un tiers.

Du reste, comme , d'après ce qui vient d'être dit, les autres cultes ne sont que tolérés en Russie , et que celui qui y domine se trouve propagé à leurs dépens, le nombre toujours croissant des Greco-Russes (soi-disant orthodoxes) se trouve facilement expliqué.

Ce qui cependant doit étonner beaucoup, c'est l'in-différence avec laquelle les propagateurs modernes du christianisme assistent au progrès d'un culte tout poli-tique, qui absorbe presque en silence, mais progressive-ment, les autres croyances chrétiennes.

Les motifs de cette indifférence paraissent d'autant moins concevables, que les rares conversions qu'on peut opérer parmi les peuples idolâtres des pays éloignés, ne sauraient compenser le préjudice qui résulte pour la religion purement chrétienne de la propagande greco-russe, dans une partie aussi considérable de l'Europe.

CLASSES OU CONDITIONS SOCIALES.

Si l'on est frappé de l'immense disproportion qui existe, en Russie, entre la classe des paysans (qui en-trent pour quatre cinquièmes dans le nombre total des habitants) et les deux autres (bourgeois et propriétaires fonciers), on en trouve l'explication surtout dans l'état arriéré de cet empire sous le rapport industriel.

En effet, comme la classe moyenne (bourgeois ou habitants des villes, et ceux des campagnes qui se rap-prochent des premiers) se compose pour la plupart de la population d'origine étrangère, il en résulte que les pro-priétaires fonciers (nobles), qui, avec le clergé, forment à peine la soixantième partie de la population générale, ne sauraient contre balancer cette disproportion.

Mais ce qui se comprend bien difficilement, c'est le nombre comparativement fort insignifiant des hommes libres, c'est-à-dire qui ne sont pas attachés à la glèbe, qu'on voit figurer parmi les paysans (un dixième); de sorte que les serfs attachés à la glèbe y forment une immense majorité. Cet état de choses est d'autant plus étonnant, que la même majorité se compose en grande partie des habitants primitifs de l'empire (Moskovites), et qui pour les deux tiers à peu près appartiennent à la couronne.

Aussi, une organisation si étrange ne saurait être attribuée qu'aux vices des institutions qui régissent l'empire de Russie, et particulièrement à son autocratie politique et religieuse, dont l'existence est incompatible avec la liberté des masses.

CONCLUSION.

En somme, la population générale de l'empire actuel de Russie, qui diffère sous tant de rapports de celle des autres États civilisés, entre pour plus d'un quart dans le chiffre total des habitants de l'Europe, et pour un cinquième seulement sans celle des provinces polonaises.

Quant à sa population relative, elle est inférieure de plus de moitié à celle que donne en moyenne le chiffre des habitants de toute l'Europe réparti sur la surface de cette partie du globe.

V

RESSOURCES FINANCIÈRES ET FORCES MILITAIRES.

FINANCES.

Le budget de la Russie étant comparativement bien inférieur à ceux des États européens de premier rang, on en doit conclure que les ressources de cet empire sont bien loin de répondre à ses besoins. Ce qui le prouve surtout, c'est l'insuffisance de ses recettes au budget des dépenses ordinaires, et la dette considérable qui a été contractée pour faire face aux dépenses extraordinaires.

La pénurie de ses finances se trouve encore expliquée soit par les corvées et les objets fournis en nature, dont la valeur dépasse de plus du double le montant des recettes en numéraire, soit par l'étendue considérable des provinces (pour la plupart non-européennes), dont les habitants sont exempts des charges publiques, en totalité ou en partie. De là il suit que la moyenne de 21 francs 44 centimes par tête, que donne le chiffre de toutes ces charges réparti sur le nombre de la population imposable en Russie, doit être d'autant plus onéreuse pour les contribuables, que l'agriculture constitue leur principal moyen d'existence, et que leur immense majorité (quatre cinquièmes de la population générale) se compose de serfs attachés à la glèbe qui sont plongés dans la plus profonde misère.

Recettes. Pour mieux apprécier l'état financier de la Russie, il suffira de prendre en considération les principales sources de ses revenus publics. Ainsi le produit des domaines provient en grande partie des confiscations opérées au préjudice du clergé et des établissements publics, ou des patriotes qui défendirent leurs nationalités contre leurs ennemis.

Quant aux contributions directes, dans lesquelles se trouvent compris les corvées et les objets fournis en nature, comme elles pèsent principalement sur l'agriculture et les manufactures, elles ne peuvent qu'arrêter le développement de ces deux branches de l'industrie qui se trouvent encore dans l'enfance.

D'une autre part, les contributions indirectes, qui ont pour source principale les droits établis sur les boissons, atteignent encore l'industrie agricole et manufacturière. Du reste, comme les tarifs des douanes, établis en Russie d'après les principes du système prohibitif, frappent à la fois les importations et les exportations, il en résulte que les diverses branches du commerce s'y trouvent entravées de plus en plus.

Faisons remarquer encore que, dans un pays où le climat est si rigoureux, les boissons sont un objet de première nécessité pour les classes les plus pauvres et les plus nombreuses de la population, et on comprendra le caractère plus que fiscal du système financier appliqué à la Russie.

Dépenses et dette publique. Comme les intérêts et l'amortissement de la dette publique, ainsi que la solde et l'entretien de l'armée en Russie absorbent plus de moitié de ses revenus annuels, il en résulte que les frais d'administration et autres n'entrent que pour environ un tiers dans le chiffre total de ses dépenses ordinaires.

Quant aux dépenses extraordinaires, on se fera une idée de leur montant en observant que la dette publique, qui donne en moyenne 35 francs 43 centimes par tête, absorbe les recettes en numéraire de plus de quatre années. Aussi les charges qui en résultent doivent-elles être d'autant plus sensibles à la population, qu'on les voit augmenter plutôt que diminuer avec le temps.

CONCLUSION.

Ainsi, il résulte des considérations qui précèdent, que les revenus annuels de l'empire de Russie entrent pour environ un sixième dans le chiffre total de ceux de toute l'Europe, et pour un huitième seulement, si l'on retranche les revenus tirés des provinces polonaises.

Du reste, bien que la dette de cet empire ne représente que la vingt-deuxième partie de celle dont se trouvent grevés tous les États européens, elle n'en paraîtra pas moins onéreuse en la comparant aux ressources beaucoup plus abondantes des autres États, et au peu de garantie que présente le système de son amortissement privé de tout contrôle public.

ARMÉES.

Si les forces armées de la Russie, en temps de paix, ne paraissent pas trop élevées comparativement à celles de grands États européens, elles sont beaucoup plus onéreuses aux habitants de cet empire que partout ailleurs. Ce qui l'explique surtout, ce sont les vices du système de recrutement et l'immense étendue de l'empire qui, joints à la durée du service imposé aux soldats des troupes régulières (22 à 25 ans), rend leur rentrée dans leurs foyers le plus souvent impossible.

Les provinces nouvellement conquises se ressentent d'autant plus de cet état de choses que, quoique favorisées par la nature, elles possèdent une population encore insuffisante au développement de leur industrie.

D'un autre côté, les troupes irrégulières étant continuellement à la charge des peuples qui les fournissent, ceux-ci s'en trouvent de plus en plus épuisés.

Enfin, puisque le système militaire qui pèse sur les habitants de la Russie est si onéreux pour eux en temps de paix, il ne peut que les ruiner en temps de guerre.

Quant aux suites de ce système pour les autres États européens, elles sont trop évidentes pour avoir besoin d'être signalées.

Il suffira de rappeler qu'il les oblige, même en temps de paix, d'entretenir d'imposantes armées qui absorbent la plus grande partie de leurs ressources.

Cependant, ce qui paraît diminuer le danger pouvant venir de la Russie, en temps de guerre, c'est la diversité des éléments dont se compose l'armée de cet empire, et les obstacles tant physiques que financiers qui rendent difficiles non-seulement son entretien hors du pays, mais encore sa réunion dans l'intérieur.

COLONIES MILITAIRES.

Pour suppléer à l'insuffisance de l'armée de terre, il existe de nombreuses colonies établies sur les frontières de la vieille Russie. Cependant ces établissements, dont la fondation date de quarante ans à peine, paraissent encore bien loin de ce qu'ils devraient être, et ils ne pourront probablement répondre à leur destination qu'après un temps assez éloigné.

Places fortes. Bien que leur nombre (six) paraisse restreint, leur position stratégique ne laisse rien à désirer, si l'on observe qu'elles se trouvent toutes situées sur les bords des mers ou des fleuves qui séparent la Russie des autres États d'Europe.

MARINE.

Comme la marine militaire de cet empire n'entre que pour un quinzième dans le contingent de l'armée de terre, elle paraît d'autant moins propre à seconder cette dernière, qu'elle se recrute parmi une population non maritime. Ajoutons encore que les exercices des flottes et leur sortie même des ports se trouvent arrêtés en Russie par une foule d'entraves, telles que la rigueur du climat, le manque de bâtiments de transport, etc.

CONCLUSION.

Les forces militaires de la Russie (y compris les soldats polonais) comptent, en temps de paix, pour environ un quart dans celles de tous les États européens. Cependant cet empire, tel qu'il existe aujourd'hui, serait incapable de soutenir une guerre européenne à moins d'être aidé, comme autrefois, par les États allemands ou autres, ayant une organisation plus solide et des ressources plus abondantes.

A l'appui de cette conclusion viennent les guerres que le même empire avait avec la France jusqu'au traité de Tilsitt (1807), ainsi que celles qu'il eut à soutenir postérieurement contre les Turcs (1828-29), les Polonais (1831) et les Circassiens, luttes dont la dernière n'est pas encore terminée.

Aussi, les conquêtes que les tzars parvinrent à faire en Europe depuis un siècle (18,672 milles carrés et plus de dix-huit millions d'habitants) doivent être attribuées à des circonstances exceptionnelles qui les favorisèrent alors, et surtout à l'appui qui leur fut prêté par les différentes coalitions formées entre les grandes puissances européennes.

CHAPITRE II

POLOGNE (ROYAUME DE)

Y COMPRIS LA LITVANIE ET LES TERRES RUSSIENNES.

§ 1er.

NOTICE HISTORIQUE.

Nous croyons devoir diviser les fastes de la Pologne en quatre périodes distinctes, savoir :

1° Depuis l'introduction du christianisme (d'après le rit latin ou romain) parmi les habitants du pays, jusqu'à la réunion de ce pays à la Litvanie, par suite de l'avénement au trône de la maison des Jagellons (963-1386);

2° De cette dernière époque jusqu'aux rois électifs (1386-1572);

3° Du commencement de la monarchie élective jusqu'au dernier partage du pays entre les trois États voisins (1772-1795);

4° Enfin, depuis ce partage jusqu'à nos jours (1795-1848).

PREMIÈRE PÉRIODE.

Au commencement de cette période, qui embrasse plus de quatre siècles, on voit la Pologne former une monarchie élective mais héréditaire dans la maison indigène de Piast. Bornée par les monts Karpathes et la Baltique, elle comprenait alors les pays situés entre l'Oder, le Boug et le Niémen.

Bien qu'attaquée par les peuples voisins de la même race que ses habitants (Kioviens, Bohèmes ou Tchèques) et d'origine germanique, cet État parvint, sous ses premiers rois chrétiens, à repousser toutes les invasions et à étendre ses frontières jusqu'aux bords du Dniéper et de l'Elbe.

En même temps les rois de Pologne continuèrent à retenir dans leur dépendance les peuples encore idolâtres, qui habitaient les bords de la Baltique (Poméraniens, Prussiens). On vit aussi ces souverains intervenir plus d'une fois avec succès dans les affaires des deux États voisins (Kiovie et Hongrie), pour y rétablir la paix troublée par des divisions intestines.

Peu de temps après, cette monarchie commença à s'affaiblir, d'abord par les guerres intérieures, auxquelles donnèrent lieu les partages de ses provinces entre les princes de la maison régnante, puis par l'invasion des Tatares et la rébellion des chevaliers Teutoniques, qui,

6

comme vassaux , étaient chargés de contenir les peuples idolâtres et de les convertir au christianisme.

Malgré tant de calamités et la perte de ses **trois pro-vinces occidentales** (Silésie , Poméranie , Prusse), la Pologne paraît, durant cette période, conserver son ancien rang , de même que son unité politique et religieuse. En effet , on la voit non-seulement resserrer ses liens avec un État voisin, quoique habité en grande partie par une race différente (Hongrie), mais encore étendre ses frontières du côté de l'Orient par l'acquisition de plusieurs provinces qu'habitait la population Slave ou Lettonne. (Podlachie, Russie-Rouge, Volhynie, Podolie.)

C'est alors que les rois de Pologne posent les premières bases du gouvernement représentatif, en réunissant les notables du pays (nobles) pour décider les affaires les plus importantes de l'État.

C'est alors aussi que les lois du pays commencent à protéger, d'une manière toute particulière, la plus nombreuse classe de la population (paysans), et à favoriser les habitants des villes, qui, peuplées par un nombre considérable d'étrangers (Allemands , Arméniens , Juifs), devinrent le foyer de diverses branches d'industrie.

Enfin , ce fut l'époque de la naissance de la littérature polonaise, bien que le latin (employé entre autres par le célèbre Kopernik) servît encore de langue officielle et scientifique.

Ajoutons que , dans le courant de la même période , on vit le christianisme se répandre parmi les peuples idolâtres du voisinage, et les tirer de la barbarie dans laquelle ils se trouvaient plongés (Podlachiens , Livoniens, Litvaniens).

DEUXIÈME PÉRIODE.

Après l'extinction des descendants directs dans la maison de Piast, les représentants de la nation polonaise font monter sur le trône la fille du dernier roi, qui avait, en même temps, régné en Hongrie (Louis le Grand). Ce choix, suivi d'un mariage conclu par la nouvelle reine (Hédvige) avec le grand-duc de Litvanie (Jagellon), donna lieu à la réunion de ces deux pays (1386), réunion qui comprenait également les terres russiennes, délivrées du joug tatare par les princes litvaniens. Aussi vit-on alors, non-seulement les habitants idolâtres des pays nouvellement unis se convertir au christianisme, mais encore ceux qui étaient tombés dans le schisme grec (Russiens) rentrer dans l'union avec l'Église de Rome (1439).

De cette manière la Pologne, dont les frontières se trouvaient avancées jusqu'aux embouchures du Dniéper et de la Dzwina, s'éleva au rang de première monarchie représentative dans l'Europe continentale.

Cependant elle trouva alors de nouveaux ennemis dans les deux peuples voisins : nous voulons parler des Turcs et des Moskovites. Les premiers, sortis du fond de l'Asie, et professant l'islamisme, venaient de renverser l'empire d'Orient (1453).

Quant aux autres, on sait que ce peuple schismatique s'était mêlé, quoique d'origine slave, avec diverses races étrangères, et qu'après avoir secoué le joug des Tatares (1477), il devint conquérant à l'instar de ses anciens maîtres.

Au milieu de tant d'embarras, les princes de la maison de Jagellon tinrent en respect les ennemis extérieurs de leur royaume, et étendirent leur protection aux peuples chrétiens de l'Orient, dont plusieurs se placèrent alors sous leur sceptre, soit directement (Hongrie, Bohême), soit comme tributaires (Moldavie, Valachie).

Après avoir dompté les chevaliers Teutoniques, ces princes reprirent et réunirent à leur couronne deux provinces situées sur la Baltique (Prusse et Livonie, y compris la Kourlande), tout en laissant une partie de ces pays tributaires en possession des chefs du même ordre qui venait d'être sécularisé (1525-1564).

Du reste, ce qui distingue la période dont nous parlons, c'est la politique conciliante du gouvernement polonais, politique qui préserva cet État des malheurs sans nombre que les dissensions religieuses avaient occasionnées dans les pays voisins (Allemagne, Bohême).

En résumé, les faits principaux de cette période, qui n'embrasse que deux siècles à peine, sont:

1° La conversion définitive au christianisme des Litvaniens et la rentrée des Russiens (Ruthéniens) dans le sein de l'Église de Rome, sous le nom de Grecs-unis;

2° La fusion de ces deux peuples avec la nation polonaise, qui devint ainsi l'un des principaux boulevards de la chrétienté contre les hordes asiatiques;

3° La chute de l'influence germanique dans le nord-est de l'Europe, malgré la propagation du protestantisme parmi les habitants des provinces limitrophes de la Pologne.

Quant à la littérature polonaise, elle se développa, dans cette période, avec d'autant plus de rapidité, que

l'invention de l'imprimerie facilitait alors merveilleuse-
ment la diffusion des produits de l'esprit humain.

TROISIÈME PÉRIODE.

Dans le courant de cette période, qui s'étend au delà
de deux siècles, la monarchie représentative en Pologne
devint purement élective, de manière qu'à chaque vacance du trône les représentants de la nation (nobles)
choisissaient un roi dans les familles indigènes ou étrangères.

En même temps, à l'exemple de la Hongrie et des
autres États chrétiens (y compris l'empire germanique),
les nouveaux rois de Pologne se trouvaient astreints à
certains engagements ou capitulations (*pacta conventa*)
qui limitaient leur pouvoir.

Ainsi, la Pologne finit par se transformer en république ayant un roi pour chef.

Malgré ce changement, les premiers rois électifs, pris
en dehors des maisons régnantes dans les États voisins,
se distinguèrent soit par leurs alliances avec les nations
auxquelles ils appartenaient eux-mêmes (tels que les
Valois de France et les Wasa de Suède), soit par leurs qualités personnelles (tels que les Batory de Transylvanie).

Aussi, ayant resserré ses liens avec la France et opéré
son union avec la Suède, la Pologne marcha rapidement
dès lors dans la voie du progrès et recouvra plusieurs de ses
anciennes provinces (Smolensk, Siewierz, Petite-Russie),
tandis que son unité religieuse s'affermissait au point que
le reste de sa population schismatique (Russiens ou Ruthéniens) rentrait dans le sein de l'Église de Rome (1595).

Toutefois, la nouvelle forme de gouvernement, qui venait d'être adoptée par la nation polonaise, ne semble pas avoir été en rapport avec les circonstances difficiles dans lesquelles se trouvait l'Europe continentale.

Cet inconvénient, joint aux intrigues des étrangers que favorisait chaque vacance du trône en Pologne, exerça une influence si fâcheuse sur les destinées de la nouvelle république, qu'elle tomba dans l'anarchie et s'affaiblit de plus en plus.

Ce fut alors que les chefs des États voisins (Suède, Moskovie) et l'un de ses propres vassaux (prince de Prusse) se liguèrent contre elle, et lui enlevèrent plusieurs provinces situées au nord-est (Livonie, Smolensk, Siewierz, Petite-Russie, Prusse-Orientale).

Au milieu de cette décadence, que le traité d'Oliva (1660) arrêta momentanément, un roi national (Sobieski) se signala encore par des victoires qui, remportées sur les Turcs et les Tatares, sauvèrent la chrétienté du joug de l'islamisme et de la barbarie (1683).

Ces victoires furent d'autant plus importantes, qu'elles eurent pour résultat de désarmer les Turcs, qui devinrent ensuite alliés fidèles des vainqueurs.

Mais cet avantage fut le dernier qu'obtint la Pologne indépendante sur ses ennemis extérieurs.

En effet, le système des conquêtes ayant déjà prévalu dans le nord-est de l'Europe, on vit les trois États limitrophes (Russie, Autriche, Prusse), organisés militairement, imposer à la nation de nouveaux rois, tout en maintenant les institutions vicieuses qui la plongeaient chaque jour davantage dans l'anarchie et empêchaient toute réforme salutaire.

Ainsi, envahi par les troupes étrangères, ce pays se trouvait désarmé et dévasté de plus en plus.

D'un autre côté, les chefs des trois États que nous venons de citer, ayant eu soin de paralyser l'influence des alliés de la Pologne, tant anciens (France) que nouveaux (Turquie), l'intervention de ces derniers en sa faveur devenait de jour en jour moins efficace.

Les suites de cet état de choses ne se firent pas attendre longtemps ; et après la mémorable guerre de sept ans (1756-1763), c'est-à-dire sous le dernier de ses rois indigènes (Poniatowski), la Pologne fut partagée pour la première fois (1772).

Depuis, on vit, il est vrai, la nation polonaise chercher le salut dans la réforme de ses institutions et parvenir même à transformer la république en une monarchie héréditaire, sous le sceptre de la maison de Saxe (1791). Toutefois, ces efforts, au lieu de lui être profitables, attirèrent sur elle des malheurs encore plus grands, de sorte qu'abandonnée par le reste de l'Europe, au milieu d'une lutte inégale, elle subit deux nouveaux partages (1793-1795) qui mirent fin à son existence politique.

Ce fut vers la fin de cette période que de nombreux colons étrangers (Allemands et protestants pour la plupart) inondèrent ces malheureuses contrées.

Ce fut alors aussi que leurs habitants unis avec l'Église de Rome (Russiens), se trouvèrent forcés d'embrasser le culte doublement schismatique qui dominait et domine encore dans le nouvel empire de Russie.

Enfin, pendant la même période les défenseurs de la Pologne furent dépouillés de tous leurs biens et contraints de quitter le sol natal.

QUATRIÈME PÉRIODE.

Dans le courant de cette période, qui n'embrasse qu'un peu plus de cinquante ans, on voit d'abord les émigrés polonais former des légions nationales sous les drapeaux de la France, et contribuer ainsi aux triomphes de cette ancienne alliée sur leurs ennemis communs. Grâce à cette assistance fraternelle, la patrie des Piast et des Jagellons ne tarda pas à renaître dans le nouveau duché de Varsovie (1807-1809), composé des provinces arrachées à la Prusse et à l'Autriche. Placé sous le sceptre du roi de Saxe, cet État fut doté d'institutions libérales par l'illustre capitaine qui présidait alors aux destinées de la France.

Cependant, comme il ne renfermait qu'une faible partie de l'ancienne Pologne, le désir de délivrer ses autres provinces se faisait vivement sentir. Aussi cette délivrance paraissait plus que jamais assurée quand éclata, en 1812, la mémorable guerre entre la Russie et la France, guerre à laquelle prirent part presque toutes les puissances de l'Europe continentale.

Nous avons déjà indiqué, dans le chapitre précédent, pourquoi cette attente fut trompée, et par quels motifs le congrès de Vienne (1814-1815) fut porté à laisser l'Europe continentale dans le *statu quo*, sauf certaines conditions stipulées en faveur de la nationalité polonaise. Voici la substance de ces stipulations :

1. L'ancien duché de Varsovie, *jouissant d'une administration distincte*, serait réuni par sa constitution à l'empire de Russie, excepté les parties cédées à l'Au-

triche et à la Prusse. L'empereur de Russie, qui s'était réservé de donner à cet État une extension intérieure, prendrait le titre de roi (tzar) de Pologne.

2. La ville de Krakovie avec son rayon resterait une cité libre, indépendante et strictement neutre, sous la protection des trois souverains alliés.

3. Les habitants de toutes les provinces de l'ancienne Pologne, telle qu'elle existait avant 1772, obtiendraient une représentation et des institutions nationales, outre certains avantages commerciaux.

D'après ces conventions, les habitants du duché de Varsovie soumis à la Russie (nouveau royaume), ainsi que ceux de la ville de Krakovie, furent laissés en possession d'un gouvernement national et représentatif.

Toutefois, les autres parties de l'ancienne Pologne continuèrent d'être administrées comme provinces, et l'extension promise du royaume qu'on venait de créer n'eut point lieu.

D'un autre côté, le nouvel état de choses ne fut de longue durée ni dans ce dernier pays, ni dans la ville de Krakovie. En effet, les dispositions de leurs lois fondamentales furent non-seulement éludées ou méconnues, mais encore modifiées arbitrairement. Aussi, après les mémorables révolutions qui éclatèrent alors en France et en Belgique (1830), les provinces soumises à la Russie ne tardèrent pas à devenir le théâtre d'une insurrection presque générale.

En conséquence, l'indépendance politique de la nation polonaise ayant été proclamée par ses représentants, un gouvernement monarchique fut établi dans l'ancienne capitale du pays.

La lutte qui s'ensuivit entre les oppresseurs et les opprimés eut, comme on le sait, une issue malheureuse pour ces derniers qui, réduits à leurs propres forces, avaient à vaincre et les armées plus nombreuses des premiers, et les difficultés résultant du blocus de leurs frontières.

On se rappelle également les vives sympathies que cette lutte inégale, mais courageuse, excita parmi tous les peuples libres, et la conduite des vainqueurs à l'égard des vaincus, qui avait pour but la destruction de leur nationalité.

Enfin, personne n'ignore qu'avant la fin de cette lutte, le gouvernement de la France proclama solennellement que *la nationalité polonaise ne périrait pas* (1831); qu'ensuite, uni à celui de l'Angleterre, il protesta contre les atteintes auxquelles cette nationalité malheureuse se trouvait constamment exposée ; et que, comme nous l'avons déjà observé (ch. Ier), malgré ces protestations, les gouvernements de Russie, d'Autriche et de Prusse n'en persistèrent pas moins dans leur système à l'égard de la Pologne.

De là viennent les sanglantes réactions dont ce malheureux pays devint depuis le théâtre, et les nombreuses émigrations de ses enfants qui ne cessent encore d'avoir lieu.

De là aussi ces fréquentes divergences entre les cabinets occidentaux (Paris, Londres) et les trois gouvernements du nord ; d'où il résulte que, quoique les derniers traités (1815) subsistent toujours en principe, leur application n'est rien moins que générale et uniforme.

Les bornes restreintes de cet ouvrage ne nous permettant pas d'énumérer tous les griefs récents de la Pologne contre ses oppresseurs, nous n'en mentionnerons que les principaux, savoir :

1º Abolition du régime constitutionnel et représentatif dans le nouveau royaume de Pologne, régime qu'on a remplacé par un gouvernement arbitraire, en déclarant ce pays incorporé à l'empire de Russie, et ses habitants ne former avec les Russo-Moskovites qu'une seule et même nation (1832).

2º Introduction dans les autres parties de l'ancienne Pologne de la langue, des institutions et de la législation moskovites ou allemandes (Russie, Autriche, Prusse).

3º Le culte politique qui domine en Russie imposé aux habitants restés encore fidèles à l'Église de Rome (Russiens), et propagé forcément au préjudice des autres croyances chrétiennes, surtout du catholicisme.

4º Transplantation de nombreuses familles dans les steppes, confiscation des propriétés appartenant aux insurgés exilés ou amnistiés, enrôlement des anciens militaires et de toute la jeunesse (y compris les enfants pauvres ou orphelins), pour servir dans des régiments cantonnés hors d'Europe (Russie).

5º Suppression des universités et des écoles supérieures, enlèvement des bibliothèques et des collections scientifiques (Russie).

6º Divisions fomentées entre les paysans et les propriétaires-fonciers, divisions qui eurent pour résultat le massacre de ces derniers et l'impunité des meurtriers (Autriche).

7° Enfin, occupation militaire de la ville de Krakovie, réorganisation arbitraire de son gouvernement et sa suppression comme État libre (Autriche, Prusse, Russie).

OBSERVATIONS.

1. On voit, par ce qui précède, que les faits qui se passèrent dans le cours de la dernière période, n'eurent pas moins de gravité pour la nationalité polonaise que ceux dont nous avons tracé l'esquisse, en parlant de la période précédente.

2. Quant aux conséquences de ces faits pour l'Europe continentale, nous en avons déjà signalé les principales (voir Russie); les autres se présenteront dans les tableaux qui vont suivre.

§ 2.

CONSTITUTION PHYSIQUE DU PAYS.

—————

I

SITUATION, LIMITES, ÉTENDUE.

—————

POSITION GÉOGRAPHIQUE.

La Pologne, telle qu'elle était constituée avant son premier partage en 1772, s'étendait dans le nord-est de l'Europe entre les 51e et 57e degrés de latitude, et les 15e et 28e degrés de longitude septentrionale.

FRONTIÈRES.

Ses principales limites étaient alors :

Au *nord*, la mer Baltique et la Prusse orientale (autrefois son fief) ;

A l'*est*, la Dzwina et le Dniéper, qui la séparaient de l'empire actuel de Russie ;

Au *sud*, le Dniester et les monts Karpathes, qui la bornaient du côté de la haute Silésie, de la Hongrie et de la Turquie d'Europe.

A l'*ouest*, l'Oder et la Warta, qui la séparaient du reste de la Silésie et des autres provinces appartenant au royaume de Prusse.

PROVINCES.

Voici les noms des pays qui composaient alors (1772) la Pologne :

1. *Grande et petite Pologne*, y compris le duché de Masovie (couronne).

2. Litvanie, y compris la Samogitie (grand-duché.)

3. Russie blanche, rouge, noire, Petite-Russie, Volhynie, Podolie, Ukraine (terres russiennes).

4. Prusse royale (duché).

5. Kourlande et Semigalle (duché féodal).

SUPERFICIE.

On évalue la superficie de tous ces pays à 13,280 milles carrés géographiques. Elle est aujourd'hui répartie comme il suit entre les trois États voisins :

Russie.	10,320	
Autriche.	1,520	13,280
Prusse.	1,440	

OBSERVATIONS.

On voit, d'après ce qui précède :

1. Que la Pologne, avant son premier partage, se trouvait baignée par la mer Baltique et rapprochée de la mer Noire ;

2. Qu'aujourd'hui plus des trois quarts de sa surface appartiennent à l'empire de Russie, tandis que les deux autres États n'en possèdent pas même un quart ;

3. Que les provinces polonaises entrent dans la superficie territoriale des trois États cités (110,169 milles carrés) pour un neuvième, c'est-à-dire dans celle de l'empire de Russie d'Europe (92,692 milles carrés) pour un huitième, dans celle de la monarchie autrichienne (12,130 milles carrés) pour un quart, et pour un tiers dans celle du royaume de Prusse (5,077 milles carrés).

II

CLIMAT, SOL.

CLIMAT ET SALUBRITÉ.

La Pologne, se trouvant placée en grande partie dans la région centrale ou tempérée, jouit d'un climat beaucoup plus doux que les pays compris dans les trois autres régions (voir Russie). Cependant, de même qu'en Russie, les contrées situées vers le nord-est ont un hiver plus rigoureux et plus long que les pays voisins, tels que la Prusse et le Danemark.

En général l'hiver, qui commence vers la fin d'octobre, y dure de cinq à six mois, et le froid ne va pas au delà de 30 degrés Réaumur. Pendant le reste de l'année, le thermomètre descend rarement à 30 degrés. Les pluies tombent ordinairement dans le mois d'octobre ou de novembre, de sorte qu'on compte de trente à quarante jours pluvieux dans l'année. Du reste, les ouragans y sévissent de temps en temps, et les tremblements de terre se font quelquefois sentir dans les contrées méridionales.

Excepté dans les endroits marécageux, l'air, en Pologne, est partout salubre. Aussi, à part les maladies de poitrine et les fièvres intermittentes, on n'y remarque pas d'autres maladies endémiques. Cependant la plique et la galle attaquent certaines classes de la population, tels que les paysans et les juifs. Les maladies épidémiques, en général, sont aussi fort rares dans ce pays, et la peste n'y a plus reparu depuis presque un siècle. Le fameux *choléra-morbus* n'y a fait, depuis 1831, que des ravages peu sensibles comparativement à ceux dont les autres contrées de l'Europe ont été victimes. Enfin la petite-vérole diminue de jour en jour, grâce à la vaccine.

NATURE DU SOL.

Sauf les parties méridionales, que traverse une chaîne des Karpathes ayant jusqu'à 2,000 pieds de hauteur au-dessus de la mer, le pays est formé par d'immenses plaines.

Dans les parties septentrionales on rencontre plusieurs lacs et marais. Les plus considérables parmi ces derniers se trouvent le long du Prypetz (Litvanie), et ils couvrent une superficie de 40 milles de longueur sur 10 de largeur.

Le sol se compose en général de terrains calcaires,

et dans les contrées du nord-est il est maigre ou sablonneux. Cependant il s'y trouve beaucoup de forêts. Quant aux contrées du sud-ouest, elles possèdent un sol composé d'argile et de terre grasse qui rend les engrais inutiles; mais les forêts y sont plus rares. Ces contrées se distinguent entre toutes par leur fertilité. On y trouve notamment au pied des Karpathes de riches mines de sel gemme (Wieliczka, Bochnia) et de divers métaux, ainsi que des carrières et plusieurs sources d'eaux minérales non thermales.

III

EAUX ET DIVERSES VOIES DE COMMUNICATION.

MERS ET LACS.

Comme on l'a déjà vu, la Pologne, d'après les limites de 1772, se trouvait baignée par la mer Baltique, qui reçoit la plupart de ses fleuves; elle se rapprochait aussi de la mer Noire, dans laquelle ses autres rivières versent leurs eaux. Quant aux lacs, on en trouve plusieurs dans les contrées du nord-est, et entre autres celui de Gopło (Masovie); mais leur étendue n'est pas assez considérable pour que nous nous y arrêtions.

FLEUVES.

Voici le tableau des fleuves qui se déchargent dans les deux mers citées plus haut, et dont chacun reçoit plusieurs affluents :

TRIBUTAIRES de la MER BALTIQUE.	SOURCES.	LONGUEUR du PARCOURS.	OBSERVATIONS.
1. La Vistule (Wisla) avec le Nogat.	Dans les Karpathes (Haute Silésie).	140 milles	Son lit est sablonneux et peu régulier.
2. Le Niémen (Memel).	Environs de Minsk (Litvanie).	116 milles	Navigable dans presque tout son parcours.
3. La Dzwina.	. . . . .	. . . .	Elle n'arrose qu'une partie de la Pologne. (Voir *Russie*.)
TRIBUTAIRES de la MER NOIRE.			
1. Le Dniéper (Borysthène).	. . . . .	. . . .	(Voir *Russie*.)
2. Le Dniester (Tyras).	Dans les Karpathes (Galicie).	70 milles	

CANAUX.

Ces canaux, qui établissent la communication entre les mers Baltique et Noire, sont au nombre de cinq, savoir :

	POINTS D'UNION.	Longueur en milles.	Nombre d'écluses.	POSSESSIONS.
Le canal Royal ou de la République.	Le Dniéper et le Niémen.	. . .	. . .	Russo-Moskovites.
Le canal d'Oginski.	Idem.	36	10	Idem.
Le canal de Lepel.	La Dzwina et le Dniéper.	. .	. . .	Idem.
Le canal d'Augustow (royaume de Pologne).	La Vistule et le Niémen.	25	16	Idem.
Le canal de Bromberg.	La Warta et la Vistule.	4	10	Prussiennes.

ROUTES ET PONTS.

Les routes en Pologne sont de trois sortes, savoir :

1. Les routes pavées (chaussées);
2. Les routes de poste ;
3. Les routes ordinaires.

Les premières se trouvent entre Varsovie, Krakovie, Léopol (Lemberg), Posen et les capitales de la Russie, de l'Autriche et de la Prusse.

Leur construction et leur entretien ont lieu aux frais des gouvernements respectifs.

Les routes de poste, qui relient les principales villes du pays, ne diffèrent des premières que parce qu'elles sont moins solides ; mais leur construction et leur entretien sont également à la charge des trois gouvernements précités.

Enfin , les routes ordinaires (chemins vicinaux) qui unissent les bourgs et les villages aux routes de poste, sont construites et entretenues par les communes qu'elles traversent.

Quant aux ponts, ils sont en bon état sur toutes les chaussées ; cependant sur plusieurs autres routes ils se trouvent remplacés par des bacs.

Du reste , les communications intérieures sont facilitées en Pologne, dans la saison rigoureuse, par les gelées et les neiges.

CHEMINS DE FER.

Jusqu'à présent la Pologne ne possède que deux chemins de fer , savoir :

1° L'un qui unit les villes de Varsovie et de Krakovie, et les met ainsi en communication avec les grandes lignes qui traversent les provinces austro-prussiennes.

2° L'autre qui est destiné à unir la ville de Lipawa (Libau) sur la Baltique , avec le Niémen , près de Yourbourg (Litvanie).

Le premier de ces chemins, ayant environ quarante milles de longueur, est entièrement achevé ; mais le second , de même qu'un troisième qui doit relier Varsovie et Saint-Pétersbourg, sont encore en voie de construction.

OBSERVATIONS.

1. On a vu plus haut que les principaux fleuves de la Pologne, au nombre de cinq (dont deux prennent leur source dans le pays), mettent en communication la Baltique avec la mer Noire, à l'aide de plusieurs affluents et de quelques canaux.

Il nous reste à ajouter qu'aux termes des traités de 1815, la navigation sur ces fleuves et canaux devait être libre dans toute l'étendue de l'ancienne Pologne, telle qu'elle existait avant l'année 1772, mais que l'exécution de ces clauses n'a jamais eu lieu.

Ainsi la communication avec les deux mers précitées se trouve aujourd'hui interrompue pour plusieurs provinces polonaises.

2. Quant aux voies de terre, elles laissent encore d'autant plus à désirer, que le chemin de fer qui existe entre Varsovie et Krakovie traverse seulement la partie de la Pologne située sur la rive gauche de la Vistule.

§ 3.

INDUSTRIE ET PRODUCTIONS.

I

AGRICULTURE.

Placées sous un climat en général favorable à la culture (région tempérée), les diverses parties de la Pologne possèdent un sol beaucoup plus fertile que les contrées limitrophes du nord-est.

Parmi les provinces qui se distinguent le plus sous ce rapport, on doit citer, avant tout, celles du midi, et particulièrement celles qui sont situées sur les bords du Dniéper, du Dniester et de la haute Vistule, ou au pied des Karpathes. Les terres y sont si grasses qu'elles n'ont jamais besoin d'engrais.

Dans les provinces septentrionales, les propriétaires fonciers (indigènes) et les colons étrangers (Allemands) s'adonnent avec succès à l'application des nouveaux systèmes et des nouvelles découvertes, qui rendent la production moins coûteuse ou plus abondante.

Ces améliorations sont dues, il est vrai, en grande partie aux systèmes des agronomes étrangers ; cependant

l'Institut agronomique qui existe depuis 1807 à Ma-
riemont (près de Varsovie), n'a pas peu contribué à ces
progrès.

Les prairies sont très-répandues en Pologne ; et l'horticulture ayant été de tout temps en honneur chez les
Polonais, il y a parmi eux plusieurs jardins qui pourraient rivaliser avec ceux de l'étranger. Nous citerons
d'abord les jardins botaniques de Varsovie, de Vilna et
de Krakovie, dont les deux premiers appartenaient, il
y a peu de temps encore, aux universités de ces villes.
Viennent ensuite les jardins des particuliers, tels que
ceux de Pulawy et de Niedzwiedz (royaume de Pologne),
de Zalesie (Litvanie) et de Human ou Zofiowka (Volhynie),
célèbres même à l'étranger.

Quant aux forêts, elles abondent surtout dans les
parties situées au nord-est, et on estime leur étendue à
un tiers de la surface totale du pays.

Voici maintenant les principales productions de la
Pologne :

ANIMAUX.

1. *Quadrupèdes.* Parmi ces animaux on distingue les
chevaux, les bêtes à cornes et celles à laine. Les chevaux
de campagne sont remarquables par leur agilité ; et cette
race est d'autant plus digne d'attention que, mêlée à
celles d'Arabie et d'Angleterre, elle fournit des chevaux
de remonte à la cavalerie. Les bœufs de la Podolie et de
l'Ukraine sont renommés pour leur grosseur, même à
l'étranger. La race des moutons s'améliore de plus en
plus par le mélange avec celle de Saxe, et elle fournit

déjà d'excellentes laines. **On** élève aussi en Pologne beaucoup de porcs, dont la viande sert de nourriture surtout aux paysans. Quant aux animaux sauvages, on y chasse le cerf, le chevreuil, l'ours, le bison, le daim, le lièvre, le renard, le loup; le bison est un animal d'autant plus remarquable qu'il ne se trouve plus en Europe que dans une seule forêt, celle de *Bialowieza* (Litvanie).

2. *Oiseaux*. On trouve en Pologne toute espèce d'oiseaux domestiques, et même le cygne et la cigogne. Parmi ceux qui vivent à l'état sauvage, on chasse le coq de bruyère, la bécasse, la grive, la perdrix, la caille, etc.

3. *Poissons*. Au nombre des poissons d'eau douce, les plus remarquables sont le saumon, la truite, l'anguille, le brochet, la carpe, l'esturgeon. On pêche aussi diverses espèces de poissons de mer dans la Baltique.

4. *Insectes*. On doit signaler ici, avant tout, les abeilles, dont la culture est fort répandue en Pologne; leurs ruches se trouvent placées dans des jardins ou dans des forêts; le miel blanc de Litvanie est célèbre par sa qualité. Viennent ensuite la cochenille, la cantharide et les vers à soie, qui se propagent de plus en plus dans les contrées méridionales, où apparaît aussi de temps à autre la sauterelle si funeste aux récoltes.

PRODUCTIONS VÉGÉTALES.

1. *Céréales*. Au nombre de ces substances alimentaires, on doit placer d'abord le blé : tels que le **froment** et le seigle; viennent après l'orge, l'avoine, le sarrasin, le millet, etc.

2. *Légumes* et *plantes*. Nous citerons ici avant tout la pomme de terre, dont la culture est fort répandue dans les campagnes; puis les choux, les pois, les haricots, la fève, la carotte, les raves et la betterave. Cette dernière culture augmente de jour en jour pour alimenter les fabriques de sucre. Quant aux autres plantes, les plus remarquables sont : le lin, le chanvre, le houblon et le tabac, dont la production (excepté celle du dernier), est plus que suffisante pour les besoins de la consommation intérieure. Les jardins de la Pologne renferment, en outre, les plantes de toute sorte qu'on voit naître sous les climats les plus chauds.

3. *Arbres*. Parmi les arbres fruitiers, qui se trouvent en abondance, non-seulement dans les jardins, mais encore dans les champs et les forêts, on distingue le pommier, le poirier, le prunier et le cerisier. Le mûrier, le citronnier, l'amandier, etc., y sont cultivés avec succès, surtout dans les contrées méridionales. Pour ce qui concerne les forêts, on y remarque le chêne, le pin, le sapin, le hêtre, l'aune, le tilleul, l'orme et le noyer. Les chênes et les sapins, qui dépassent les besoins du pays, fournissent du bois propre, non-seulement au chauffage et à la construction, mais encore aux mâtures des navires.

PRODUCTIONS MINÉRALES.

1. *Métaux*. La Pologne ne possède de métaux précieux que l'argent, qu'on exploitait en abondance, il y a un siècle et demi encore, dans les mines d'Olkusz (près de Krakovie); mais ces mines sont aujourd'hui aban-

données à cause des inondations. On y exploite encore des mines de cuivre, de plomb, de fer et de zinc, qui se trouvent pour la plupart dans les contrées situées au pied des Karpathes, et on évalue la quantité de fer extrait à plus de cent mille quintaux.

2. *Sels.* Ce précieux minéral abonde en Pologne au point qu'on regarde les mines de sel gemme de *Wieliczka* (près de Krakovie), qui sont inépuisables, comme l'une des merveilles du monde. Elles fournissent par an jusqu'à 700,000 quintaux de sel, dont la valeur est estimée à plus de dix millions de francs. Celles de *Bochnia* (dans la même contrée) ne donnent que 230,000 quintaux. Indépendamment de ces mines, il y a plusieurs sources salines, dont celle de *Ciechocinek* (Masovie) produit jusqu'à 100,000 quintaux par an.

3. *Pierres.* Dans les mêmes contrées on exploite encore un grand nombre de carrières de granit, de marbre, de pierre de taille, d'albâtre, de craie, etc.; et sur les bords de la Baltique on recueille de l'ambre jaune. Plusieurs contrées fournissent aussi de la houille, du soufre et du salpêtre.

4. *Sources minérales.* Situées presque toutes dans les contrées méridionales, elles sont assez nombreuses. Quoique non thermales, elles contiennent la plupart des matières ferrugineuses salines ou sulfureuses.

OBSERVATIONS.

1. On voit par ce qui précède que, quoique favorisée par le climat et la nature du sol, l'agriculture en Pologne n'a pas encore atteint le même degré de développement

que dans diverses contrées de l'Europe centrale et occidentale. Aussi l'étendue des terres labourables s'y élève à peine au tiers de la surface totale ; et comme les forêts en occupent presque autant, il en résulte que les eaux, les marais, les landes, etc., couvrent au delà du tiers de sa surface.

2. La plupart des produits agricoles dans ce pays dépassent les besoins de la consommation intérieure, et leur excédant trouve un débit avantageux dans les pays étrangers, soit comme substances alimentaires ou combustibles, telles que céréales, bestiaux, miel, sels, bois ; soit comme matières premières dans les fabriques, telles que laines, suifs, lin, chanvre, houblon, ambre, fer, zinc.

3. Ce qui cependant constitue la principale richesse du pays, ce sont les blés et les sels ; de sorte que, d'après les calculs d'un de ses économistes (Thadée Czacski), la Pologne, rétablie dans ses limites de 1772, pourrait nourrir un nombre d'habitants trois fois plus considérable, si la moitié de ses terres seulement était cultivée.

Quoi qu'il en soit de ce calcul, il ne paraîtra pas exagéré, si l'on observe que certains pays de l'Europe occidentale renferment, sur la même étendue de terrain, une population au moins quatre fois plus nombreuse.

II

MANUFACTURES.

Ainsi que nous l'avons fait observer ailleurs ($\S$ 1er), la Pologne, dans les deux premières périodes de son existence politique, possédait diverses fabriques et manufactures, exploitées pour la plupart par des étrangers. Nous y avons également remarqué que ces manufacturiers (Allemands, Arméniens, Juifs) jouissaient de priviléges considérables. En effet, ces priviléges allaient jusqu'à autoriser les Allemands à conserver la législation civile de leur pays (lois de Magdebourg).

Quant à la décadence de cette industrie, elle doit être attribuée aux guerres et aux troubles dont le même pays fut le théâtre sous les rois électifs et surtout depuis le partage ; malheurs qui, suscités par l'ambition des gouvernements voisins, amenèrent la ruine de ses principales villes.

Parmi les établissements manufacturiers qui existent aujourd'hui en Pologne (sans compter les fabriques de boissons), on distingue les fabriques de draps, de bonneterie, de toile, de cordes, de chapeaux, de suif, de potasse, de goudron ; les filatures de laine, de lin, de chanvre ; les papeteries, les fabriques de sucre de betterave, de verrerie, de porcelaine, de faïence, de poterie. On évalue à sept mille le nombre des ouvriers occupés dans les fabriques du royaume de Pologne seulement.

Ainsi, quoique l'industrie manufacturière en Pologne laisse encore beaucoup à désirer, on y fabrique presque tous les objets de première nécessité.

III

COMMERCE.

De même que les manufactures, diverses branches de commerce étaient jadis florissantes en Pologne, bien qu'exploitées presque exclusivement par des étrangers (Allemands, Arméniens, Juifs). Elles se trouvaient concentrées dans les villes principales du pays (Krakovie, Posen, Léopol, Wilna, Riga, Dantzick, Thorn), dont quelques-unes faisaient partie de la fameuse ligue commerciale d'Allemagne (Hause). Aussi la décadence de cette industrie s'explique-t-elle par les mêmes motifs que ceux qui occasionnèrent la chute des manufactures. Quant à l'état actuel du commerce polonais, on s'en fera une idée par ce que nous allons dire sur chacune de ses trois branches principales.

COMMERCE INTÉRIEUR. — Exploité en grande partie par les indigènes, ce commerce se réduit aux objets de première nécessité, et se fait ordinairement pendant les foires, les marchés ou les fêtes patronales, qui ont lieu dans plusieurs villes et bourgs du pays. Cependant il est plus animé pendant la saison rigoureuse, c'est-à-dire lorsque les gelées et les neiges facilitent les transports par les voies de terre et sur les eaux glacées.

Les principales foires du pays sont celles de Lenezna et de Lowiez (royaume de Pologne), de Léopol (Galicie) et de Dubno (Volhynie).

Commerce extérieur. — Cette branche de commerce, qui se fait principalement par les ports de la Baltique, était jadis si importante pour la Grande-Bretagne, qu'elle y attachait un intérêt particulier, même dans les derniers temps de l'indépendance polonaise.

Les principaux objets d'importation et d'exportation en Pologne sont les suivants :

Importations. Chevaux (anglais, arabes), poissons salés, soieries, tissus de coton, châles, meubles de luxe, chapeaux de paille, épices, fruits secs du midi, sucres et denrées coloniales, vins et liqueurs, huiles, articles d'horlogerie, de bijouterie, de quincaillerie, etc.

Exportations. Bêtes à corne, cuirs, miels, cire, laine, suifs, blés et farines, chanvre, lin, bois de construction et de mâture, houblon, potasse, goudrons, sel gemme, fer, zinc, etc.

Comme les objets qui viennent d'être énumérés se trouvent confondus avec ceux des trois États qui occupent aujourd'hui la Pologne, on ne peut fixer que d'une manière approximative la valeur totale de ses importations et de ses exportations.

Ainsi, puisque la valeur des objets du commerce extérieur en Russie s'élève, comme on a vu plus haut (ch. Ier), à la somme de 744 millions de francs par an, les produits des provinces polonaises (dont plus des trois quarts appartiennent à cet empire) doivent y entrer au moins pour un tiers, et par conséquent la part de ce pays y serait à peu près de. . . . 248 millions de fr.

(Voir Russie).

En y ajoutant les produits des provinces soumises à la domination austro-prussienne, pour un quart de cette somme. 62

On aura un total de. . . . . . 310 millions de fr.

Ce chiffre, dans lequel le montant des importations excède celui des exportations d'un onzième à peu près, ne paraîtra pas exagéré, si l'on prend en considération la grande quantité de blés exportés en pays étrangers par les ports de la Baltique. Ajoutons encore le produit des salines exploitées par les gouvernements de Russie et d'Autriche, produit dont la valeur dépasse quinze millions de francs par an.

COMMERCE DE TRANSIT. — N'étant séparée que par des distances peu considérables de l'empire Ottoman et de la Perse, la Pologne paraît offrir pour le transit, entre l'Orient, l'Allemagne du nord et l'Angleterre, beaucoup plus de facilités que les pays voisins. Aussi, cette branche de commerce, qui se faisait à travers la Hongrie, la Moldavie et la Valachie, y était jadis bien plus animée qu'aujourd'hui. En effet, presque insignifiante désormais, elle consiste en objets de la même nature qu'en Russie, mais dont la valeur ne saurait être fixée avec

précision. C'est dans les villes de Brody, de Krakovie,
de Varsovie et de Dantzick qu'elle se concentre plus
particulièrement.

IV

VILLES PRINCIPALES ET PORTS.

———————

VILLES.

Parmi les villes les plus considérables de la Pologne,
au nombre de treize, il n'y en a qu'une de premier ordre :
c'est Varsovie, capitale du pays situé sur la rive gauche
de la Vistule. Aujourd'hui capitale du royaume, cette
ville compte jusqu'à 130 mille habitants, pour la plupart
indigènes, et dont un quart est composé de juifs.

Quant aux autres, en voici les noms et autres par-
ticularités :

NOM ET SITUATION.	NOMBRE des HABITANTS.	DOMINATION.	OBSERVATIONS.
1. Dantzig ou Gdansk (sur la Vistule, qui se jette là dans la Baltique).	65,000	Prusso-Allemande.	Ville habitée en grande partie par les Allemands.
2. Léopol ou Lemberg (sur la Peltew).	51,000	Austro-Allemande.	Capitale de la Russie rouge (Galicie), habitée par les indigènes et les Juifs.
3. Wilna ou Wilno (sur la Wilia, affluent du Niémen).	42,000	Russo-Moskovite.	Capitale de la Litvanie, habitée par les indigènes et les Juifs.
4. Posen ou Poznan (sur la Warta, affluent de l'Oder).	36,000	Prusso-Allemande.	Capitale du grand duché de ce nom; mais habitée par les indigènes, les Allemands et les Juifs.
5. Krakovie ou Krakow (sur la Vistule, affluent de la Baltique).	35,000	Austro-Allemande.	Ancienne capitale du pays, cité libre de 1815 à 1846; habitants indigènes et Juifs.
6. Brody.	25,000	Idem.	Ville commerciale habitée pour la plupart par les Juifs.
7. Elbing, près la Baltique.	24.000	Prusso-Allemande.	Habitée par les Allemands.
8. Thorn (sur la Vistule).	22,000	Idem.	Idem.
9. Berdyczow.	20,000	Russo-Moskovite.	Habitée par les indigènes et les Juifs.
10. Mohilew (sur le Dniéper).	20,000	Idem.	Habitants indigènes.
11. Kamieniec Podolski (sur le Smotrycz, affluent du Dniester).	15,000	Idem.	Idem.
12. Witebsk (sur la Dzwina, affluent de la Baltique).	15,000	Idem.	Idem.
13. Minsk (sur le Swislocz, affluent du Niémen).	15,000	Idem.	Idem.

8

PORTS MARCHANDS SUR LA BALTIQUE.

NOMS ET SITUATION.	DOMINATION.	OBSERVATIONS.
1. Dantzig (à l'embouchure de la Vistule).	Prusso-Allemande.	Port principal du pays marchand et militaire.
2. Libau ou Lipawa.	Russo-Moskovite.	Ville ayant environ 7,000 habitants, pour la plupart Allemands ou Lettons.
3. Windau ou Windawa (à l'embouchure du fleuve du même nom).	Idem.	Petite ville avec 1,500 habitants, Allemands ou Lettons.

OBSERVATIONS.

1. On voit par ce tableau que, parmi les quatorze villes principales de la Pologne, dont la population dépasse quinze mille âmes, il y en a onze qui sont situées sur les bords de la Baltique ou des fleuves navigables.

D'un autre côté, excepté deux de ces villes (Wilna et Varsovie), dont la population dépasse vingt mille âmes, toutes les autres, au nombre de sept, sont soumises à la domination austro-prussienne.

2. La plupart de ces villes sont habitées par les indigènes, et la population allemande ne se trouve en majorité que dans celles qui appartiennent à la Prusse.

3. C'est parmi les premières que l'on doit ranger les quatre villes anciennes capitales du pays (Varsovie, Wilna, Léopol et Krakovie), qui subissent aujourd'hui la domination moskovite ou autrichienne. On se rappelle

que la ville de Krakovie devait, aux termes des traités de Vienne (1815), rester *à perpétuité* cité libre, indépendante et neutre.

4. Quant aux ports marchands au nombre de trois, il n'y en a réellement qu'un (Dantzig) qui mérite ce nom ; les deux autres, placés sous la domination moskovite, ayant une population assez insignifiante et ne se distinguant par aucun mouvement commercial.

Il est seulement à observer que l'on se propose de relier l'un de ces ports (Libau) au Niémen, par un chemin de fer qui se trouve déjà en voie de construction.

§ 4.

POPULATION.

ÉVALUATION GÉNÉRALE.

D'après ce qu'il a été dit de l'histoire de la Pologne (§ 1er), on voit que la masse de la population de ce pays se compose de deux races différentes (Slaves et Lettons), mais qu'elles se sont déjà confondues presque entièrement.

Quant au total de cette population, on le porte aujourd'hui en chiffres ronds à. 22,000,000
tandis qu'elle n'était estimée au moment du premier partage de la Pologne (1772) que de 15 à 17 millions, ou en moyenne à. 16,000,000

Ainsi son accroissement naturel s'est élevé depuis à. 6,000,000

POPULATION RELATIVE.

Répartie sur la surface territoriale du pays qui est de. . . . . 13,280 milles carrés géog.
sa population générale au nombre de. . . . . . 22 millions d'indiv.

donne par mille carré. . 1,657 âmes.

Voici maintenant les résultats que, d'après le tableau suivant, présente en chiffres approximatifs la même population envisagée sous divers autres rapports :

DOMINATION	ÉTENDUE en MILLES CAERÉS.	POPULATION		
		partielle.	totale.	relative ou par mille carré
RUSSO-MOSKOVITE.				
Litvanie et provinces ou terres russiennes (y compris la Volhynie, la Podolie et l'Ukraine).	7,600	9,259,000		
Kourlande et Semigalle.	450	503,000	14,092,000	
Partie de l'ancien duché de Varsovie (Royaume de Pologne).	2,270	4,330,000		
	10,320			
Dont 11,032,370 Letto-Slaves, et 3,059,620 étrangers				
Ce chiffre donne en moyenne.				1,372
DOMINATION				
AUSTRO-ALLEMANDE.				
Russie rouge, Podolie, petite Pologne, (Galicie, y compris la ville de Krakovie et son rayon).	1,520	4,974,000	4,974,000	
Dont 4,508,000 Slaves, et 466,000 étrangers				
Ce chiffre donne en moyenne.				3,272
DOMINATION				
PRUSSO-ALLEMANDE.				
Prusse royale (occidentale).	900	1,700,000		
Reste de l'ancien duché de Varsovie (Grand-duché de Posen).	540	1,234,000	2,934,000	
	1,440			
Dont 1,379,150 Letto-Slaves, et 1,554,850 étrangers				
Ce chiffre donne en moyenne.				2,021
TOTAL.			22,000,000	

	RAPPORT avec les CHIFFRES TOTAUX	NOMBRE D'INDIVIDUS.	
		chiffres partiels.	chiffres totaux.

ORIGINES ou RACES.

a. INDIGÈNES.

1. *Slaves* libres de tout mélange étranger (Polonais. .	$\frac{26}{60}$	9,494,234	
et Russiens ou Ruthéniens). .	$\frac{12}{..}$	4,482,756	
2. *Slaves* mêlés avec les peuples d'origine étrangère (Russo-Moskovites)..	$\frac{2}{..}$	735,630	16,919,520
3. *Lettons* (Lithuaniens, Samogitiens, Kourons) qui se sont confondus avec les Slaves.	$\frac{6}{..}$	2,206,900	

b. ÉTRANGERS.

1. Allemands, Valaques, Arméniens, etc.	$\frac{6}{..}$	2,137,947	
2. Juifs. 2,890,000	$\frac{8}{..}$	2,942,533	5,080,480
3. Tatares. 52,533			
			22,000,000

IDIOMES.

a. IDIOMES QUI CONSERVENT ENCORE LEUR PURETÉ PRIMITIVE.

1. Polonais et Russien.	$\frac{54}{60}$	19,793,100	
2. Letton, Samogitien, Kouron.	$\frac{2}{..}$	735,634	22,000,000
b. Mélanges et étrangers (moskovite, allemand, valaque, juif, tatare, etc.).	$\frac{4}{..}$	1,471,266	

CROYANCES RELIGIEUSES.

a CULTES CHRÉTIENS.

1. *Catholiques Romains* des trois rites, *latin, grec* et *arménien* (Polonais, Russiens, Lettons, Arméniens, Allemands, etc.)..	$\frac{44}{60}$	16,114,934	
2 *Dissidents. Grecs Schismatiques* (Russiens de la Galicie), au nombre de plus de. . . . 300,000 *Russo-Moskovites* au nombre de plus de. . 700,000 *Protestants* (Polonais, Allemands) au nombre de plus de. 1,700,000	$\frac{8}{..}$	2,942,533	22,000,000

b CULTES NON CHRÉTIENS.

1. *Israélites* (Juifs) au nombre de. . . . 2,890,000	$\frac{8}{..}$	2,942,533	
2. *Mahométans* (Tatares) au nombre de. . . 52,535			

CLASSES ou CONDITIONS SOCIALES.	RAPPORT avec les CHIFFRES TOTAUX.	NOMBRE D'INDIVIDUS.	
		chiffres partiels.	chiffres totaux.
a. PAYSANS OU HABITANTS DES CAMPAGNES.			
1. Serfs attachés à la glèbe dans les provinces occupées anciennement par la Russie (Polonais, Russiens, Lettons, Moskovites).	$\frac{19}{60}$	7,209,388	
2. Hommes encore libres qui habitent l'ancien duché de Varsovie (royaume de Pologne) ainsi que les provinces soumises à l'Autriche et à la Prusse (Polonais, Russiens, Allemands, Tatares, etc.). . . .	$\frac{25}{..}$	8,905,546	16,114,934
b. BOURGEOIS OU HABITANTS DES VILLES.			
Polonais, Russiens, Lettons, Moskovites, Allemands, Juifs, etc.	$\frac{12}{..}$	4,413,800	
c. PROPRIÉTAIRES - FONCIERS.			5,885,066
Polonais, Russiens, Moskovites, Allemands, etc. . .	$\frac{4}{..}$	1,471,266	22,000,000

OBSERVATIONS.

1. Le tableau qui précède indique que dans les dernières soixante-seize années (1772-1848), la population générale de la Pologne s'est accrue de plus d'un quart. Il est à remarquer toutefois, que dans ce chiffre n'entrent pas les habitants de la Boukovine (voir Hongrie), ni les individus qui depuis cette époque ont été déplacés par suite de transplantations, d'enrôlements, d'émigrations, etc., et dont le nombre peut être évalué à plus d'un million.

2. Toute cette population se trouve partagée d'une manière fort inégale entre les trois États auxquels elle est soumise, de sorte que les deux tiers à peu près subissent le joug de la Russie, tandis qu'un tiers environ appartient à l'Autriche et à la Prusse.

3. Comparée à celle des trois États en question, la popu-

lation polonaise entre pour environ un cinquième dans
le chiffre total des habitants de la Russie d'Europe et de
la Prusse, tandis qu'elle ne compte que pour un septième
dans celui de la monarchie autrichienne. Cependant son
chiffre total est inférieur de plus d'un tiers à la population générale de la Russie d'Europe et à celle de la
monarchie autrichienne, tandis qu'il dépasse, presque
dans la même proportion, celle de la Prusse.

4. Quant à la population relative de ce pays qui,
comme on l'a déjà vu, donne en moyenne 1,657 individus par mille carré, elle présente, comparativement
à celle des provinces possédées par la Russie, l'Autriche
et la Prusse, des résultats bien différents. Ainsi, cette
moyenne dépasse de plus d'un cinquième celle des provinces russo-polonaises (y compris le royaume de Pologne), mais elle est inférieure presque de moitié à celle
de l'Autriche, et d'un tiers à celle de la Prusse.

5. Sous le rapport de l'origine, la population indigène
de la Pologne se divise en deux races (slave et lettonne),
qui se sont déjà presque entièrement confondues; cependant l'élément slave, libre de tout mélange étranger, y
domine au point que les habitants d'origine étrangère
entrent à peine pour un quart dans son chiffre total.

6. Pour ce qui concerne les idiomes de cette population, dont deux principaux (polonais-russien) ont la
même origine que le moskovite (russe), on a déjà remarqué (notices préliminaires) qu'ils sont bien moins
éloignés de leur source primitive et possèdent une littérature beaucoup plus ancienne et plus développée.

Du reste, ces deux idiomes sont tellement familiers
aux habitants d'origine lettonne et étrangère, que le

nombre des individus qui se sert encore d'autres langues n'est que fort insignifiant.

7. Envisagée sous le rapport religieux, l'immense majorité de la population polonaise appartient au culte catholique-romain qui, divisé en trois rites (latin, grec, arménien), renferme plus des deux tiers de son chiffre total.

Il est cependant à observer que dans ce chiffre sont compris les Grecs unis, qui y entrent pour plus d'un tiers, et qui embrassèrent le culte dominant en Russie (greco-russe) par suite de circonstances indépendantes de leur volonté.

Ainsi donc, le nombre des véritables dissidents parmi la population chrétienne de la Pologne (Grecs schismatiques, Grecs-russes ou vieux partisans du culte dominant en Russie et protestants) se réduit à environ un quart de son chiffre total.

8. Parmi les trois classes de la population polonaise, celle des paysans forme une immense majorité, de sorte qu'elle renferme presque les trois quarts de son chiffre total.

Quant aux deux autres classes (bourgeois et propriétaires-fonciers), elles forment une minorité qui embrasse plus d'un quart de la population générale.

9. D'un autre côté, parmi les paysans, dont la plupart sont indigènes, les serfs attachés à la glèbe figurent pour plus d'un tiers, ce qui fait que le nombre des hommes soi-disant libres n'atteint pas même les deux tiers de leur chiffre total.

Il est encore à observer que dans le nombre de ces derniers se trouvent compris les propriétaires des fermes rurales ainsi que les colons étrangers, et que tous ces hommes que nous appelons *libres* appartiennent aux provinces de l'ancien duché de Varsovie (royaume de Pologne) ou à celles qui subissent la domination austro et prusso-allemande. Ainsi donc, les serfs attachés à la glèbe (pour la plupart indigènes) se trouvent exclusivement dans les provinces envahies par la Russie vers la fin du dernier siècle (1772-1795).

10. Quant à la classe bourgeoise, qui embrasse en Pologne plus d'un sixième de sa population totale, on voit que dans ce nombre sont compris, non-seulement les habitants indigènes et le clergé, mais encore ceux d'origine étrangère, tels que les manufacturiers, les marchands et les fonctionnaires publics, qui en forment presque un quart.

11. Enfin, bien que la classe des propriétaires-fonciers ne renferme qu'une quinzième partie de la population totale, et bien qu'elle se compose en général d'indigènes, on y voit déjà figurer un grand nombre d'étrangers devenus propriétaires des fortunes qui appartenaient jadis aux premiers.

12. En résumé, il résulte de ces considérations que les habitants indigènes, qui sont déjà en minorité dans la classe moyenne ou bourgeoise de la Pologne, forment encore la majorité dans les deux autres classes de la population ; cependant on voit leur nombre diminuer de plus en plus, parce qu'ils se trouvent réduits, soit à un état de misère, soit à l'expatriation par suite de leurs déplacements et de la confiscation de leurs fortunes.

§ 5.

RESSOURCES FINANCIÈRES ET FORCES MILITAIRES.

I

FINANCES.

Les finances de la Pologne se trouvant confondues avec celles des trois États dont elle fait partie, il est impossible d'en fixer le montant avec précision. Ce qui cependant est hors de doute, c'est que les recettes y suffisent à peine aux dépenses ordinaires, et que les gouvernements de ces États sont obligés de contracter des dettes pour faire face aux dépenses extraordinaires.

Nous allons donc établir chacune des différentes catégories des finances polonaises d'une manière approximative, c'est-à-dire d'après les calculs basés tant sur des documents authentiques (antérieurs à l'année 1848) que sur leurs rapports avec la population du pays.

On ajoutera également aux recettes la valeur des corvées et des objets fournis en nature pour les provinces soumises à la Russie, dans la même proportion que dans le chapitre précédent, et pour les autres en les réduisant de moitié, attendu que les charges de cette nature sont bien moins considérables en Autriche et en Prusse qu'en Russie.

RECETTES.

Les principales sources de recettes en Pologne sont aujourd'hui les domaines et les contributions tant directes qu'indirectes.

1. *Domaines.* Ici se trouvent comprises les terres, les forêts, les mines, les usines, les salines et les fabriques exploitées au profit des gouvernements respectifs.

Il est cependant à observer qu'au nombre de ces domaines figurent les biens-fonds du clergé catholique-romain, des établissements publics, des anciens donataires français, ainsi que ceux des particuliers qui ont été confisqués ou mis sous le séquestre par les trois gouvernements, mais dont une grande partie se trouve déjà entre des mains étrangères par suite d'aliénations, donations et concessions faites à titre plus ou moins gratuit.

2. *Contributions directes.* Elles se composent principalement de l'impôt foncier et des divers autres qui pèsent sur l'industrie agricole ou manufacturière, telles que la capitation, les patentes, etc. C'est ici aussi que se trouve comprise la valeur des corvées et des objets fournis en nature.

3. *Contributions indirectes.* Elles consistent principalement dans l'impôt sur les boissons et sur divers objets de consommation, ainsi que dans le produit des douanes.

Voici maintenant le tableau qui présente, en moyenne, les chiffres des recettes établis d'après les bases que nous venons d'indiquer :

DOMINATION.	PROVINCES. Noms.	Nombre d'habitants	BASES DU CALCUL.	SOMMES ÉVALUÉES EN FRANCS. Partielles.	Totales.	OBSERVATIONS.
RUSSO-MOSKOVITE.	Royaume de Pologne.	4,330,000	Montant de son budget particulier, qui, pour l'année 1830, s'élevait à.. Valeur des corvées, etc., portées, comme en Russie, au double de cette somme.	45,000,000 90,000,000	135,000,000	
	Lithuanie et provinces russiennes (y compris la Kourlande).	9,762,000	Moyenne évaluée d'après le budget de l'empire de Russie à 21 fr. 44 c. par tête; elle donne pour les provinces en question. . . . . Valeur des corvées, etc., portées au double de cette somme. . . .	69,765,760 139,531,520	209,297,280	
	Ensemble. . . .	14,092,000			344,297,280	
AUSTRO-ALLEMANDE.	Galicie (à l'exception de la Boukowine).	4,828,000	Moyenne qui, évaluée d'après le budget de la monarchie autrichienne donne 20 fr. 34 c. par tête, ce qui fait pour la Galicie. . . . . Valeur des corvées, etc.	98,201,520 98,201,520	196,403,040	
	Krakovie.	146,000	Montant de son budget particulier, qui, pour 1843, s'élevait à 1,812,224 de florins, ou. . . . . Valeur des corvées, etc.	1,087,334 1,087,334	2,174,668	
	Ensemble. . . .	4,974,000			198,577,708	
PRUSSO-ALLEMANDE.	Prusse orientale et occidentale et grand-duché de Posen.	2,934,000	Moyenne qui, évaluée d'après le budget de la monarchie prussienne, donne 14 f. 64 c. par tête, ce qui fait pour les provinces en question.. Valeur des corvées, etc.	42,953,000 42,953,000	85,906,000	
TOTAUX GÉNÉRAUX. . . .		22,000,000	. . . .		628,780,988	Chiffre qui donne en moyenne, pour toute la Pologne, 28 f. 68 c. par tête.

DÉPENSES ORDINAIRES.

Les principaux titres de ces dépenses sont :

1° Intérêts et amortissement de la dette publique ;

2° Pensions et rentes attachées aux domaines ;

3° Administration centrale et provinciale, y compris la liste civile ;

4° Ponts et chaussées, navigation, constructions diverses ;

5° Solde et entretien de l'armée.

On doit remarquer que les chiffres des titres n°s 1 et 5 dépassent ceux des autres, et par conséquent qu'ils entrent pour plus de moitié dans le total des dépenses ordinaires.

DETTE PUBLIQUE.

Les dettes extérieures dont se trouvent grevés les trois États qui ont partagé la Pologne, ne pouvant peser sur ce pays que d'une faible partie, nous nous bornerons à en donner les chiffres pour simple mémoire ; cependant il nous paraît indispensable de dire auparavant quelques mots sur la dette du nouveau royaume de Pologne qui est administré séparément et a encore son budget particulier.

On sait que les traités de 1815 établirent certaines conditions à l'égard de la Pologne soumise aux trois États voisins. Ainsi, d'après les conventions passées entre les gouvernements de la Russie, de l'Autriche, de la Prusse et de la Saxe, l'ancien duché de Varsovie, transformé en royaume, fut reconnu créancier ou débiteur de ces trois derniers États.

C'est de là que vient le premier emprunt contracté

en 1829, pour la somme de 40 millions de florins (27,500,000 francs), et qui était destiné à l'extinction de sa dette antérieure. Cet emprunt se trouve, à l'heure qu'il est (1848), amorti pour la plupart.

D'un autre côté, la France se trouvant, à divers titres, tantôt créancière, tantôt débitrice de l'ancien duché de Varsovie, on était sur le point de régler avec elle les comptes, et le résultat paraissait devoir être favorable au nouveau royaume de Pologne.

On a déjà observé (§ 1er) que l'état actuel de la Pologne donne occasion aux fréquentes divergences entre les trois gouvernements du nord et les autres cabinets européens. Il nous reste à ajouter que ces dissensions firent échouer les négociations entamées par le cabinet de Saint-Pétersbourg avec celui de Paris, au sujet des créances réclamées par la Russie à la France au nom du royaume de Pologne (1834-1837). Comme cet échec doit être interprété en faveur du même royaume réputé créancier, il est permis d'en conclure que ses droits ne cessent pas de subsister.

Il est encore à remarquer que depuis l'année 1831, le gouvernement de la Russie fit grever ce pays de nouvelles dettes, dont un seul emprunt contracté en 1835, pour la somme de 150 millions de florins (93,500,000 fr.) est connu officiellement. Néanmoins, comme la nouvelle dette est d'une nature bien différente de celle qui avait été contractée en vertu des traités de 1815, on ne doit pas la confondre avec cette dernière.

Voici maintenant les chiffres des dettes dont se trouvent grevées la Russie, l'Autriche et la Prusse, avec leur répartition sur les habitants de ces trois États :

	POPULATION	DÉTAILS.	SOMMES ÉVALUÉES en francs.	MOYENNE par tête.	OBSERVATIONS.
Russie. . .	49,670,000	(Voir *Russie*)	1,759,512,310	f. c. 35 43	A l'exception du royaume de Pologne.
Autriche. .	37,000,000	Dette reconnue en 1842.	2,425,000,000	65 54	
Prusse. . .	14,300,000	Dette non amortie en 1843.	518,158,000	36 23	
Totaux	100,970,000	. . . .	4,702,670,310	. . . . .	Chiffre qui donne en moyenne 46 f. 57 c. par tête.

OBSERVATIONS.

1. On voit, par les tableaux qui précèdent, que les provinces polonaises contribuent aux finances de la Russie et de la monarchie autrichienne pour plus d'un quart, et à celles de la Prusse pour plus d'un cinquième.

2. Les charges financières, en général, qui pèsent sur les habitants des mêmes provinces, y compris les corvées et les objets fournis en nature, sont comparativement d'un quart plus élevées en Prusse que dans les deux autres États.

3. Quant au chiffre total des recettes fournies par les provinces polonaises, il est de plus d'un tiers inférieur à celui du budget de la Russie, et de plus d'un cinquième à celui du budget de la monarchie autrichienne; mais il surpasse de moitié le budget de la Prusse.

4. Pour ce qui cencerne les dettes qui grèvent ces trois États, on voit que celles de la Prusse n'absorbent

qu'une somme équivalente au chiffre de son budget annuel, mais que celle de la Russie dépasse le chiffre de son budget triennal, et celle de la monarchie autrichienne le montant de son budget de six ans. Ainsi donc, la Prusse paraît comparativement bien moins obérée que la Russie et l'Autriche.

Il est encore à observer que dans ces évaluations n'est pas compris le montant des billets émis par diverses banques publiques, qui fonctionnent sous le contrôle des gouvernements respectifs. De même le royaume actuel de Pologne n'y figure point, soit parce qu'il a un budget particulier, soit parce que sa dette antérieure à l'année 1815 se trouve presque entièrement amortie et qu'il a encore certaines créances à réclamer.

II

FORCES MILITAIRES.

Par les mêmes motifs qui sont allégués plus haut (finances), nous allons établir d'une manière approximative le chiffre des soldats levés en Pologne, c'est-à-dire d'après les calculs basés sur le nombre de ceux qui se trouvent aujourd'hui sous les armes en Russie, en Autriche et en Prusse, ainsi que sur son rapport avec la population de ces trois États.

Il est à observer avant tout que le nouveau royaume de Pologne posséda, jusqu'à l'année 1831, une armée nationale qui, en temps de paix, était forte de 35 mille hommes, et que cette armée se trouve incorporée depuis dans celle de la Russie.

ARMÉE DE TERRE.

Voici maintenant le tableau des troupes de terre que fournit la Pologne, en temps de paix, d'après les bases précitées :

ÉTATS.		CONTINGENT GÉNÉRAL.			PROVINCES POLONAISES.		OBSERVATIONS.
NOMS.	POPULATION totale.	Nombre total de soldats	Rapport avec le nombre d'habitants.	Durée du service.	Population de soldats fournis.	Nombre de soldats fournis.	
Russie. . . .	59,000,000	670,000	Un soldat par 34 habitants.	22 ans ou 25 ans.	14,092,000	223,300	(Voir Russie.)
Autriche. . . .	37,000,000	500,000	Un soldat par 74 habitants.	14 ans.	4,974,000	67,220	
Prusse. . . .	14,300,000	372,000	Un soldat par 38 habitants.	3 ans.	2,934,000	77,210	Y compris la landwehr ou la garde mobile du pays, au nombre de 250,000 hommes.
	110,300,000	1,542,000	en moyenne 71		22,000,000	367,730	

PLACES FORTES.

Les principales de ces places sont au nombre de dix ; on trouvera dans le tableau suivant les détails qui les concernent :

NOMS.	SITUATION.	DOMINATION.	OBSERVATIONS.
1. Brzesc-Litewski.(Brest en Lithuanie). . . .	Sur le Boug, affluent de la Vistule.	Russo-Moskovite.	
2. Bobruysk	Sur la Bérézina, affluent du Dniéper.	*Idem.*	
3. Demblin (Yvangorod).	Sur la Vistule et le Wieprz.	*Idem.*	Sa construction est postérieure à l'année 1831.
4. Dunabourg.	Sur la Dzwina.	*Idem.*	
5. Modlin (Novo-Georghefsk).	Sur la Vistule et la Narew.	*Idem.*	
6. Zamosc.	. . . . . .	*Idem.*	
7. Dantzig.	Sur la Vistule et la Baltique.	Prusso-Allemande.	Port militaire.
8. Grandentz.	Sur la Vistule.	*Idem.*	
9. Thorn.	*Idem.*	*Idem.*	
10. Posen.	Sur la Warta.	*Idem.*	Sa construction est postérieure à l'année 1831.

Indépendamment de ces places, plusieurs villes en Pologne possèdent des fortifications intérieures ou des citadelles. Telles sont celles de Wilna, de Varsovie, de Krakovie et de Léopol. Ces trois dernières ont été fortifiées depuis l'année 1831.

OBSERVATIONS.

1. D'après les calculs qui précèdent, les soldats fournis en temps de paix par les provinces polonaises, entrent pour un tiers dans le contingent de la Russie, pour plus d'un sixième dans celui de la Prusse, et pour plus d'un huitième dans celui de la monarchie autrichienne.

2. D'un autre côté, comparé aux contingents militaires des trois États en question, le nombre total des soldats polonais est inférieur de plus de moitié à celui de la Russie, et de plus d'un quart à celui de la monarchie autrichienne; il est presque égal au contingent de la Prusse.

On doit observer néanmoins que les troupes régulières de ce dernier État ne sont qu'au nombre de 122,000 hommes, et que le reste de son armée, c'est-à-dire plus de deux tiers, forme la garde mobile (landwehr), qui ne se trouve sous les armes que dans des circonstances extraordinaires. Ainsi, en définitive, le chiffre des soldats polonais dépasse le contingent de la Prusse de plus de deux tiers.

3. Quant aux charges militaires, qui, comme on voit, sont bien moins élevées en Prusse qu'en Autriche et en Russie, il faut encore ajouter que la durée du service fixé dans ces deux derniers États, est de quatre à huit fois plus longue qu'en Prusse.

4. Pour ce qui concerne les places fortes de la Pologne qui, y compris les villes fortifiées, sont au nombre de quinze, on les voit presque toutes situées près des embouchures des rivières ou des fleuves navigables; mais

en plus grand nombre dans les provinces soumises à la Russie et à la Prusse que dans celles de l'Autriche.

5. Il est enfin à remarquer que le nombre des villes fortifiées en Pologne s'accroit de nos jours au point qu'on y en voit déjà cinq dont la construction est postérieure à l'année 1831 ; sur ce nombre deux appartiennent à la Russie , deux à l'Autriche et une seule à la Prusse.

§ 6.

REMARQUES ET COMPARAISONS.

I

HISTOIRE ET GÉNÉRALITÉS.

PREMIÈRE PÉRIODE.

D'après ce qui a été dit sur le passé de la Pologne (§ Iᵉʳ), on voit que les habitants primitifs de ce pays appartenaient à la race des Slaves, et qu'ainsi leur communauté d'origine avec ceux de la vieille ou Grande - Russie (Moskovites) n'est que trop évidente.

D'un autre côté, les Polonais formant déjà une nationalité à part et indépendante au moment où ils embrassèrent le christianisme, leur différence avec ce dernier peuple paraît d'autant plus sensible que, pendant plus de quatre siècles, c'est-à-dire sous le règne de tous les princes de la maison de Piast, le gouvernement des premiers fut une monarchie tempérée et élective, quoique héréditaire dans la même famille.

DEUXIÈME PÉRIODE.

Depuis l'union des provinces russiennes et lettonnes avec la Pologne, cette différence semble encore plus prononcée, attendu qu'on voit alors leurs habitants non-seulement former, (pendant deux siècles environ), une monarchie élective et représentative, mais encore se confondre entre eux, de sorte que leurs idiomes et leurs cultes religieux devinrent communs à tous (1386-1572).

TROISIÈME PÉRIODE.

Sous les rois électifs, la Pologne, transformée en république, n'en conserve pas moins son unité politique et religieuse, bien que le développement de cette unité se trouve entravé de plus en plus par l'influence étrangère. Si donc on voit alors la nouvelle république tomber en décadence et se transformer de nouveau en monarchie héréditaire, comme autrefois représentative, et si, au milieu de cette transformation, elle disparaît du nombre des États indépendants, tous ces fâcheux résultats s'expliquent par la politique ambitieuse des trois gouvernements voisins, plus encore que par les vices propres à la nation polonaise, qui, à leur égard, resta toujours inoffensive (1573-1594).

QUATRIÈME PÉRIODE.

Depuis le partage de leur patrie, les enfants de la Pologne se montrent plus que jamais attachés à leur nationalité et s'efforcent de secouer le joug étranger, efforts qui leur attirent la sympathie générale.

De là vient l'affranchissement partiel de ce pays, dû à l'assistance fraternelle des Français, leurs anciens alliés (1807-1809).

De là les garanties stipulées solennellement par toutes les puissances européennes en faveur de la nation polonaise, lorsque les désastres de ses alliés la firent tomber encore une fois sous le joug étranger (1815).

Enfin, si de nos jours, malgré les malheurs sans nombre qui accablent le peuple polonais, on le voit persister dans ses efforts patriotiques ; s'il parvient encore à susciter de sérieuses inquiétudes à ses oppresseurs et à exciter les sympathies des peuples civilisés ; on en doit attribuer la cause à sa nationalité, qui se distingue par sa vitalité non moins que par son homogénéité et son ancienne indépendance.

Du reste, les efforts continuels des Polonais ayant pour but l'affranchissement de leur patrie, ne sont-ils pas aussi naturels que ceux qui furent tentés, avec plus de succès, d'abord par les Russo-Moskovites, puis par les Allemands, les Grecs, les Belges et autres peuples, efforts dont la tendance était tout à fait identique ?

Ces diverses considérations paraissent tellement frappantes, qu'on voit de nos jours les représentants des peuples les plus civilisés, d'accord avec les publicistes éminents, reconnaître le besoin de rétablir la Pologne dans l'intérêt du progrès et de l'humanité, et même dans l'intérêt des oppresseurs de cette nation.

II

CONSTITUTION PHYSIQUE DU PAYS.

SUPERFICIE TERRITORIALE.

Comme la surface de la Pologne entre pour un neuvième dans l'étendue des trois États qui l'ont partagée, il en résulte que ce pays occupe plus d'un onzième de l'Europe, et par conséquent qu'il est plus vaste que plusieurs États voisins, y compris le royaume de Prusse et la monarchie autrichienne.

Quant à la différence qui existe, sous ce rapport, entre la Pologne et la vieille Russie, on se l'expliquera facilement, en se rappelant les conquêtes faites par les chefs autocrates de cet empire depuis trois siècles, conquêtes qui, dans les dernières soixante-seize années, ont grossi d'un huitième son territoire en Europe. (Voir Russie.)

CLIMAT ET SOL.

Si les provinces polonaises jouissent d'un climat bien moins rigoureux que celles de la vieille Russie, cet avantage doit être attribué surtout à leur position géographique, c'est-à-dire qu'elles se trouvent placées en général dans la région centrale ou tempérée.

De là vient aussi que la salubrité y est plus remarquable que dans les autres, et le sol moins rebelle à la culture ou même plus fertile.

EAUX ET DIVERSES VOIES DE COMMUNICATION.

Comme les principaux fleuves de la Pologne, au nombre de cinq, versent leurs eaux dans les deux mers voisines, il est facile d'en conclure que la navigation fluviale de ce pays n'est pas moins favorisée par la nature que celle de la vieille Russie.

D'un autre côté, le climat peu rigoureux y rendant le curage et la canalisation des rivières bien moins difficiles que dans la vieille Russie, cette navigation paraît encore susceptible d'être améliorée.

Si donc on voit la Pologne rester en arrière sous ce rapport, son infériorité doit surtout être attribuée au morcellement du pays, dont les plus riches provinces se trouvent séparées de l'embouchure de leurs principaux fleuves.

Du reste, le système suivi par les trois gouvernements de Russie, Prusse, et Autriche, à l'égard de ce pays n'y paraîtra pas étranger, si l'on se rappelle, entre autres, la non exécution des traités de 1815 en ce qui concerne les divers avantages dont la navigation fluviale de ce pays devait jouir continuellement.

C'est par des raisons analogues que s'explique aussi l'insuffisance des autres voies de communication dans le même pays; telles que les routes ordinaires, les ponts et les chemins de fer. Il est cependant à observer qu'elles y sont bien plus étendues que dans la vieille Russie, où le climat en rend la construction beaucoup plus difficile et plus coûteuse.

III

INDUSTRIE ET PRODUCTIONS.

AGRICULTURE.

Bien que l'industrie agricole en Pologne soit moins développée que dans les États voisins d'Allemagne, on verra que ce pays possède, sous ce rapport, une supériorité incontestable sur la vieille Russie, en observant qu'excepté les produits des mines tous les autres y excèdent les besoins de la consommation intérieure. Or, comme cet excédant consiste surtout en substances alimentaires et en matières premières, leur débit dans les États manufacturiers de l'Europe occidentale se trouve d'autant plus assuré que le transport en devient moins difficile que dans la vieille Russie.

MANUFACTURES.

Pour ce qui concerne l'industrie manufacturière, qui y est encore moins avancée que l'agriculture, son infériorité relative s'explique non-seulement par la ruine de ses villes, mais aussi par la concurrence que les produits des fabriques indigènes ont à soutenir contre ceux de la Prusse, de l'Autriche et de la Russie.

Cependant, comme les objets de première nécessité y sont tous fabriqués par les habitants du pays, cette infériorité, peu préjudiciable aux masses, tournerait au profit des États manufacturiers et commerciaux de l'Europe occidentale, si ceux-ci pouvaient trafiquer avec la Pologne comme autrefois, c'est-à-dire en échangeant directement l'excédant de leurs articles de luxe.

COMMERCE.

Si le commerce intérieur de la Pologne se réduit encore aux objets de première nécessité, et n'est animé que dans la saison rigoureuse, on en doit attribuer la cause aux mêmes obstacles que ceux qui arrêtent le progrès de son industrie manufacturière.

Quant au commerce extérieur et à celui de transit, qui sont aujourd'hui bien moins importants pour la Pologne et les États de l'Europe occidentale qu'ils n'avaient été avant le partage de la première, cette différence s'expliquera non-seulement par les obstacles qui viennent d'être signalés, mais encore par le morcellement actuel du pays et les systèmes que suivent aujourd'hui à l'égard de ce pays les trois gouvernements étrangers qui, comme on l'a déjà observé, méconnaissent même les garanties stipulées par les traités de 1815 au profit de ses avantages matériels.

CONCLUSION.

En définitive, si l'état actuel de l'industrie polonaise n'est pas beaucoup plus avancé qu'en Russie, cette stagnation devient préjudiciable non-seulement à la Pologne, pays principalement agricole, mais encore aux principaux États manufacturiers ou commerciaux de l'Europe occidentale qui trafiquaient jadis avec elle directement.

Il suffira de rappeler ici que ces États se trouvent aujourd'hui forcés de faire leurs échanges avec des pays bien moins riches, ou plus éloignés, que la Pologne.

Ce préjudice doit être sensible à la France, dont le commerce avec les pays du nord (voir Russie) est aujourd'hui presque insignifiant, non moins qu'à la Grande-Bretagne, dont l'ancienne législation, basée sur le monopole, se trouve aujourd'hui (1848) modifiée par des lois nouvelles ayant pour principe la liberté commerciale. En effet, on voit les produits manufacturiers de ce dernier État se trouver encore plus ou moins repoussés par certaines contrées (Allemagne, Italie) de l'Europe continentale.

VILLES PRINCIPALES ET PORTS.

Comme la plupart des villes polonaises renferment une population comparativement moins élevée que celle des États voisins, y compris la vieille Russie, on en doit attribuer la cause à leur ruine non moins qu'à l'état arriéré de leur industrie manufacturière et commerciale.

D'un autre côté, le nombre des villes dont la population dépasse 20,000 habitants, étant plus considérable dans les provinces soumises à la domination prussienne que dans les autres, cette différence s'explique moins par la situation peu avantageuse des dernières que par le développement comparativement plus considérable de l'industrie dans les premières.

Il suffira de citer, à ce propos, les trois villes de la Pologne qui, situées sur la Baltique, forment les ports du pays, mais dont deux appartiennent à la Russie, et une seule à la Prusse.

Or, comme il n'y a que ce dernier (Dantzig) qui se distingue par le nombre de ses habitants et par le mouvement de son commerce, il en résulte que l'infériorité des deux autres (Lipawa, Windawa) ne saurait être expliquée autrement que par les arguments qui viennent d'être allégués.

Il est encore à observer que ces deux villes, habitées par les indigènes, se trouvent placées dans une province (Litvanie), dont la population est en grande partie maritime, baignée par les deux principaux fleuves du pays, qu'on voit se décharger dans la mer Baltique à une distance peu considérable.

Enfin, l'état actuel de Krakovie ne contribue pas peu à la décadence du commerce polonais, si l'on se rappelle que cette ville, incorporée aux États autrichiens (1846), se trouve privée de toutes les franchises dont elle aurait dû jouir *à perpétuité*, en vertu des traités de 1815, comme *cité libre, indépendante et strictement neutre*.

IV

POPULATION.

D'après les calculs qui viennent d'être établis, le nombre total des habitants en Pologne n'ayant augmenté, depuis le premier partage de ce pays (1772), que de plus d'un quart, on doit attribuer ce fait aux guerres presque continuelles dont il fut le théâtre pendant cette époque.

D'un autre côté, le système adopté par les trois gouvernements étrangers à l'égard de la Pologne a dû aussi contribuer à ce résultat, si l'on considère le déplacement de ses habitants occasionné par les enrôlements, les transplantations et les émigrations qui ne cessent point d'avoir lieu.

Quant à l'infériorité numérique de la population polonaise, par rapport à celle de la vieille Russie, pour la comprendre, il suffira de se rappeler l'immense étendue de cet empire, et surtout les nombreuses conquêtes qu'il a faites depuis plus d'un siècle (Voir chap. I).

Du reste, comparée à la population européenne, celle de la Pologne entre dans son chiffre total pour plus d'un neuvième, et réunie à celle de la Russie pour plus d'un quart.

POPULATION RELATIVE.

Comme cette population est en Pologne (1657 individus sur un mille carré) au delà de trois fois plus élevée
que dans l'empire russe, la différence qui en résulte
s'explique, d'un côté par le climat moins rigoureux
et plus salubre de ce pays, de l'autre par l'état
moins arriéré de son industrie agricole. Il nous suffira d'appeler à l'appui de cette assertion les provinces
soumises à la domination Prusso et Austro-Allemande,
qui renferment un nombre d'habitants au delà d'un
tiers plus considérable que celles soumises à la Russie.

ORIGINE OU RACES.

Les habitants d'origine lettonne s'étant déjà confondus avec les autres, on en doit conclure que l'élément
slave domine parmi tous les habitants indigènes de la
Pologne.

D'un autre côté, les Grands-Russes ou Moskovites n'y
formant qu'une faible partie des habitants (un trentième),
il en résulte que les masses de cette population se distinguent par la pureté de leur race, non moins que par leur
homogénéité.

Quant aux habitants d'origine étrangère, qui figurent à peine pour un quart dans le chiffre de la population générale de la Pologne, on doit observer que leur
nombre y est bien moins élevé que dans la Russie d'Europe.

Cependant si l'on voit dans ce pays un nombre comparativement plus considérable d'Allemands et de Juifs,

il faut en attribuer la cause soit aux avantages que ces étrangers y trouvaient ou trouvent encore dans l'exploitation de l'industrie manufacturière et commerciale, soit au système suivi par les deux gouvernements allemands (Autriche, Prusse) dans le but de peupler le pays de fonctionnaires et de colons étrangers.

Du reste, le nombre considérable de Juifs en Pologne s'explique non-seulement par leur affranchissement du service militaire et autres priviléges dont ils y jouissaient jadis, mais encore par la défense de les admettre dans les provinces de la vieille Russie, défense qui existe depuis longtemps.

IDIOMES.

Comme le polonais et le russien, qui se distinguent du moskovite par leur pureté primitive, sont les deux principaux idiomes des habitants de la Pologne, y compris ceux d'origine étrangère, il en résulte que ces habitants possèdent, sous ce rapport, un avantage incontestable sur les Grands-Russes ou Moskovites.

Ajoutons enfin que la littérature polonaise, beaucoup plus ancienne et plus développée que celle des Moskovites, est commune aux habitants indigènes tant des provinces qui faisaient en 1772 partie de la Pologne, que de celles qui en avaient été détachées antérieurement, et dont le nombre peut être évalué à trente millions.

CROYANCES RELIGIEUSES.

Si les habitants de la Pologne paraissent, sous le rapport religieux, moins homogènes que ceux de la vieille Russie, cette différence s'explique d'un côté, par la tolérance dont les dissidents avaient de tout temps joui dans la première ; de l'autre par les pertes immenses que les catholiques-romains éprouvèrent dans les provinces soumises à la domination russo-moskovite.

Nous voulons parler de ces conversions forcées à la suite desquelles on a vu plusieurs millions de Russiens unis avec l'Église de Rome, passer au schisme greco-russe ou moskovite, culte politique qui domine en Russie exclusivement. Or, ces conversions ne pouvant être envisagées comme définitives, nous avons compris au nombre des catholiques-romains tous ceux qui y ont été entraînés, et ainsi le chiffre des véritables dissidents parmi les habitants chrétiens de la Pologne se réduit à un quart de sa population totale.

CLASSES OU CONDITIONS SOCIALES.

Pour ce qui concerne la disproportion qui existe entre les paysans polonais et les deux autres classes de la population (habitants des villes, propriétaires fonciers), qui sont bien moins nombreuses que la première, il faut l'attribuer surtout à l'état arriéré de l'industrie manufacturière et commerciale de ce pays.

D'un autre côté, comme la vieille Russie possède un nombre comparativement plus considérable de paysans que la Pologne, il en résulte que celle-ci se distingue encore sous ce rapport de la première.

Ajoutons aussi que le chiffre des paysans libres, en Pologne, dépasse celui des serfs attachés à la glèbe, tandis que la vieille Russie présente sous ce rapport un résultat diamétralement opposé.

Ce qui mérite également d'être observé, c'est que dans l'ancienne Pologne il n'existait point de paysans attachés à la glèbe, bien qu'ils ne fussent pas propriétaires de terres cultivées, et qu'il n'y en a pas aujourd'hui même (1848) ni dans les provinces de l'ancien duché de Warsovie, ni dans celles que possèdent la Prusse et l'Autriche.

Enfin, si les indigènes, en Pologne, sont bien moins nombreux parmi les habitants des villes et les propriétaires fonciers que parmi les paysans, cette différence s'explique par les mêmes motifs que l'accroissement peu considérable de sa population générale, et surtout par le déplacement de ces catégories de la population, non moins que par la confiscation de leurs fortunes.

CONCLUSION.

En résumé, la population de la Pologne se distingue de celle de la vieille Russie, non-seulement parce qu'elle est relativement plus nombreuse, mais encore sous plusieurs autres rapports.

Quant au chiffre, on a déjà vu que cette population, réunie à celle de la Russie, entre pour plus d'un quart dans le chiffre total de la population de l'Europe.

V

RESSOURCES FINANCIÈRES ET FORCES MILITAIRES.

FINANCES.

Recettes. Comme le chiffre des revenus fournis par toutes les provinces de la Pologne n'est inférieur que de plus d'un tiers à celui de l'empire de Russie, il en résulte que les ressources financières de la première sont comparativement beaucoup plus abondantes, et seraient plus que suffisantes à ses besoins particuliers.

Ce qui vient encore à l'appui de notre conclusion, c'est que le revenu tiré par la Russie des provinces polonaises entre pour plus d'un quart dans le chiffre du budget de cet empire, bien que son étendue territoriale soit au delà de huit fois plus considérable, et que sa population générale dépasse celle des mêmes provinces presque de deux tiers.

Quant aux charges financières, en général, qui pèsent aujourd'hui sur les habitants de la Pologne, leur moyenne étant plus élevée d'un huitième dans les provinces polonaises que dans celles de la vieille Russie, il est facile d'en conclure qu'elles sont comparativement plus onéreuses pour les premiers que pour les autres.

On doit cependant observer que cette différence est encore plus sensible en Prusse, où la moyenne donne 29 francs par tête.

Du reste, il suffira de rappeler que les contributions directes et indirectes en Russie (y compris les corvées et les objets fournis en nature dont la valeur est double), pèsent presque exclusivement sur les masses, c'est-à-dire sur les classes les plus pauvres de la population, et que les domaines s'y composent pour la plupart des biens enlevés aux établissements religieux ou autres, ou aux anciens défenseurs du pays.

Dépenses. Si l'on passe en revue les principaux titres des dépenses auxquelles les revenus tirés de la Pologne se trouvent consacrés, on voit qu'ils sont plus ou moins étrangers aux habitants du pays.

Nous ne rappellerons ici que les frais d'une triple administration centrale, ainsi que les sommes destinées à l'amortissement de la dette publique et au paiement de ses intérêts annuels.

En effet, les premiers tournent uniquement au profit de la Russie, de l'Autriche et de la Prusse. Pour les autres, il suffira d'observer que les dettes dont les trois États cités se trouvent grevés, ont été contractées en grande partie avant l'occupation des provinces polo- naises, ou contre l'intérêt national de leurs habitants.

Conclusion. En définitive, le chiffre des revenus fournis par la Pologne entre dans celui de tous les États euro- péens pour plus d'un huitième, et pour plus d'un tiers en le réunissant au revenu de l'empire de Russie.

Quant aux dettes dont la Russie, l'Autriche et la Prusse se trouvent grevées, et qui représentent plus d'une hui- tième partie de celles de tous les États européens, les raisons qui viennent d'être alléguées ne nous permettent pas d'indiquer la part que devrait y prendre la Pologne.

FORCES MILITAIRES.

Contingent général. **On a déjà vu que le nombre total
des troupes de terre fournies, en temps de paix, par les
provinces polonaises, dépasse le contingent de la Prusse
de plus de deux tiers, et qu'il n'est inférieur à celui de
l'Autriche que de plus d'un quart, et à celui de la Russie
que de plus d'un tiers. Ainsi donc, de même que les
finances, les forces militaires de la Pologne seraient plus
que suffisantes aux besoins particuliers de ce pays, bien
qu'il ne possède point de marine militaire.**

**Comme ces forces peuvent facilement être doublées en
temps de guerre, il est permis d'en conclure que la Pologne serait à même de secouer le joug étranger par les
armes, si elle était favorisée par les circonstances.**

**A l'appui de cette conclusion, viennent les guerres
qui ont eu lieu depuis les soixante dernières années
(1792-1831) entre les Polonais et leurs oppresseurs;
guerres qui, quoique soutenues avec des forces inégales,
ne furent pas sans gloire pour les premiers.**

**Ce qui paraît le prouver surtout, c'est la dernière des
guerres en question (1831), à laquelle prirent part seulement quelques provinces de la Pologne, et pendant
laquelle les armées moskovites éprouvèrent plus d'un
revers. En effet, malgré les difficultés résultant de la
position peu stratégique de leur pays, et malgré les
fautes commises par leurs chefs, cette lutte ne tourna
contre les Polonais que lorsqu'ils furent cernés par les
forces armées de l'Autriche et de la Prusse, c'est-à-dire
lorsque toutes leurs communications se trouvèrent in-
terceptées au profit des Moskovites.**

Charges militaires. Pour voir jusqu'à quel point ces charges sont onéreuses, en temps de paix, aux habitants du pays, il suffira de se rappeler qu'elles absorbent la plupart du revenu annuel du pays.

D'un autre côté, si elles paraissent comparativement moins élevées dans les provinces soumises à la Prusse que dans les autres, cette différence s'explique, non-seulement par la politique plus ambitieuse de la Russie et de l'Autriche, mais encore par le système de recrutement moins arbitraire que suit la première. En effet, ce système, joint à la durée comparativement plus longue du service militaire en Russie et en Autriche, met la plupart des soldats polonais dans l'impossibilité de rentrer dans leurs foyers.

Conclusion. En résumé, comparé aux contingents militaires de tous les États européens en temps de paix, celui de la Pologne y entre dans la même proportion que le chiffre de ses finances, c'est-à-dire pour plus d'un huitième séparément, et pour plus d'un quart en le réunissant au contingent de la Russie.

Quant aux charges qui en résultent, elles paraissent non moins préjudiciables aux habitants de ce pays principalement agricole qu'aux autres États manufacturiers ou commerciaux, qu'on voit forcés de tenir sur pied des armées beaucoup plus nombreuses que ne l'exigent leurs besoins particuliers.

Enfin, si les charges dont nous parlons sont si onéreuses pour les habitants en temps de paix, il est facile d'en conclure qu'elles auraient des conséquences bien plus fâcheuses en temps de guerre. Nous voulons parler surtout d'une guerre générale qui, dans l'état actuel des choses, pourrait bien éclater tôt ou tard, et aurait des suites incalculables pour le monde civilisé. Il suffira d'observer que, dans ce cas, le chiffre des soldats polonais pourrait être plus que doublé, et grossirait d'autant la force armée des oppresseurs de leur patrie.

PLACES FORTES.

Comme ces places, plus nombreuses qu'en Russie, occupent un pays plat en général, leur importance sous le point de vue stratégique paraît fort problématique.

De là nous croyons pouvoir conclure qu'elles sont plutôt destinées à défendre le pays contre les attaques de l'intérieur que de l'extérieur. Ce qui paraît le prouver surtout, c'est qu'on voit plusieurs villes importantes de la Pologne se trouver fortifiées depuis peu de temps.

Ainsi donc, les charges nécessitées par tout ce qui se rattache à l'état militaire sont d'autant plus onéreuses pour les habitants de la Pologne, qu'elles tournent évidemment contre leur intérêt national.

CHAPITRE III

BOHEME, ET DIVERS AUTRES PAYS

HABITÉS PAR LES BOHÈMES OU TCHÈQUES, ET LES ILLYRIENS

(GERMANO-TURCO-SLAVES).

Ces pays, au nombre de douze, se trouvent placés d'un côté entre la mer Adriatique et les Alpes, de l'autre entre la mer Noire, les monts Balkans (Hémus) et les Karpathes ; ils occupent donc la partie orientale de l'Europe, située entre les 10° et 26° degrés de longitude, et 42° et 52° de latitude.

Aujourd'hui la plupart d'entre eux (Bohême, Moravie, Styrie, Dalmatie, Illyrie, Silésie, Luzace) reconnaissent la domination de l'Autriche, de la Prusse et de la Saxe royale, avec lesquelles ils font partie de la Confédération Germanique. Les autres (Serbie, Bulgarie, Bosnie, Albanie) dépendent de l'empire turc ou ottoman.

C'est pourquoi nous les divisons en pays des Germano-Slaves et des Turco-Slaves.

Enfin pour les Bohêmes (Tchèques) et les Illyriens qui habitent la Hongrie et les pays adjacents (Kroatie, Slavonie, etc.), nous renvoyons à la partie suivante.

§ 1er.

BOHÊME

ET AUTRES PAYS HABITÉS PAR LES GERMANO-SLAVES.

I.

NOTICE HISTORIQUE.

BOHÊME (ROYAUME DE).

Les habitants primitifs de ce pays sont connus sous le nom de Tchèques, qu'ils conservent encore de nos jours. Bien que convertis au christianisme en même temps que ceux de la Moravie, la nouvelle religion ne s'affermit chez eux que vers la fin du xe siècle. L'ancienne dynastie des chefs indigènes (ducs) s'étant éteinte au commencement du xive siècle (1306), la Bohême passa successivement, avec le titre de royaume, sous le sceptre de la maison de Luxembourg (qui occupait aussi le trône impérial) et des diverses familles, tant indigènes qu'étrangères, dont la dernière fut celle d'Autriche (1526). Détrônée par les représentants du peuple, cette maison fut momentanément remplacée par la famille des électeurs palatins; mais cette révolution ayant eu une fin

malheureuse pour la Bohême (1620), on vit les vainqueurs la priver de ses anciens priviléges, et sévir contre
les patriotes, dont un grand nombre se trouvèrent mis
à mort ou exilés, et dépouillés de leurs fortunes.

Il est encore à remarquer que sous le règne de la
maison de Luxembourg eut lieu la réunion à la Bohême
de la Silésie et de la Luzace, qui plus tard furent par-
tagées entre l'Autriche, la Prusse et la Saxe électorale.
C'est alors aussi qu'on vit se développer la langue des
Tchèques, dont la littérature surpassait alors celle des
autres idiomes slaves.

Aujourd'hui, bien que le royaume de Bohême conserve encore une sorte de représentation nationale,
formée de notables du pays réunis sous le nom d'États,
il fait partie intégrante de la monarchie autrichienne.
On y compte environ deux tiers de Slaves (Tchèques),
pour la plupart catholiques-romains ; mais le reste de
la population est allemande et juive.

MORAVIE (MARGRAVIAT DE).

Déjà, vers le milieu du ixe siècle, les habitants de ce
pays formant un puissant État, situé entre le Danube,
la Morave et l'Elbe, furent convertis au christianisme
par les soins des saints Cyrille et Méthodius, arrivés de
Constantinople. Peu de temps après, envahie par les
Magyares et les Tchèques, la Moravie se trouva démembrée, et plus tard encore (xiiie siècle) dévastée par les
Tatares ou Mongols. Enfin elle passa avec la Bohême
aux maisons de Luxembourg et d'Autriche.

Aujourd'hui ce pays, avec la partie de la Silésie qu'on

appelle haute ou supérieure (voir plus bas), forme une province de la monarchie autrichienne. On compte encore parmi ses habitants trois quarts de Slaves (Hanaques, Slovakes, Horwates, Polonais) qui, presque tous, se servent des mêmes idiomes que ceux de la Bohême et de la Pologne, et professent pour la plupart le culte catholique-romain. Le reste de la population est formé par les Allemands et les Juifs.

STYRIE (DUCHÉ DE).

Après avoir fait partie de la Bavière, la Styrie en fut détachée au moyen âge (XIIe siècle), et réunie à la Bohême; puis elle passa avec celle-ci à la maison d'Autriche, dont elle dépend encore aujourd'hui. Les habitants slaves de ce pays se servent d'un des dialectes illyriens et sont pour la plupart catholiques-romains; ils ne forment plus qu'un tiers de la population, dont le reste est allemand presque en totalité.

DALMATIE (ROYAUME DE).

Compris anciennement dans l'empire d'Orient (grec), ce pays fut envahi dans le courant du Xe siècle par les Vénitiens. Conquis plus tard en partie par les Hongrois et les Turcs (XIIe-XVIe siècles), il appartenait, après la chute de la république de Venise, à la France, avec les provinces illyriennes; mais en 1815 on le vit passer, ainsi qu'une portion de l'Albanie (Cattaro), sous la domination autrichienne.

Excepté un petit nombre de Valaques (Morlaques) et d'Italiens, ses habitants sont presque tous d'origine slave

(Haidouques , Monténégrins); ils se servent d'un des dialectes illyriens et professent pour la plupart le culte catholique-romain.

ILLYRIE (ROYAUME DE).

Ce royaume, dont la création date de nos jours, comprend la Karinthie, la Karniole, l'Istrie, le Frioul et une partie de la Kroatie. Après avoir relevé successivement de l'empire d'Orient (grec) et de la monarchie autrichienne, ces pays passèrent sous la domination de la république de Venise, et depuis la chute de celle-ci (xviiie siècle), ils appartenaient à la France sous le nom de provinces illyriennes. Occupés en 1815 par l'Autriche, ils font de cette époque partie de la même monarchie. Leurs habitants sont pour la plupart d'origine slave (Kroates, Raizes, Vendes); ils parlent divers dialectes illyriens et professent presque tous le culte catholique-romain; quant à leur minorité, elle se compose d'étrangers (Allemands, Italiens).

SILÉSIE (DUCHÉ DE).

Depuis les temps les plus reculés, ce pays appartenait à la Pologne, dont il avait été détaché (xive siècle) pour être réuni à la Bohême, à la suite des partages subis par la première sous le règne de la maison de Piast (voir Pologne). Peu de temps auparavant il avait été ravagé par les Tatares ou Mongols (xiiie siècle).

Ensuite la Silésie passa avec la Bohême à la maison d'Autriche; mais deux siècles plus tard on la vit partagée entre l'Autriche et la Prusse, en vertu du traité de Breslau (1742).

Aujourd'hui l'Autriche possède la partie supérieure de ce pays (voir Moravie); et l'autre (basse ou inférieure) appartient au royaume de Prusse. Dans celle-ci, la majorité de la population est allemande ou juive; mais il s'y trouve encore un nombre considérable de Slaves d'origine polonaise qui parlent la langue de leurs pères et professent presque généralement le culte catholique-romain.

LUZACE (MARGRAVIAT DE).

Relevant des temps les plus reculés de l'empire germanique, la Luzace fut annexée à la Bohême (xive siècle), et passa avec ce royaume à la maison d'Autriche. Cédée à la Saxe électorale (xviie siècle), elle fut de nos jours (1815) partagée entre la Saxe (royale) et la Prusse. Le premier de ces deux États en possède la partie inférieure (basse Luzace), et l'autre le reste (haute Luzace). Les habitants d'origine slave (Vendes), qui se servent d'un des dialectes illyriens, y sont encore assez nombreux et se distinguent des autres en ce qu'ils suivent la religion catholique-romaine. Cependant les Allemands et les Juifs forment la majorité de la population.

II.

NOTICES STATISTIQUES.

L'état actuel des pays habités par les peuples germanoslaves est présenté sommairement dans les tableaux ci-contre.

DOMINATION et PAYS.	Surface en milles carrés.	CONSTITUTION PHYSIQUE.			INDUSTRIE, PRODUCTIONS.		POPULATION.						
		Situation et limites naturelles.	Climat, salubrité et nature du sol.	Eaux et diverses voies de communication.	Agriculture, Manufacture, Commerce.	Villes principales et Ports.	Slaves.	Divers.	Ensemble.	Par mille carré.	Idiomes et cultes des masses.	CLASSES PRINCIPALES. Paysans.	Bourgeois et propriétaires fonciers.
DOMINATION AUSTRO-ALLEMANDE. 1. Bohême.	1,590	Montagnes Karpates, Erzgebirge, Sudètes, et Alpes.	Climat variable, mais salubre. Sol fertile, excepté dans les contrées montagneuses.	Mer Adriatique. Lacs peu nombreux.	*Agriculture avancée* (Bétail, gibier, plantes, bois, argent, cuivre, pierres fines, sources minérales, etc., etc.) *Manufactures avancées* (Filature de laine, coton. Fabriques de toile, dentelles, draps. Soieries, sucre de betterave, faux, lames, fusils.) *Commerce avancé* (Intérieur, extérieur et de transit.)	Nombre d'habitants. Prague. . . . 120 m. Brünn. . . . . 28 Olmütz. . . . 15 Iglau. . . . . 14 Troppau. . . 13	2,800,000	1,400,000	4,200,000		Idiomes tchèque et allemand. Culte catholique-romain.	11/12	1/12
2. Moravie et Silésie (haute)	840						1,612,500	537,500	2,150,000		Idem.	Idem.	Idem.
3. Styrie.	667						326,670	633,330	960,000		Idem.	Idem.	Idem.
4. Dalmatie.	385	Vallées nombreuses.	Climat chaud, mais salubre. Sol fertile, excepté dans les contrées montagneuses.	Fleuves : Elbe et Oder, qui se déchargent dans la mer du Nord et la Baltique. Routes pavées, ordinaires et chemins de fer.	Idem.	Laybach. . . 12	343,000	15,000	360,000		Idiome illyrien. Culte catholique-romain.	Idem.	Idem.
5. Illyrie.	515				Idem.	Trieste (port) 50	1,100,000	160,000	1,260,000		Idem.	Idem.	Idem.
	3,997					252 m.	6,184,170	2,745,830	8,930,000	2,239			
DOMINATION PRUSSO ET SAXO-ALLEMANDE. 6. Silésie (basse)	1,220	Mêmes montagnes et vallées peu nombreuses.	Climat froid, surtout au pied des montagnes. Sol peu fertile.	Fleuve : Oder. Routes pavées, ordinaires et chemins de fer.	*Agriculture avancée* (Bétail, blés, lin, garance, tabac, houille, fer, zinc, houille.) *Manufactures avancées* (Toile, étoffes de laine, draps.) *Commerce avancé* (Intérieur, extérieur et de transit.)	Breslau. . . . 92 m. Glogau. . . . 11 Neisse. . . . . 11 Liegnitz. . . 10 Bautzen. . . 14 Zittau. . . . 10 148 m.	1,200,000	1,300,000	2,500,000	2,049	Idiomes polonais, illyrien et allemand. Culte protestant.	10/12	2/12
7. Luzace.													
Totaux généraux.	5,217					400 m.	7,384,170	4,045,830	11,430,000	2,191		7/8	1/8

DOMINATION et PAYS	NOMBRE d'habitants.	FINANCES ÉVALUÉES EN FRANCS.				Dette publique moyenne par tête.	CONTINGENT MILITAIRE EN TEMPS DE PAIX ET FORTERESSES.		
		Bases du calcul.	Recettes.	Valeur des corvées, etc.	Ensemble.		Bases du calcul.	Nombre de soldats et durée du service.	PLACES FORTES.
Domination austro-allemande. 1. Bohême. 2. Moravie et Silésie (haute). 3. Styrie. 4. Dalmatie. 5. Illyrie.	8,930,000	Moyenne qui, évaluée d'après le budget de la monarchie autrichienne, donne 20 fr. 34 c. par tête.	182,043,000	182,043,000	364,086,000	fr. c. 65 . 34 comme en Autriche	Moyenne qui, évaluée d'après le contingent de la monarchie autrichienne, donne 1 soldat par 74 habitants.	120,946 (Service de 14 ans.)	1. Prague (Bohême), sur la Moldaw). 2. Ollmutz (Moravie), sur la Morava. 3. Brunn (*Idem*). 4. Raguse (Dalmatie), 5. Spolatro (*Idem*), 6. Trieste (Illyrie), *sur la mer Adriatique.*
Domination prusso et saxo-allemande. 6. Silésie (basse) et Luzace.	2,500,000	Moyenne qui, évaluée d'après les budgets du royaume de Prusse et de Saxe, donne 14 fr. 66 c. et 12 fr. 25 c. par tête.	36,000,000	36,000,000	72,000,000	36 27 et 29 49	Moyenne qui, évaluée d'après les contingents des royaumes de Prusse et de Saxe, y compris les Landwerh, donne 1 soldat par 38 h.	65,789 (Service de 3 ans.)	7. Glogan (Silésie), 8. Neisse (*Idem*), 9. Kosel (*Idem*), 10 Schweidnitz (*Idem*), *au pied des Karpathes.*
TOTAUX GÉNÉRAUX.	11,430,000		218,043,000	218,043,000	436,086,000			186,735	

III

OBSERVATIONS.

HISTOIRE ET GÉNÉRALITÉS.

1. D'après les notices historiques qui précèdent, on voit que les pays habités par les peuples germano-slaves, au nombre de sept, ont été presque tous conquis ou partagés par les trois États allemands (Autriche, Prusse, Saxe), et qu'aujourd'hui, quoique sous des noms anciens, ils font partie des mêmes États régis par des gouvernements monarchiques en partie constitutionnels ou tempérés par leurs institutions.

2. Leurs habitants se divisent en trois branches distinctes, ou nationalités, savoir : celle des Bohêmes ou Tchèques, celle des Illyriens, et celle des Polonais.

Ces trois peuples, dont les deux premiers comptent plusieurs tribus (Tchèques, Slovaques, Haidouques, Hanaques, Raizes, Serbes, Kroates, Vendes, Morlaques), se trouvent mêlés avec les races étrangères qui habitent au milieu d'eux ; cependant ils se servent encore de leurs anciens idiomes, et, sauf quelques exceptions, professent le culte catholique-romain.

CONSTITUTION PHYSIQUE.

1. Les tableaux statistiques qui présentent sommairement l'état actuel des pays en question, font voir que leur surface entre pour plus d'un tiers dans celle des trois États allemands, mais que la plus grande

partie en appartient à la monarchie autrichienne, tandis que les deux autres États en possèdent un quart à peu près.

2. Ces pays touchent en partie à la mer Adriatique, et sont arrosés par plusieurs fleuves, dont deux principaux (Elbe, Oder) se déchargent dans les mers voisines (Baltique et celle du Nord).

3. Ils sont presque tous montagneux et jouissent d'un climat salubre, quoique variable. Quant à leur sol, il n'est fertile que dans les plaines.

4. Enfin, les voies de communication y sont fort étendues, bien que la navigation fluviale laisse encore beaucoup à désirer.

INDUSTRIE ET PRODUCTIONS.

1. Les principaux produits des pays germano-slaves consistent en substances alimentaires (y compris les vins), en matières premières et en divers objets manufacturés.

2. On y compte plusieurs villes, dont les nombreux habitants s'adonnent aux manufactures et au commerce, de sorte que, quoique principalement agricoles, ces pays ne sont pas moins avancés dans d'autres branches de l'industrie.

POPULATION.

1. Le chiffre de leur population générale entre pour plus d'un quart dans celui des trois États allemands.

2. Quant à leur population relative, elle n'atteint pas celle des mêmes États, et la différence est d'environ un tiers.

3. Bien que les principaux habitants de ces pays

soient d'origine slave et catholiques-romains, on voit parmi eux plus d'un tiers d'Allemands (en partie protestants), de Juifs et d'autres étrangers.

4. Enfin, les paysans y forment encore une immense majorité ; cependant ils sont libres personnellement, et propriétaires des terres cultivées.

FINANCES.

1. Le chiffre total des recettes tirées de ces pays (y compris la valeur des corvées et des objets fournis en nature) entre pour plus d'un tiers dans celui des trois États allemands.

2. Quant aux charges qui en résultent pour leurs habitants, elles sont de plus d'un quart moins élevées dans les pays soumis à la domination autrichienne que dans ceux de la Prusse et de la Saxe.

FORCES MILITAIRES.

1. L'effectif des soldats levés dans ces pays en temps de paix, entre pour plus d'un cinquième dans le contingent militaire des trois États allemands.

2. D'un autre côté, les charges militaires des habitants sont comparativement moins onéreuses dans les pays soumis à la domination prussienne et saxonne que dans ceux de l'Autriche.

3. Enfin, pour ce qui concerne les places fortes, au nombre de dix, on les voit presque toutes occuper les bords de la mer (Adriatique) ou des fleuves navigables, et les défilés des montagnes voisines.

§ 2.

SERBIE ET AUTRES PAYS HABITÉS PAR LES PEUPLES TURCO-SLAVES.

I

NOTICE HISTORIQUE.

SERBIE.

Bien que connu jadis sous le nom de *Serbes* ou *Servi*, le peuple qui habite aujourd'hui la Serbie ne paraît s'y être établi que peu de temps avant le ixe siècle, époque où il fut converti au christianisme. Après avoir été soumis, depuis, aux Bulgares et aux empereurs d'Orient, il forma, entre les mers Noire et Adriatique, un État indépendant qui ne tarda pas à éprouver le sort des autres et fut subjugué par les Turcs.

De nos jours les habitants de la Serbie, s'étant, sous la conduite de Georges Tcherny, insurgés contre la domination turque, parvinrent à obtenir une sorte d'indépendance politique. Aussi ce pays forme-t-il actuellement une principauté tributaire qui, à l'exception des places fortes, n'est point habitée par les Turcs. Il fournit à la Turquie en temps de guerre un contingent de 12,000 hommes et paie un tribut annuel (2,900 piastres);

mais il se trouve régi par un gouvernement national et représentatif, dont le chef appartient à la famille indigène de Tcherny (qui succéda, en 1842, à la maison de Milosch).

Du reste, ses habitants d'origine slave (Serbes, Raizes) professent pour la plupart le culte grec-schismatique, et se servent d'un dialecte illyrien, qui se fait distinguer par des chants pleins d'harmonie.

BULGARIE.

Descendants d'un de ces peuples qui occupait jadis les bords du Wolga, les habitants de la Bulgarie (nommés aussi Bolgares ou Wolgares) formaient, dans le moyen âge, un royaume indépendant. Forcés de reconnaître la domination des empereurs d'Orient et des autres États voisins, ils partagèrent ensuite (xive siècle) le sort des divers peuples slaves et furent subjugués par les Turcs, dont ils relèvent jusqu'à ce jour.

La population de ce pays (Bulgares, Serbes, Raizes) professe déjà, en partie, l'islamisme et compte beaucoup de Turcs ; mais la majorité des habitants continue encore à se servir d'un des idiomes illyriens, et reste fidèle au culte grec-schismatique.

BOSNIE et HERTZEGOWINE.

Après avoir fait partie, dans le moyen âge, des royaumes de Slavonie et de Kroatie, les habitants de la Bosnie parvinrent, dans le courant du xive siècle, à former un État indépendant sous des chefs nationaux nommés *Bans*.

Subjugué ensuite par les Turcs, leur pays fut partagé entre l'empire Ottoman et l'Autriche, dont il reconnaît encore la domination. Quant à ses habitants (Bosniaques, Bulgares, Kroates, Slovaques), ceux qui sont soumis à la Turquie se trouvent dans le même état que les Bulgares.

ALBANIE et MONTÉNÉGRO.

Ce pays, qui jusqu'au xie siècle dépendit de l'empire d'Orient, fut depuis envahi tour à tour par les Normands (de Naples), les Hongrois et les Turcs. Après avoir opposé, sous la conduite du célèbre *Scanderberg*, une longue résistance à ces derniers, les Albanais partagèrent le sort des autres peuples slaves, et leur pays fut morcelé; de sorte qu'une seule partie sur trois (*Montenegro* ayant environ 100,000 habitants) parvint à conserver son indépendance de fait. Quant aux autres, elles furent occupées par la Porte-Ottomane et l'Autriche, dont elles dépendent jusqu'à ce jour.

Les habitants de l'Albanie, sujets de la Turquie (appelés aussi Arnautes), font ordinairement partie des troupes régulières de cet empire. Ils professent pour la plupart l'islamisme et se trouvent plongés dans la barbarie; cependant on les voit se servir encore d'un des idiomes illyriens, et compter un certain nombre de chrétiens (grecs-schismatiques, catholiques-romains).

II

NOTICES STATISTIQUES.

De même que pour les pays qui précèdent, les tableaux ci‑contre présentent sommairement l'état actuel de ceux qui sont habités par les Turco-Slaves.

DOMINATION et PAYS.	Surface en milles carrés.	CONSTITUTION PHYSIQUE.			INDUSTRIE, PRODUCTIONS.		POPULATION.						CLASSES PRINCIPALES.	
		Situation et limites naturelles.	Climat, salubrité et nature du sol.	Eaux et diverses voies de communication.	Agriculture, Manufactures, Commerce	Villes principales et Ports.	Slaves.	Roumains.	Divers.	Ensemble.	Par mille carré.	Idiomes et cultes des masses.	Paysans.	Bourgeois et propriétaires fonciers.
1. Serbie....	1,080	*Montagnes.* Rudnik. *Eaux.* Danube.	Climat froid. Sol fertile, mais peu cultivé.	*Fleuves :* Danube, Save (navigables). *Routes* ordinaires, mais peu étendues.	*Agriculture* peu av. (Bétail, grains, minerai.) *Manufactures* avancées. (Cuirs, toiles, tapis.) *Commerce* peu av. (Intérieur et extér.)	Nombre d'habitants. Belgrade... 30 m. Semendrie.. 12 Reuss.... 6 ——— 48 m.	850,000	"	50,000	900,000	833	Idiomes illyriens. Culte grec schismatique.	11/12	1/12
2. Bulgarie...	2,200	*Montagnes.* Hémus ou Balkans. *Eaux.* Mer Noire, Danube.	Climat variable, mais salubre. Sol fertile,	Mer Noire. *Fleuve navig. :* Danube. *Routes* ordinaires, mais peu étendues.	*Agriculture* peu av. (Vins, huile, tabac.) *Manufactures* peu avancées. (Laines, pelleteries, armes blanches.) *Commerce* peu av. (Intérieur, extér. et transit.)	Sophia... 50 m. Roustchouk.. 36 Varna (port). 24 Bosnia... 40 Industrie.. 20 Widdin.... 23	750,000	35,000	115,000	900,000	408	Idem.	9/12	3/12
3. Bosnie et Hertzegowine.	2,500	*Montagnes.* Monténégro. *Eaux.* Mer Adriatique.	Idem.	Mer Adriatique. *Fleuves :* Bosna, Drina, peu navigables. *Routes* ordinaires peu étendues.	*Agriculture* peu av. (Gibier, blés, fruits.) *Manufactures* presque nulles. *Commerce* peu av. (Intérieur.)	Seraiewo... 30 Novy Bazar. 12	1,100,000	65,000	35,000	1,200,000	480	Idem.	11/12	1/12
4. Albanie et Monténégro.	1,200	*Montagnes.* Alpes. *Eaux.* Mer Adriatique.	Climat variable, et malsain en partie. Sol fertile dans les vallées, mais mal cultivé.	Mer Adriatique. Lac Skader. *Routes* ordinaires peu étendues.	*Agriculture* peu av. (Vins.) *Manufactures* assez avancées. (Maroquins, étoffes, toiles, armes.) *Commerce* assez av. (Intérieur et extérieur.)	Skutari... 20 Scutari (port). 20 ——— 271 m.	1,000,000	"	200,000	1,200,000	1,000	Idiome illyrien. Culte mahométan.	8/12	4/12
TOTAUX GÉNÉRAUX.	6,980					319 m.	3,700,000	100,000	400,000	4,200,000	602		1/5	1/5

DOMINATION TURQUE (DIRECTE). (SÉNAT OU FÉDÉRALE).

DOMINATION et PAYS.	NOMBRE d'habitants.	FINANCES ÉVALUÉES EN FRANCS					CONTINGENT MILITAIRE EN TEMPS DE PAIX ET FORTERESSES.		
		Bases du calcul.	Recettes.	Valeur des corvées, etc.	Ensemble.	Dette publique moyenne par tête.	Bases du calcul.	Nombre de soldats fournis et durée de service.	PLACES FORTES.
Domination turque (médiate ou féodale). 1. Serbie.	900,000	Chiffre du budget de la Serbie qui, réparti sur sa population générale, donne 4 f. 94 c. par tête.	4,000,000	»	4,000,000	Aucune, excepté le tribut annuel de 2,900 piastres turques, ou 3,771 fr.	Chiffre du contingent militaire de la Serbie qui, réparti sur celui de sa population générale, donne 1 soldat par 75 habitants.	12,000 { Durée du service variable.	1. Belgrade, sur le Danube (occupée par une garnison turque). 2. Semendrie, sur Danube.
Domination turque (directe). 2. Bulgarie. 3. Bosnie. 4. Albanie.	3,300,000	Moyenne qui, évaluée d'après le budget de la Turquie d'Europe, donne 25 fr. par tête.	82,000,000	»	82,000,000	Inconnue.	Moyenne qui, évaluée d'après le contingent militaire de la Turquie d'Europe, donne 45 habitants par soldat.	73,333 Idem.	3. Roustchouk, sur Danube. 4. Widdin. . . . Idem 5. Silistrie. . . . Idem 6. Schoumla, au pied des Balkans. 7. Warna, sur la mer Noire. 8. Saranewo. . . Idem 9. Janina, sur un lac. 10. Scutari. . . . Idem 11. Zeituni. . . . Idem
TOTAUX GÉNÉRAUX.	4,200,000		86,000,000	»	86,000,000			85,333	

III

OBSERVATIONS.

HISTOIRE ET GÉNÉRALITÉS.

1. D'après les notices historiques qui précèdent, on voit que les quatre pays habités par les Turco-Slaves furent conquis par les Turcs il y a près de deux siècles (xvᵉ-xviiᵉ), et aujourd'hui, à l'exception de la Serbie, font partie intégrante de l'empire Ottoman. Cependant leur ancienne étendue se trouva diminuée considérablement par suite des partages opérés dernièrement au profit des États voisins et chrétiens.

2. Quant à leur état actuel, celui de la Serbie paraît comparativement le plus avantageux, parce qu'elle n'est qu'une principauté tributaire qui jouit d'une sorte d'indépendance politique. Vient ensuite la partie de l'Albanie, dite Monténégro, bien que son indépendance ne soit pas reconnue officiellement.

Du reste, tous ces pays conservent encore la plupart de leurs anciennes institutions communales.

3. Les habitants slaves des pays en question, appartiennent à la même branche (illyrienne) que ceux des Germano-Slaves, et se divisent comme ceux-ci en plusieurs tribus (Serbes, Bulgares, Bosniaques, Kroates, Slovaques, Raizes, Albanais, Monténégrins), dont chacune parle un idiome particulier. Ils professent pour la plupart le culte grec-schismatique; mais déjà ils se

mêlent avec les Turcs , et comptent un nombre considérable de sectateurs de l'islamisme.

CONSTITUTION PHYSIQUE.

1. Les tableaux statistiques font voir que la surface
des pays dont nous parlons entre pour plus des trois
quarts dans celle de l'empire Ottoman (Turquie d'Europe). Ils sont donc presque au delà d'un quart plus
vastes que ceux des Germano-Slaves.

2. Le climat y est variable, mais pour la plupart
salubre ; leur sol se distingue par sa fertilité, quoiqu'il
soit montagneux et mal cultivé.

3. Enfin, bien que deux mers et quelques fleuves
baignent ces pays, les voies de communication y sont
encore très-peu étendues.

INDUSTRIE ET PRODUCTIONS.

1. Les pays dont nous parlons, principalement agricoles, se distinguent des autres par quelques produits
du sol, tels que les vins, l'huile et certains minéraux
(sel).

2. Quant à leur industrie manufacturière, elle y est
encore fort arriérée ; cependant on voit que le commerce extérieur se trouve assez développé dans les villes
et les ports situés sur la mer Noire.

POPULATION.

1. Le chiffre de la population générale de ces pays entre
pour plus d'un tiers dans celui de la Turquie d'Europe ;

elle est donc comparativement bien moins élevée que
dans les pays des Germano-Slaves.

2. Quant à leur population relative, on la voit encore
inférieure à celle des derniers pays, car la différence
s'élève à plus des deux tiers.

3. Envisagés sous le rapport de leur origine, les habitants de ces pays sont pour la plupart Slaves (Illyriens),
et forment plus des cinq septièmes de la population
totale ; de sorte que les Roumains et les étrangers y sont
en minorité. Du reste, on a déjà observé que cette population, qui suit en général le culte grec-schismatique,
professe en partie l'islamisme.

4. De même que dans les pays germano-slaves, l'immense majorité des habitants forme ici la classe des
paysans ou cultivateurs ; cependant le chiffre des citadins et des propriétaires fonciers y est comparativement
plus considérable que dans les autres. Enfin, on voit
que les paysans y sont libres, et propriétaires des terres
cultivées.

FINANCES.

1. Le chiffre total des revenus fournis par les pays en
question entre pour plus d'un tiers dans le montant du
budget de la Turquie. Il est cependant à observer que le
chiffre de ce dernier n'est pas officiel, et qu'il comprend
seulement les recettes en numéraire.

2. Quant aux charges financières, elles y paraissent
comparativement plus élevées que dans certains pays des
Germano-Slaves ; mais la différence qui en résulte ne se
laisse pas établir avec précision.

FORCES MILITAIRES.

1. L'effectif des soldats fournis par les pays des Turco-Slaves entre pour un tiers environ dans le contingent militaire de la Turquie; cependant le chiffre de ce dernier, de même que celui des finances, n'est pas officiel.

2. Par ce motif, les charges militaires des pays en question ne se laissent pas évaluer avec précision, bien qu'elles paraissent plus élevées que dans les pays des Germano-Slaves.

3. Enfin, on voit que les places fortes y occupent presque toutes les bords de la mer Noire ou des lacs et des fleuves navigables.

§ 3.

I

HISTOIRE ET GÉNÉRALITÉS.

1. D'après ce qui a été dit sur les fastes des pays habités par les peuples germano-turco-slaves, on voit qu'ils furent presque tous envahis ou partagés par divers peuples voisins d'origine étrangère, tant mahométans que chrétiens. Ainsi leur passé ressemble à celui de la Russie et de la Pologne.

2. D'un autre côté, comme aujourd'hui ils font partie de trois États allemands et de la Turquie, l'état actuel de leurs habitants diffère sous plus d'un rapport de celui des pays qui précèdent.

En effet, on voit les Germano-Slaves se distinguer, sous ce rapport, soit par les institutions monarchiques plus ou moins tempérées qui les régissent, soit parce qu'ils professent pour la plupart les mêmes cultes chrétiens que les habitants des États dont ils dépendent.

Quant aux Turco-Slaves, leur état actuel paraîtra encore plus avantageux, si l'on prend en considération que les habitants de la Serbie (qui ne paient qu'un

12

tribut annuel à la Porte-Ottomane) jouissent d'une sorte d'indépendance politique, et possèdent des institutions nationales ; tandis que les autres conservent leurs anciennes institutions communales ou sont indépendants de fait.

3. Tous ces peuples conservent encore, il est vrai, leurs idiomes primitifs ; cependant, comme on les voit déjà en partie se trouver mêlés avec ceux des races étrangères (Allemands, Turcs) et professer leurs cultes (protestant, mahométan), on doit en conclure qu'ils se rapprochent sous ces rapports des Normando-Slaves (Russo-Moskovites) plutôt que des autres.

4. En résumé, bien que la nationalité des Turco-Slaves se distingue encore de celle des Germano-Slaves, elle le cède à la nationalité des Letto-Slaves.

II

CONSTITUTION PHYSIQUE.

En comparant la superficie territoriale des pays germano-turco-slaves à celle de la Russie d'Europe et de la Pologne, on voit qu'elle est inférieure tant à la première qu'à l'autre. Cependant, comme la surface réunie de tous ces pays présente un chiffre de cent sept mille habitants, quarante-neuf mille carrés géographiques, il en résulte qu'ils occupent plus des deux tiers de l'Europe.

III

INDUSTRIE ET PRODUCTIONS

Si les pays des Germano-Slaves ont, sous le rapport industriel, une supériorité incontestable sur ceux des Turco-Slaves et des autres peuples qui précèdent, on doit l'attribuer moins aux avantages de leur position géographique, qu'à leurs voies de communication plus étendues, et surtout à leur population, comparativement beaucoup plus nombreuse.

Du reste, le morcellement des pays habités par les Turco-Slaves entre aussi pour beaucoup dans cette différence, qui les fait rapprocher de la Pologne.

IV

POPULATION.

1. Comme le chiffre de la population des pays en question, est inférieur à celui de l'empire de Russie et de la Pologne, la différence qui en résulte s'explique surtout par leur étendue, comparativement moins considérable.

2. Quant à leur population relative, si l'on voit que les pays des Germano-Slaves surpassent, sous ce rapport, non-seulement les pays des Turco-Slaves, mais encore la Russie et la Pologne ; cette différence se laisse com-

prendre facilement en se rappelant que le développement de l'industrie est beaucoup plus considérable dans les premiers que dans les autres.

3. Pour ce qui concerne l'origine des habitants des mêmes pays, comme on voit les indigènes encore plus nombreux parmi les Turco-Slaves que parmi les Germano-Slaves, cette distinction s'explique surtout par le mélange plus prononcé de ces derniers avec les races étrangères, attendu que leur noblesse presque entière se trouve déjà germanisée. Ainsi les premiers paraissent s'approcher sous ce rapport des Letto-Slaves, et les autres des Normando-Slaves.

4. Enfin, si les paysans y sont partout plus nombreux que les habitants des villes et les propriétaires fonciers, cela doit être attribué au morcellement des mêmes pays, non moins qu'aux obstacles qui arrêtent le développement de leur industrie manufacturière et commerciale.

Cependant on les voit, sous ce rapport, se distinguer de la Russie d'Europe et de la Pologne, d'autant plus qu'excepté un certain nombre de colons militaires, ils n'ont point de paysans attachés à la glèbe.

5. En résumé, comme la population générale des Germano-Turco-Slaves, réunie à celle des pays qui précèdent, présentent un chiffre de plus de soixante-dix-neuf millions d'individus, on voit qu'elle entre pour presque un tiers dans le nombre total de la population européenne.

V

FINANCES.

1. Si les pays des Turco-Slaves présentent des revenus comparativement moins considérables que ceux des Germano-Slaves, on en doit attribuer la cause à leur industrie peu avancée, et à l'infériorité numérique de leur population.

Du reste, ce qui explique encore cette différence, c'est que le chiffre des finances de la Turquie (servant de base à nos calculs) n'est pas connu officiellement.

2. C'est au manque de ce chiffre, qu'il faut attribuer aussi la différence qu'on voit entre la moyenne des charges financières des Turco-Slaves, et celle des Germano-Slaves, ainsi que des habitants de la Russie et de la Pologne; en effet, cette moyenne étant encore plus élevée que dans certains de ces derniers pays, elle paraît d'autant moins exacte que la valeur des corvées et des objets fournis en nature ne s'y trouve point comprise.

3. La dette publique des pays germano-slaves étant confondue avec celle des trois États allemands, nous nous bornerons à rappeler que ceux des Turco-Slaves en sont pour la plupart libres. Ainsi donc ils se distinguent, sous ce rapport, non-seulement des premiers, mais encore des autres pays qui précèdent.

4. En définitive, comme les finances des pays germano-turco-slaves, réunies à celles de la Russie et de la Pologne, donnent un chiffre qui dépasse deux milliards

de francs par an, on voit qu'elles entrent pour plus d'un tiers dans le montant des revenus de tous les États européens.

Quant aux dettes de ces pays, ou plutôt des États dont ils font partie, réunies à celles des pays qui précèdent elles s'élèvent à plus de cinq milliards de francs; on les voit donc représenter une huitième partie de celles qui grèvent tous les États de l'Europe.

ARMÉES.

1. Si les contingents militaires paraissent comparativement plus élevés dans les pays des Turco-Slaves que dans ceux des Germano-Slaves, la différence qui en résulte (aussi bien que dans leurs charges militaires) s'explique par les mêmes raisons que celle de leurs finances.

2. En résumé, les contingents militaires des pays dont nous parlons, réunis à ceux de la Russie et de la Pologne, présentent en temps de paix un effectif de plus d'un million de combattants. Ainsi donc ils entrent pour plus d'un tiers dans le chiffre total des armées européennes.

FIN DE LA PREMIÈRE PARTIE

DEUXIÈME PARTIE

PAYS HABITÉS PAR LES PEUPLES

D'ORIGINE MAGYARE ET ROUMAINE

Ainsi que nous l'avons fait pour les pays compris dans la première partie de cet ouvrage, il nous paraît utile de dire ici quelques mots préliminaires sur les habitants des pays que nous allons passer en revue, sur leurs idiomes et sur leur littérature.

Après que le christianisme eut pénétré (IXe-Xe siècles) chez leurs habitants, il s'y forma des États plus ou moins indépendants, dont le principal était celui des Magyares. Ces derniers peuples envahirent ensuite les pays voisins, qui depuis relevèrent tantôt de la Hongrie et de la Pologne, tantôt de l'Autriche et de la Turquie.

13

Aujourd'hui, ces divers pays se divisent en deux parties, dont l'une, comprenant principalement la Hongrie, reconnaît la domination austro-allemande, tandis que l'autre, composée de la Moldavie et de la Valachie, est soumise à l'empire Ottoman.

Les idiomes des peuples qui habitent ces pays, sont au nombre de cinq, savoir :

1° Le *Magyare*, d'origine celtique ou finnoise, qui n'a rien de commun avec les quatre autres. En usage parmi les seuls Magyares (Hongrois), il compte de nombreux monuments littéraires qui remontent jusqu'au xe siècle. Sa littérature est encore peu développée, à cause de la concurrence que cet idiome eut à soutenir, pendant plusieurs siècles, avec le latin, devenu la langue officielle du pays. De nos jours, cependant, elle a pris un essor rapide, le latin se trouvant remplacé par l'idiome national.

2° Le *Tchèque* ;

3° L'*Illyrien* ;

4° Le *Vieux-Slavon*, ou langue liturgique de ceux qui professent le culte grec ;

Tous trois idiomes slaves dont on a parlé dans la partie précédente.

5° Enfin, le *Valaque*, qui dérive du latin et renferme plusieurs mots slaves. Les peuples d'origine roumaine s'en servent exclusivement ; mais sa littérature est encore moins développée que celle des Magyares.

CHAPITRE I.

HONGRIE (ROYAUME DE) ET PAYS ADJACENTS.

(Kroatie, Slavonie, Bannat, Transylvanie, Districts militaires, Boukowine.)

———————

Ces pays, au nombre de sept, se trouvent placés entre la mer Adriatique et le Danube (rive gauche) d'un côté, et les Karpathes de l'autre.

Ils occupent donc la partie orientale de l'Europe, située entre les 15e-24e degrés de longitude et 45e-49e degrés de latitude.

Nous allons retracer sommairement d'abord leur passé, ensuite leur état actuel.

§ 1er.

NOTICE HISTORIQUE.

L'histoire des peuples qui nous occupent se divise en trois périodes distinctes, savoir :

1° Depuis l'introduction du christianisme chez les Magyares ou Hongrois, jusqu'à l'extinction de la maison d'Arpade (994-1301);

2° De cette dernière époque jusqu'à l'avénement au trône de la maison d'Autriche (1301-1526);

3° De cet avénement jusqu'à nos jours (1526-1848).

Première période. Les Magyares tirent leur origine des anciens Huns ou des Finnois; vers la fin du ixe siècle ils occupaient déjà les contrées situées sur la rive droite du Danube, et connues, dans le moyen âge, sous le nom de *Dacie*. Peu de temps après, on les voit franchir ce fleuve, et s'établir au milieu de la *Pannonie*, et dans la partie de *Noricum* habitée par la population d'origine slave et roumaine. Comptant plusieurs tribus (Hongrois, Kumanes, Szekleres, etc.), les Magyares embrassent alors le christianisme et forment un État indépendant qui, quoique régi par les descendants de leurs anciens ducs, se trouvait divisé en plusieurs principautés ayant chacune ses chefs particuliers. Sous la conduite de ces derniers ils envahissent divers pays de l'Europe tant orientale qu'occidentale, et rendent l'Allemagne même leur tributaire pendant quelque temps.

Bien que les invasions des Magyares se fussent ralenties après leur conversion au christianisme, elles continuèrent à avoir lieu dans les pays voisins, dont les habitants d'origine slave et roumaine (Transylvanie, Kroatie, Slavonie, Bannat, Dalmatie), furent subjugués et traités en vaincus.

Au milieu de ces conquêtes, la Hongrie, ayant été envahie par les Mongols ou Tatares, se trouva à son tour saccagée et dévastée au point qu'elle eut beaucoup de peine à s'en relever.

Cependant, la période dont nous parlons est remarquable par les efforts que firent les habitants de Hongrie pour sortir de la barbarie dans laquelle ils étaient plongés.

C'est alors que leurs rois posèrent les premiers fondements d'un gouvernement représentatif, en soumettant à la décision des notables les affaires politiques et financières (1222), et que les étrangers (Allemands, Juifs) attirés dans ce pays par des priviléges avantageux, finirent par y répandre diverses branches d'industrie.

Deuxième période. La maison d'Anjou, de Naples, ayant succédé à celle d'Arpade (1301), Louis le Grand, l'un de ses descendants, allié à la dynastie de Piast, monta sur le trône de Pologne. Cette dernière maison se trouva bientôt remplacée par la famille des Luxembourg, qui portaient aussi la couronne de l'empire germanique.

Enfin, après avoir été occupée par diverses familles et entre autres par celle des Jagellons, qui régnait en Pologne et en Bohême, le trône de Hongrie revint à la maison d'Autriche.

En somme, cette période paraît d'autant plus malheureuse pour le royaume de Hongrie, que les pays qui en dépendaient se trouvèrent envahis, dévastés ou démembrés, non-seulement par les Turcs, mais encore par des peuples chrétiens, tels que les Italiens (Vénitiens) et les Allemands (Autrichiens).

D'un autre côté, le protestantisme s'étant en même temps répandu parmi les habitants, cet événement donna lieu à des troubles intérieurs non moins longs que sanglants.

Troisième période. Le règne de la maison d'Autriche, qui occupait simultanément le trône de la Bohême et celui de l'empire germanique, fut des plus orageux ; aussi ne dut-il d'abord son affermissement qu'à l'appui des Turcs. Toutefois, les chefs de cette maison ayant empiété sur les priviléges de la Hongrie, celle-ci devint le théâtre de nouveaux bouleversements.

Ces troubles s'apaisèrent, il est vrai, au commencement du XVIIe siècle, à la suite de pacifications (1606, 1645), et de décrets rendus par les diètes de la Hongrie (1622, 1647), qui obligèrent les nouveaux rois de donner satisfaction aux insurgés et d'accorder l'exercice public du culte protestant. Cependant, une lutte acharnée s'engagea peu de temps après, entre les mêmes souverains et leurs sujets, lutte dans laquelle ces derniers furent plus d'une fois soutenus par les Turcs et les Français. Elle ne finit qu'après la défaite des Turcs, à laquelle contribuèrent surtout les victoires remportées par l'illustre roi de Pologne, Sobieski, qui sauva l'Autriche et la chrétienté du joug de l'islamisme (1683).

De là le partage subi par le royaume de Hongrie (1526), partage à la suite duquel une de ses provinces, la Transylvanie, colonisée par les premiers rois chrétiens, fut incorporée à la monarchie autrichienne.

De là aussi le droit de succession que les diètes de Hongrie accordèrent aux chefs de la maison d'Autriche pour leurs descendants en ligne masculine et féminine (1687, 1722).

Vers la fin de la même période (1775), la maison d'Autriche se fit céder par la Turquie une partie de la Moldavie (Boukowine), province annexée depuis à la Galicie.

Ajoutons qu'aujourd'hui encore (1848) le royaume de Hongrie, avec les pays qui en relèvent (Kroatie, Slavonie, Bannat), est régi comme un État distinct et représentatif. Conformément à son ancienne constitution, la diète y vote les lois, les impôts et le contingent militaire, sauf la sanction de l'empereur d'Autriche comme roi du pays.

D'un autre côté, la condition des habitants d'origine slave et roumaine n'y étant point changée, il en résulte que les Magyares, qui sont libres de tout mélange étranger, possèdent la plupart des terres du pays et jouissent de certains priviléges, y compris l'exemption des charges publiques.

Ces immunités, jointes à la prépondérance de l'idiome magyare comme langue officielle, excitent de nos jours, au sein des habitants des autres races, une agitation d'autant plus vive que celles-ci forment la majorité de la population.

———————

§ 2.

NOTICES STATISTIQUES.

Les tableaux qui suivent font connaître sommairement l'état actuel des pays dont nous parlons.

TABLEAU DES PAYS HABITÉS PAR LES PEUPLES D'ORIGINE MAGYARE ET ROUMAINE, Y COMPRIS LES SLAVES.

PAYS.	DOMINATION.	CONSTITUTION PHYSIQUE.				INDUSTRIE. PRODUCTIONS.		POPULATION PAR RACES.					POPULATION par milles carrés.	IDIOMES et CULTES DES MASSES.	CLASSES PRINCIPALES.	
		Surface en milles carrés.	Situation et limites naturelles.	Climat et nature du sol.	Eaux et diverses voies de communication.	Agriculture, Manufactures, Commerce.	Villes principales et Ports.	Slaves.	Magyares.	Roumains.	Divers.	Ensemble.			Paysans.	Bourgeois et propriétaires fonciers.
1. HONGRIE (royaume de) y compris la Kroatie et la Slavonie, avec le Bannat.	Austro-Allemande.	4,060	Monts Karpathes et Alpes. Mer adriatique et Danube.	Climat assez rigoureux dans les montagnes, doux dans les plaines, et salubre. Sol montagneux, comprenant de vastes plaines, où il est très-fertile.	Mer Adriatique. Lacs Balaton et Ferto. Fleuves navig.: Danube, Theiss, Drave. Canaux: François, Béga, Berzava, Sarwitz. Routes pavées et ordinaires, laissant encore beaucoup à désirer.	Agriculture peu avancée (Chevaux, bétail, céréales, vins, bois, métaux précieux et autres, houille, sel). Manufactures peu nombreuses, (Articles de première nécessité, cuivre et cuivré, sucre de betterave, etc.) Commerce intérieur, extérieur et de transit assez avancé.	Nombre d'habitants. Pesth (capitale).... 70 mille Debreczin.... 45 Ofen (Buda). 30 Presbourg (Pesny)... 30 Brünn.... 19 Schemnitz.. 17 Agram, en Kroatie.. 14 Fiume (port sur l'Adria- tique).... 9 ——— 234	4,857,000	4,657,000	327,000	659,000	10,500,000	2,625	Idiomes magyare, tchèque, illyrien et valaque. Culte catho- lique- romain.	2/3	1/3
2. TRANSYLVANIE (grand duché de) et districts mi- litaires.	Idem.	1,645	Idem.	Climat rigoureux mais salubre. Sol montagneux et peu fertile.	Mer Adriatique. Fleuves: Danube, Marosz. Routes impraticables et quelques sentiers.	Agriculture presque nulle (Métaux précieux et autres, sel.) Manufactures peu nombreuses. Commerce intérieur et extérieur peu avancé.	Klausenbourg (capitale)... 20 Kronstadt... 36 Hermannstadt. 18 Bramchk... 7 Zeugh (port sur l'Adria- tique)... 5 ——— 89	1,341,900	815,910	434,000	783,110	3,374,920	2,051	Idem.	4/5	1/5
3. BOUKOWINE.	Idem.	178	Monts Karpathes, qui entourent le pays et le couvrent en partie.	Climat rigoureux mais salubre. Sol montagneux, couvert de forêts et fertile.	Fleuves: Pruth, Sereth. Routes peu praticables.	Agriculture peu avancée (Chevaux, bétail, céréales, maïs.) Manufactures en très-petit nombre, (Fourrures, cire.) Commerce intérieur et extérieur peu avancé.	Tchernowitz (capitale)... 9 Suczawa... 2 ——— 11	110,000	»	220,000	22,580	352,580	1,980	Idiome roumain et valaque. Culte grec schisma- tique.	4/5	1/5
TOTAUX GÉNÉRAUX.		5,823						6,308,900	5,472,910	981,000	1,464,690	14,227,500	2,443		5/5	2/5

Voir la suite au verso.

PAYS.	DOMINATION.	NOMBRE d'habitants imposables.	FINANCES ÉVALUÉES EN FRANCS.					CONTINGENT MILITAIRE en temps de paix.			PLACES FORTES.	PORT MILITAIRE.	OBSERVATIONS.
			Bases du calcul.	Recettes.	Valeur des corvées,etc.	Ensemble.	Dette publique	Bases du calcul.	Nombre de soldats.	Durée du service.			
1. HONGRIE (y compris la Kroatie et la Slavonie avec le Bannat).	Austro-Allemande.	7,000,000	Budget annuel qui, réparti sur la population imposable, donne en moyenne 24 fr. 47 c. par tête.	85,656,840	85,656,840	171,313,680	3 033 000 fr. pour le royaume de Hongrie, ou 2 f. 11 c. par tête, outre la dette de la monarchie autrichiénne.	Le contingent voté par la diète et qui, réparti sur la population imposable, donne un soldat par 106 habitants.	65,929	10 années	1. Szegedine , sur la Theiss. 2. Komorn , sur le Danube et le Waag. 3. Grosse-Wardein sur la Drave. 4. Kaschau, au pied des Karpates. 5. Esseg , sur la Drave.		
2. TRANSYLVANIE et districts militaires.		3,375,014	Moyenne qui, évaluée d'après le budget de la monarchie autrichienne, donne 20 fr. 34 c. par tête.	68,628,249	68,628,249	137,256,498	Comme en Autriche c'est-à-dire 65 f. 34 c. par tête.	Moyenne qui, comme en Autriche donne un soldat par 74 habitants.	45,618	14	1. Semlin , sur le Danube. 2. Pantchowa (Id.). 3. Peterwardein (Idem). 4. Zengh , sur la mer Adriatique.	Zengh.	Les colons militaires, au nombre de 50,000 environ , ne sont pas compris dans le chiffre des soldats.
3. BUKOWINE.		352,580	Idem.	7,171,477	71,71,477	14,342,954	Idem.	Idem.	4,756	14			
		10,727,594		161,456,566	161,456,566	322,913,132			116,303				

§ 3.

OBSERVATIONS.

————•◦•————

HISTOIRE ET GÉNÉRALITÉS.

De la notice historique qui précède, ressortent les faits suivants :

1. La Hongrie et les pays adjacents formaient d'abord des États plus ou moins indépendants et régis par des chefs héréditaires ou électifs; mais depuis le commencement du XVIᵉ siècle, ces États devinrent héréditaires dans la maison d'Autriche.

2. Dans le même temps, ils subirent un partage, par suite duquel on les voit divisés aujourd'hui (1848) en deux parties distinctes, mais soumises l'une et l'autre à la domination austro-allemande.

Quant au dernier de ces pays (Boukowine), annexé pour le moment à la Galicie, il figure ici parce qu'étranger à la Pologne, il n'a pu être compris dans le chapitre affecté à cet État.

3. Les habitants de tous ces pays sont de trois races différentes, qui, à l'exception des Magyares, se trouvent plus ou moins mêlées avec les autres.

D'un autre côté, les Slaves qui comptent deux nationalités distinctes (Bohêmes ou Tchèques et Illyriens), appartiennent aux mêmes branches que celles des pays germano-turco-slaves (voir le dernier chapitre de la partie précédente). Les Roumains établis en Hongrie appartiennent également à la même race que ceux des derniers pays et des autres qui sont l'objet du chapitre suivant.

Du reste, comme on l'a vu plus haut, ces trois peuples parlent chacun son idiome particulier, et professent pour la plupart le culte catholique-romain; il y a cependant parmi eux un assez grand nombre de grecs-schismatiques et de protestants. On compte aussi dans ces pays un nombre considérable d'habitants d'origine étrangère, tels que des Allemands, des Juifs, des Bohémiens ou Tsiganes, etc.

5. Enfin, les Magyares, pour la plupart propriétaires-fonciers, jouissent encore aujourd'hui de certains privilèges, d'où résulte le défaut d'harmonie entre cette race et les autres races qui forment la majorité des habitants.

CONSTITUTION PHYSIQUE.

Le tableau statistique fait voir :

1. Que l'étendue de la Hongrie et des pays adjacents (y compris la Boukowine), est de plus de cinq milles carrés géographiques, et qu'elle entre ainsi pour près de moitié dans celle de la monarchie autrichienne;

2. Que ces pays se trouvent placés entre la mer Adriatique, les Alpes et la rive gauche du Danube, tandis que les monts Karpathes les entourent ou les couvrent en grande partie; ils sont donc pour la plupart montagneux;

3. Que le climat en est salubre, quoique rigoureux

dans les montagnes, et que le sol n'est fertile que dans les plaines ;

4. Que, baignés en partie par la mer Adriatique, ces pays sont arrosés par plusieurs fleuves, dont les principaux, au nombre de trois, (Danube, Theiss, Marosz), sont liés par quelques canaux, et établissent communication avec la mer Noire par le Danube.

Du reste, il s'y trouve deux grands lacs, ayant chacun jusqu'à quarante milles carrés d'étendue, et dont l'un (Balaton) contient des eaux douces, l'autre (Ferto) des eaux salées.

Enfin, la navigation fluviale s'y trouve assez développée ; mais les routes solides manquent encore, de sorte que certaines contrées (Transylvanie) n'ont que des sentiers étroits et peu commodes.

INDUSTRIE ET PRODUCTIONS.

1. Bien que l'agriculture soit encore peu avancée dans le pays plat et presque nulle dans les parties montagneuses, les produits agricoles abondent en Hongrie et dans les pays adjacents, au point qu'ils dépassent presque partout les besoins de la consommation intérieure.

Ces produits consistent principalement en substances alimentaires et en matières premières; mais ceux qui constituent surtout la richesse du pays, ce sont les vins, dont on récolte annuellement plus de 18 millions de muids (barriques), le tabac et les métaux. Parmi les métaux, on remarque l'or, dont on extrait environ 8 quintaux par an, l'argent estimé à 500 quintaux, le cuivre à 40 mille quintaux, et une quantité considérable de sels.

2. L'industrie manufacturière, encore moins avancée que l'agriculture, se trouve en général entre les mains des habitants d'origine allemande. Aussi se réduit-elle à l'exploitation des métaux et à la fabrication des objets de première nécessité. Cependant, la Hongrie proprement dite compte plusieurs fabriques de sucre de betteraves.

3. Le commerce intérieur et extérieur, exploité en grande partie par les habitants d'origine étrangère (Allemands, Juifs), est assez développé dans plusieurs villes; mais le transit ne se fait que par le Danube. Ainsi ces pays, bien que principalement agricoles, sont pourtant assez familiarisés avec les autres branches de l'industrie.

POPULATION.

On voit encore par le tableau statistique :

1. Que la population générale de la Hongrie et des pays adjacents s'élève à plus de *quatorze millions* d'individus; qu'elle entre ainsi pour plus d'un tiers dans le chiffre total des habitants de la monarchie autrichienne; et que cependant la population relative des mêmes pays est inférieure de plus d'un quart à celle de la même monarchie.

2. Que l'immense majorité des habitants se compose de Magyares et de Slaves, ces derniers plus nombreux que les premiers; du reste, les Roumains n'entrent que pour un quatorzième, et les habitants d'origine étrangère que pour un dixième dans le

chiffre total de la population générale des habitants.

3. Les habitants des trois races indigènes parlent encore leurs idiomes particuliers, et professent pour la plupart le culte catholique-romain ou grec-schismatique; mais les protestants y sont assez nombreux.

4. Enfin les paysans et les colons militaires, formant dans ces pays plus des deux tiers de la population totale, sont de race slave et roumaine; tandis que le reste, composé des citadins, du clergé et des propriétaires fonciers, est en grande partie d'origine magyare ou étrangère.

FINANCES.

1. Le chiffre total des revenus fournis par les pays qui nous occupent, s'élève, y compris la valeur des corvées et des objets en nature, à plus de trois cents millions de francs par an; il entre donc pour plus d'un tiers dans le montant du budget de la monarchie autrichienne. Cependant, comme la Hongrie proprement dite avec la Croatie, la Slavonie et le Bannat, y figure pour plus de moitié, il s'ensuit que ce royaume contribue à peine pour un quart aux charges financières de la même monarchie.

2. Réparti sur la population imposable de la Hongrie, ce chiffre donne une moyenne de près d'un sixième plus élevée que dans les autres pays de la monarchie autrichienne, y compris la Transylvanie et les districts militaires. Il est cependant à observer que le clergé, les propriétaires fonciers (Magyares) et les colons militaires, qui y forment plus d'un quart de la

population totale, sont exempts de tout impôt, et que
les charges qui en résultent retombent ainsi exclusivement sur le reste des habitants, composé de paysans et
de citadins.

3. Quant à la dette particulière de la Hongrie, qui
ne donne en moyenne que deux francs onze centimes
par tête, elle est insignifiante comparativement à celle
de la monarchie autrichienne, laquelle, comme on l'a
vu, s'élève jusqu'à soixante-cinq francs cinquante centimes.

FORCES MILITAIRES.

1. Le contingent militaire de la Hongrie et des pays
adjacents entre pour plus d'un cinquième, en temps
de paix, dans celui de la monarchie autrichienne.

Toutefois, les colons militaires, au nombre d'environ
50,000, ne s'y trouvent pas compris, et ainsi le chiffre
du premier doit être fixé à environ un tiers.

2. Ce contingent, réparti sur la population imposable, donne une moyenne d'après laquelle la Hongrie
proprement dite ne fournit qu'un soldat par 106 habitants, et l'on a vu en outre que la durée du service y
est de dix ans seulement : il en résulte que les charges
militaires dans ce pays sont environ d'un tiers moins
élevées que dans les autres parties de la monarchie autrichienne.

3. Enfin les places fortes, au nombre de neuf, sont
pour la plupart situées sur les bords des principaux
fleuves; une seule occupe les rives de la mer Adriatique.

§ 4.

REMARQUES ET COMPARAISONS.

———————

I

HISTOIRE ET GÉNÉRALITÉS.

1. La notice historique qui précède fait connaître d'abord que la Hongrie, y compris les pays adjacents, forma pendant plusieurs siècles un royaume distinct, et que ce royaume, dans l'origine électif et indépendant, devint ensuite héréditaire dans la maison d'Autriche.

Elle montre de plus qu'aujourd'hui encore (1848) ce pays se trouve régi comme un État distinct et constitutionnel : dans son passé comme dans son état actuel, il diffère donc des autres pays qui précèdent.

Cependant la Hongrie offre, avec la Pologne et les pays habités par les Germano-Turco-Slaves, ce point de ressemblance qu'elle subit aussi, il y a plus de trois siècles, un partage à la suite duquel une partie considérable de son territoire fut incorporée à la monarchie autrichienne.

2. Quant aux habitants indigènes de ce royaume et des pays adjacents, comme les Slaves et les Roumains

divisés en trois nationalités s'y trouvent plus ou moins mêlés avec les races étrangères, il en résulte que les Magyares conservent mieux la pureté primitive de leur race et par conséquent leur homogénéité.

Du reste, le mélange des deux premiers peuples s'explique, en grande partie, par la condition différente dans laquelle ils sont placés depuis plusieurs siècles, c'est-à-dire par leur exclusion des priviléges, dont les Magyares seuls jouissaient ou jouissent encore.

Espérons que ces distinctions, si peu propres à cimenter l'union entre les trois races, disparaîtront bientôt, et qu'on évitera ainsi une collision fâcheuse pour la population du pays en général, collision dont les suites ne sauraient être prévues (1).

Conclusion. — En résumé, comparée aux pays qui font l'objet de la première partie, la Hongrie se distingue de la Russie d'Europe et des pays habités par les Germano-Slaves, non-seulement par son passé et par son état actuel, mais aussi par l'homogénéité mieux conservée d'une grande partie de ses habitants et par leur nationalité plus distincte.

(1) Le lecteur voudra bien se souvenir que ces lignes ont été écrites avant 1849.

II

CONSTITUTION PHYSIQUE.

1. D'après les notices statistiques qui précèdent, la surface territoriale de la Hongrie et des pays adjacents n'entrant que pour près de moitié dans la superficie totale de l'empire d'Autriche, on voit qu'elle est inférieure à celle des divers pays traités dans la partie précédente.

D'un autre côté, comme, réunie à l'étendue de ces derniers pays, la surface de la Hongrie, y compris la Transylvanie, etc., donne plus de 113 milles géographiques carrés, on voit aussi que, pris ensemble, tous ces pays occupent plus des deux tiers de l'Europe.

2. Si la Hongrie et les pays adjacents se distinguent des autres pays, soit par la salubrité de leur climat et la fertilité de leur sol, soit par le développement de leur navigation fluviale, ces avantages doivent être attribués à leur position géographique plus favorable et à la canalisation des eaux qui les arrosent.

Quant aux autres voies de communication, telles que les routes ordinaires, etc., leur infériorité s'explique surtout par la nature du sol en général montagneux.

III

INDUSTRIE ET PRODUCTIONS.

1. Si l'industrie agricole et l'industrie manufacturière sont encore peu avancées en Hongrie et dans les pays adjacents, on doit en attribuer la cause à l'infériorité de leurs voies de communication et au développement restreint de leur population. Sous ce double rapport, ils le cèdent ainsi à plusieurs des pays dont nous avons parlé, et surtout à ceux qu'habitent les Germano-Slaves.

2. D'un autre côté, comme on les voit se distinguer au contraire par la supériorité de quelques produits agricoles (vins, métaux, etc.) et par le progrès de leur commerce extérieur, cette distinction s'explique par la fertilité de leurs plaines, qui jouissent d'un climat plus favorable à la culture, et par le développement plus considérable de la navigation fluviale.

IV

POPULATION.

1. La population générale de la Hongrie et des pays adjacents n'entrant pas même pour moitié dans le chiffre total des habitants soumis à la domination autrichienne, on voit qu'elle est inférieure à celle de la

Russie d'Europe, de la Pologne et des pays habités par les Germano-Turco-Slaves.

2. Quant à la population relative, si elle est bien inférieure à celle des autres pays qui dépendent de l'Autriche, la différence doit surtout en être attribuée à l'état moins avancé de l'industrie indigène. Cependant la Hongrie proprement dite se distingue encore, sous ce rapport, de la Russie d'Europe, de la Pologne et des pays habités par les Turco-Slaves.

3. Comme les habitants d'origine étrangère n'entrent que pour environ un dixième dans le chiffre de la population générale de la Hongrie et des pays adjacents, on voit par là que l'immense majorité de leurs habitants se composent des indigènes des trois races.

Ainsi, envisagée sous le rapport de son origine, la population des mêmes pays se distingue de celle de la Russie d'Europe et des pays habités par les Germano-Slaves.

4. Enfin, si en Hongrie et dans les pays adjacents les paysans et les colons militaires forment encore l'immense majorité des habitants, et si cette majorité se compose surtout de Slaves et de Roumains, on doit en attribuer la cause principalement à l'état arriéré de l'industrie manufacturière, et aussi aux priviléges dont jouissaient et jouissent encore les Magyares et les étrangers.

Ce qui vient à l'appui de cette dernière assertion, c'est qu'on voit les Magyares et les étrangers former pour la plupart les deux autres classes : celle des habitants des villes et celle des propriétaires fonciers (y compris le clergé), lesquelles entrent pour deux septièmes dans le chiffre total de la population.

D'un autre côté, excepté un certain nombre de colons militaires, on n'y voit point de serfs attachés à la glèbe; avantage qui donne à la population de la Hongrie une supériorité incontestable sur celle de plus d'un pays précédent.

Conclusion. En résumé, les habitants de la Hongrie et des pays adjacents se distinguent des Normando-Slaves et des Germano-Slaves, par leur nationalité plus homogène non moins que sous plusieurs autres rapports.

Du reste, en réunissant leur population générale à celle des autres pays dont nous avons parlé, on voit qu'elle donne plus de quatre-vingt-treize millions d'individus, et entre par conséquent pour plus du tiers dans le chiffre total de la population européenne.

V

RESSOURCES FINANCIÈRES ET FORCES MILITAIRES.

FINANCES.

1. Si la Hongrie (royaume) ne contribue pas même pour un tiers aux finances de la monarchie autrichienne, c'est que le chiffre de son budget particulier, voté par la diète, est comparativement moins élevé.

2. D'un autre côté, comme la moyenne des charges financières y est plus élevée que dans les autres parties de cette monarchie, la différence qui en résulte s'explique par les exemptions dont profitent encore le clergé et les propriétaires fonciers, pour la plupart Magyares, ainsi que les colons militaires.

3. Du reste, ce royaume se distingue encore de certains pays précédents, non-seulement par la moyenne moins élevée de ses charges financières, mais encore par sa dette particulière, comparativement insignifiante.

Conclusion. Les revenus de la Hongrie et des pays adjacents, réunis à ceux des autres pays, donnent au delà de deux milliards de francs par an, c'est-à-dire plus du tiers du montant des finances de tous les États européens.

Quant à leur dette publique et réunie, elle entre pour plus d'un neuvième dans le chiffre des dettes dont se trouvent grevés ces mêmes États.

ARMÉES.

1. Si le contingent militaire de la Hongrie et des pays adjacents (y compris les colons militaires) entre à peine pour un tiers dans celui de la monarchie autrichienne, la cause en est la même que pour les finances : le chiffre des soldats voté par la diète se trouvant comparativement moins élevé.

2. Quant aux charges militaires de la Hongrie proprement dite, qui se montrent aussi moins onéreuses qu'en d'autres pays, cette différence s'explique par le

chiffre plus élevé des contingents et par la durée plus longue du service dans ces derniers pays.

Il est cependant à remarquer que cette différence serait plus considérable encore si, en Hongrie, quelques classes de la population n'étaient pas exemptes de toutes charges publiques, y compris le service militaire.

Conclusion. En résumé, le contingent militaire de la Hongrie (y compris les pays adjacents) et les contingents des autres pays présentent ensemble, en temps de paix, un effectif de plus d'un million de soldats.

Ils entrent donc pour plus d'un tiers dans le chiffre total des armées européennes.

CHAPITRE II

MOLDAVIE ET VALACHIE

§ 1er.

NOTICE HISTORIQUE.

Les habitants de la Moldavie et de la Valachie, soumis dans le moyen âge aux Bulgares et aux Hongrois,
commencèrent, vers la fin du xiiie siècle, à former deux
principautés distinctes qui, régies par leurs chefs indigènes (hospodars), furent tour à tour tributaires de la
Pologne et de la Hongrie. Subjugués au xvie siècle par
les Turcs, on voit ces deux principautés reconnaître
d'abord la suzeraineté de la Porte-Ottomane; puis l'une
d'elles (Moldavie) se trouver démembrée (1775) au
profit de l'Autriche (Boukowine) et de la Russie (Bessarabie).

Aujourd'hui elles continuent, d'après le traité d'An

drinople (1829), à rester tributaires de la Turquie, tout en étant régies par des gouvernements particuliers ayant pour chefs des hospodars nommés à vie par la Porte-Ottomane et par la Russie.

Chacun de ces hospodars est assisté d'un conseil composé des principaux habitants (boyards), lequel se constitue en cour souveraine pour les affaires judiciaires.

Les troupes indigènes veillent seules à la sûreté publique, et il n'est pas permis aux Turcs de tenir garnison dans aucune place forte de ces deux pays.

Quant à leurs habitants, qui tirent leur origine des anciens Daciens ou colons romains, ils sont tellement confondus avec les peuples voisins, que leur langue n'est qu'un mélange du latin et du slave. Ils professent presque tous le culte grec-schismatique; mais, outre les Slaves (Polonais, Russiens, Illyriens), il y a parmi eux beaucoup d'étrangers (Grecs, Arméniens, Juifs) qui habitent les villes et s'adonnent à l'industrie commerciale. On compte aussi un nombre considérable de Bohémiens ou Tsiganes, peuplade vagabonde qui commence aujourd'hui à se fixer définitivement dans ces pays.

Du reste, les nobles (boyards) et le clergé forment la première classe de la population; ils possèdent la plus grande partie des terres et sont libres de toutes charges publiques.

Les paysans et les colons étrangers y jouissent de leur liberté individuelle, seulement les premiers se trouvent soumis à la capitation.

§ 2.

NOTICES STATISTIQUES.

Les tableaux suivants présentent sommairement l'état actuel des deux pays dont nous parlons.

TABLEAU DES PAYS HABITÉS PAR LES PEUPLES D'ORIGINE MAGYARE ET ROUMAINE, Y COMPRIS LES SLAVES.

PAYS.	DOMINATION.	CONSTITUTION PHYSIQUE.				INDUSTRIE...		POPULATION PAR RACES.					IDIOME OFFICIEL et des masses.	CULTE des MASSES.	CLASSES PRINCIPALES.	
		Surface en milles carrés.	Situation et limites naturelles.	Climat et nature du sol.	Eaux et diverses voies de communication.	Agriculture, Manufactures, Com...	...es principales et Ports.	Slaves.	Roumains.	Divers.	Ensemble.	Par milles carrés.			Paysans.	Bourgeois et propriétaires fonciers.
MOLDAVIE (principauté tributaire de)		1,260	Karpathes, Pruth.	Climat rigoureux en hiver, chaud en été et assez salubre. Sol plat et couvert de forêts, mais fertile.	Fleuves : Pruth, Sereth. Routes peu praticables.	Agriculture peu... (Bétail, ... gibier, abeilles, ... vins, sel, ... Manufactures... (Fourrures, ... Commerce inté... extérieur et de... assez avancé.	Nombre d'habitants. ..., expl-... 40 m. ..., sur ...ssent ... Pruth, ... Sereth ... de Da-... le (port) 7 m.	50,000	1,200,000	150,000	1,400,000	1,111	Valaque.	Grec-schisma-tique.	$\frac{4}{6}$	$\frac{2}{6}$
	Turque ou Ottomane (féodale.)															
VALACHIE (principauté tributaire de)		2,040	Karpathes, Danube, Sereth.	Climat chaud, surtout en été, et peu salubre. Sol plat et marécageux, mais fertile.	Fleuves navig. : Danube, Sereth, Aluta. Routes peu praticables.	Agriculture peu... (Bétail, ... gibier, abeilles, ... vins, sel, ... fruits du sol, marbre, métaux. Manufactures anci... (Fourrures, ... Commerce intérie... extérieur et de trans... peu avancé.	...rest, ca-... ale... 70 m. ...tany... 6 ...wiza... 5 ...jugos, sur ...Danube.. 8	100,000	2,000,000	200,000	2,300,000	1,127	Idem.	Idem.	$\frac{4}{6}$	$\frac{2}{6}$
	TOTAUX 3,300						138 m.	150,000	3,200,000	350,000	3,700,000	1,121			$\frac{2}{3}$	$\frac{1}{3}$

Voir la suite au verso.

RECHERCHES SUR LES PEUPLES

PAYS.	DOMINATION.	NOMBRE d'habitants imposables.	FINANCES ÉVALUÉES EN FRANCS				CONTINGENT MILITAIRE EN TEMPS DE PAIX.		OBSERVATIONS.
			Bases du calcul.	Recettes.	Valeur des corvées, etc.	Ensemble.	Dette publique.	Bases du calcul.	Nombre de soldats fournis.	
MOLDAVIE (principauté tributaire de).	Turque (féodaie).	1,170,000	Chiffre de son budget qui, réparti sur sa population imposable, donne 4 f. 96 c. par tête.	2,900,000	2,900,000	5,800,000	Aucune, excepté le tribut annuel de 162,000 piastres, ou 108,262 fr.	Contingent de la milice régulière qui, réparti sur la population imposable, donne 532 habitants pour un soldat en Moldavie et 417 en Valachie.	2,200	Il n'existe aucune place forte dans ces deux pays.
VALACHIE (principauté tributaire de).		1,916,067	Chiffre de son budget qui, réparti sur sa population imposable, donne 5 f. 84 c. par tête.	5,600,000	5,600,000	11,200,000	Aucune, excepté le tribut annuel de 165,000 piastres turques, ou 112,744 fr.		4,600	
TOTAUX...		2,086,067		8,500,000	8,500,000	17,000,000			6,800	

214

§ 3.

———•◦•———

I

HISTOIRE ET GÉNÉRALITÉS.

1. On a vu que la Moldavie et la Valachie forment, depuis les temps les plus reculés, deux principautés distinctes, et que ces pays relevant d'abord des divers États chrétiens, sont, depuis leur conquête par les Turcs., tributaires de l'empire Ottoman, sauf les parties de la Moldavie détachées au profit de l'Autriche et de la Russie.

2. Bien que tirant leur origine des anciens Daciens (colons romains), les habitants de ces deux pays se mêlent et se confondent avec les Slaves, de sorte qu'entre eux et ces derniers la différence devient de plus en plus insensible, même pour l'idiome.

3. Enfin, aujourd'hui on les voit régis par des institutions nationales, ce qui rend leurs gouvernements presque indépendants. Cependant les notables et le clergé, qui forment à peu près une sixième partie de la population, conservent encore certains priviléges, notamment l'exemption des charges publiques.

II

CONSTITUTION PHYSIQUE.

1. La surface de ces pays, dépassant 3,000 milles carrés géographiques, entre ainsi pour plus d'un tiers dans la superficie totale de la Turquie d'Europe.

2. Entourés par les Karpathes, le Pruth et le Danube, ces mêmes pays jouissent d'un climat varié et possèdent un sol assez fertile, quoique en partie couvert de forêts ou de marais. Sous le rapport de la salubrité, ils laissent beaucoup à désirer, surtout dans les plaines.

3. Ils sont arrosés par quelques fleuves, dont le principal, le Danube, se jette dans la mer Noire et acquiert chaque jour plus d'importance par sa navigation; les routes ordinaires y sont encore peu praticables.

III

INDUSTRIE ET PRODUCTIONS.

Les produits agricoles de la Moldavie et de la Valachie, qui consistent surtout en substances alimentaires, deviennent l'objet d'un commerce actif dans quelques villes principales, dont l'une (Galacz) est le port spécial. Cependant l'industrie manufacturière y reste encore arriérée.

IV

POPULATION.

1. D'après les chiffres cités plus haut, on voit que la population générale de la Valachie dépasse de plus d'un tiers celle de la Moldavie, et que ces deux populations réunies entrent pour plus d'un tiers dans le chiffre des habitants de la Turquie d'Europe.

Toutefois la population relative de la Moldavie ne présente qu'une infériorité peu considérable sur celle de la Valachie.

3. L'immense majorité des habitants se compose d'indigènes (Valaques, Slaves), qui professent le culte grec-schismatique; le nombre des étrangers n'entre que pour un dixième dans le chiffre total de la population.

4. Enfin les paysans, qui forment la majorité de la population, s'adonnent à l'agriculture et sont libres personnellement; quant aux autres classes, elles n'entrent que pour un tiers dans le nombre total des habitants.

V

RESSOURCES FINANCIÈRES ET FORCES MILITAIRES.

FINANCES.

Le chiffre moyen des revenus annuels dans ces pays, y compris la valeur des corvées et des objets fournis en nature, n'est que de 4 à 5 francs par tête. Toutefois, comme le clergé et les nobles (boyards) sont exempts de tout impôt, il en résulte que les autres classes de la population, qui en forment les cinq sixièmes à peu près, supportent exclusivement cette charge.

2. Du reste, la Moldavie et la Valachie ne sont grevées d'autres dettes que le tribut annuel, qui donne à peine 61 centimes par tête.

ARMÉES.

1. Les forces armées consistent en milices régulières ; et le chiffre de ces milices, comparé à celui de la population, ne donne en moyenne qu'un soldat sur 417 habitants en Valachie, et sur 532 en Moldavie. Observons cependant que, par les motifs allégués pour les finances, ces milices se recrutent exclusivement parmi les classes inférieures de la population.

§ 4.

REMARQUES ET COMPARAISONS.

I

HISTOIRE ET GÉNÉRALITÉS.

1. La Moldavie et la Valachie, conquises il y a plus de trois siècles par les Turcs, furent morcelées ensuite, comme on vient de le voir, au profit de deux États voisins. En cela leur passé ressemble donc à celui des autres pays qui précèdent.

2. Si une différence notable se remarque dans leur état actuel, on doit l'attribuer surtout aux gouvernements nationaux qui les régissent et assurent aux habitants une sorte d'indépendance et de liberté politique. Envisagés à ce point de vue, ces habitants se distinguent ainsi des peuples des pays qui précèdent, excepté la Serbie et la Hongrie.

3. D'un autre côté, comme certaines classes de la population conservent encore leurs anciens priviléges au préjudice des autres classes, les mêmes pays paraissent le céder, sous ce rapport, à l'organisation sociale de ceux dont nous avons parlé.

Conclusion. En résumé, bien qu'appartenant à la seule race roumaine, les Moldo-Valaques ne possèdent pas encore des éléments de nationalité si distincts que certains peuples des pays dont nous nous sommes occupés précédemment. Aussi paraissent-ils, sous ce rapport, se rapprocher davantage des Normando-Slaves et des Germano-Slaves.

11

CONSTITUTION PHYSIQUE.

1. Comme la superficie de la Moldavie et de la Valachie entre pour environ un tiers dans celle de la Turquie d'Europe, on voit qu'elle est inférieure à celle des divers autres pays. Il est toutefois à observer que l'étendue de la Turquie n'a pu être parfaitement constatée, et que par conséquent la comparaison ne saurait être considérée comme absolument exacte.

On voit, en outre, que ces deux pays, réunis à tous les autres, occupent plus des deux tiers de l'Europe.

2. La Moldavie et la Valachie jouissant d'un climat varié, diffèrent sous ce rapport de la Russie d'Europe et des pays qu'habitent les Germano-Slaves. Quant à l'insalubrité d'une partie de la Valachie, elle s'explique principalement par le sol marécageux qui y domine.

D'un autre côté, la grande fertilité de ces contrées se comprend facilement, en remarquant que le climat favorise la culture beaucoup plus que dans les autres pays.

3. Enfin, l'infériorité des voies de communication doit surtout être attribuée aux difficultés qui naissent d'un sol marécageux et couvert de forêts.

III

INDUSTRIE ET PRODUCTIONS.

1. Si la Moldavie et la Valachie, principalement agricoles, se distinguent soit par le produit de quelques substances alimentaires, notamment les vins, soit par le développement du commerce extérieur, ces avantages s'expliquent surtout par leur position géographique et la nature de leur sol.

2. Quant à l'industrie manufacturière, son infériorité relative doit être attribuée tant au mauvais état des routes, qu'au nombre encore insuffisant des habitants.

IV

POPULATION.

1. Bien que la population générale des deux principautés entre pour plus d'un tiers dans celle de la Turquie d'Europe, le chiffre en est cependant inférieur au nombre des habitants des divers autres pays.

2. Quant à la population relative, également inférieure, sauf toutefois dans l'empire de Russie et les pays des Turco-Slaves, elle s'explique bien par l'état arriéré de l'industrie agricole et manufacturière dans ces principautés.

3. Enfin, les habitants de la Moldavie et de la Valachie se distinguent de ceux de divers autres pays, en ce qu'ils comptent un nombre plus considérable d'indigènes, et que les paysans jouissent de la liberté personnelle.

Conclusion. En définitive, bien que, sous le rapport de leur nationalité et de l'homogénéité de leur race, les Moldo-Valaques soient inférieurs aux Letto-Slaves et aux Turco-Slaves, on voit qu'ils possèdent certains avantages sur les autres peuples. Du reste, leur population générale, réunie à celle de tous les autres pays qui font l'objet de cet ouvrage, présente une masse de plus de quatre-vingt-seize millions d'individus : elle entre donc pour près de moitié dans le chiffre total de la population européenne.

V

RESSOURCES FINANCIÈRES ET FORCES MILITAIRES.

FINANCES.

1. On a vu que la moyenne des revenus de la Moldavie et de la Valachie est bien inférieure à celle des autres
pays : la cause doit en être attribuée principalement à
ce que le montant des budgets s'y trouve comparativement moins élevé. Il faut observer toutefois que cette
différence serait encore plus sensible, si certaines classes
de la population n'étaient exemptes des charges publiques.

2. Ce qui donne encore à ces deux principautés un
avantage sur les autres États, c'est qu'à l'exception
d'un faible tribut annuel, comme en Serbie, elles ne sont
grevées d'aucune dette publique.

Conclusion. En résumé, la Moldavie et la Valachie se
distinguent des pays précédemment examinés, excepté
la Serbie, par une meilleure situation financière.

Les revenus de tous ces pays donnant ensemble au
delà de deux milliards de francs par an, entrent pour
plus d'un tiers dans le chiffre des finances de tous les
États européens.

D'un autre côté, comme les dettes des États dont
ces mêmes pays font partie s'élèvent à plus de cinq
milliards de francs, on voit qu'elles représentent, ainsi

que nous l'avons déjà observé dans le chapitre précédent, une huitième partie des dettes dont se trouve grevé l'ensemble des États européens.

ARMÉES.

1. Si les charges militaires sont comparativement moins élevées en Moldavie et en Valachie que dans les autres pays qui nous occupent, cette différence s'explique par le contingent peu élevé de leurs milices régulières ; et elle serait encore plus considérable si certaines classes de la population n'y étaient exemptes du service militaire.

2. Les contingents militaires de ces deux pays et des pays précédemment examinés, présentent ensemble, en temps de paix, un effectif de plus de douze cent mille soldats. Ce chiffre représente donc au delà du tiers des armées européennes.

3. Enfin, si l'on réfléchit qu'en temps de guerre cet effectif pourrait être plus que doublé, on voit combien se trouvent fondées les remarques que nous avons faites dans la première partie (page 151), sur les suites qui, dans ce dernier cas, résulteraient d'une telle situation pour les habitants des mêmes pays et pour toute l'Europe continentale.

FIN.

TABLEAUX SYNOPTIQUES

DES PAYS HABITÉS PAR LES PEUPLES

D'ORIGINE SLAVE, MAGYARE ET ROUMAINE

I

CONSTITUTION PHYSIQUE,

INDUSTRIE,

VILLES PRINCIPALES ET PORTS.

(1848)

NOMS des PAYS.	DOMINATION.	CONSTITUTION PHYSIQUE. SURFACE EN MILLES CARRÉS. *		CLIMAT.	NATURE du SOL.	EAUX et DIVERSES VOIES de communication.	INDUSTRIE AGRICOLE.	MANUFACTURIÈRE.	COMMERCIALE.	VILLES PRINCIPALES ET PORTS. Nombre de villes.	Nombre de ports.	OBSERVATIONS.
		Partielle.	Totale.									
Russie d'Europe (empire).	Russo-Moskowite.	»	82,366	Rigoureux et insalubre en partie.	Plat et peu fertile.	Quatre mers, plusieurs lacs et fleuves navigables, quelques canaux; routes pavées et ordinaires, un chemin de fer.	Arriérée.	Peu avancée.	Peu avancée.	20	9	* Les milles adoptés ici et dans l'ouvrage sont les milles d'Allemagne de 15 au degré, équivalant chacun à 7,406 kilomètres.
Pologne (ancien royaume)	Russo-Moskowite, Austro et Prusso-Allemande	»	13,280	Tempéré et salubre.	Plat et fertile.	Une mer, cinq fleuves navigables, cinq canaux; routes pavées et ordinaires, un chemin de fer.	Peu avancée.	Idem.	Idem.	14	3	
Bohême, Moravie, etc.	Austro-Allemande.	3,997		Variable mais salubre.	Montagneux et peu fertile.	Une mer, deux fleuves navigables; routes pavées et ordinaires, plusieurs chemins de fer.	Avancée.	Avancée.	Assez avancée.	7	1	
Silésie et Luzace.	Prusso et Saxo-Allemande.	1,220	5,217	Idem.	Idem.	Un fleuve navigable; routes pavées et ordinaires, chemins de fer.	Idem.	Idem.	Idem.	6	»	
Serbie, Bulgarie, etc.	Turco-Ottomane (féodale en partie).	»	6,980	Variable et salubre en partie.	Montagneux et fertile, mais peu cultivé.	Deux mers, un lac et quatre fleuves navigables; routes ordinaires peu praticables.	Peu avancée.	Peu avancée.	Peu avancée.	13	2	
Hongrie (royaume), Transylvanie, etc.	Austro-Allemande.	»	5,823	Rigoureux dans les montagnes, mais doux dans les vallées, et salubre.	Montagneux et en général fertile.	Une mer, deux lacs, quatre fleuves navigables; quatre canaux; routes ordinaires peu praticables.	Idem.	Idem.	Assez avancée.	15	2	
Moldavie et Valachie (principautés tributaires).	Turco-Ottomane (féodale.)	»	3,300	Variable et peu salubre.	Plat et marécageux, mais fertile.	Quatre fleuves peu navigables; routes ordinaires pour la plupart impraticables.	Idem.	Idem.	Idem.	6	1	
TOTAUX.....			116,966							81	18	

ÉTENDUE DES ÉTATS EUROPÉENS

dont font partie les pays compris dans le tableau d'autre part.

(1848)

ÉTATS.		SURFACE EN MILLES CARRÉS.		OBSERVATIONS.
NOMS.	GOUVERNEMENTS.	Partielle.	Totale.	
1. RUSSIE D'EUROPE (empire de).	Autocratie illimitée dans le temporel et le spirituel.	»	92,686	
2. AUTRICHE (empire d').	Monarchie absolue dans le temporel et en partie constitutionnelle.	12,130		La surface de certains pays composant cette monarchie n'a pu être parfaitement constatée.
3. PRUSSE (royaume de).	Monarchie tempérée.	5,077	17,478	
4. SAXE (royaume de).	Monarchie constitutionnelle.	271		
Ensemble.			110,164	
Pour les autres États européens.			54,836	Y compris la Turquie, dont la surface n'a pu être parfaitement constatée.
TOTAL GÉNÉRAL.			156,000	

II

POPULATION,

IDIOMES,

CULTES ET CLASSES SOCIALES.

(1848)

	PAYS.			NOMBRE D'HABITANTS					par mille carré.	IDIOMES		CULTES		CLASSES ou conditions sociales.		OBSERVATIONS.
		SURFACE EN MILLES CARRÉS		PAR RACES.												
NOMS.	DOMINATION.	Partielle.	Totale.	Slaves.	Magyares.	Roumains.	Divers.	Ensemble.		OFFICIELS.	DES MASSES.	DOMINANTS OU OFFICIELS.	PROFESSÉS par LES MASSES.	PAYSANS.	BOURGEOIS, citadins et propriétaires fonciers.	
RUSSIE d'Europe (Empire de).	Russo-Moskovite.	»	82,360	34,000,000	»	500,000	6,908,000	41,408,0	505	Moskovite.	Moskovite, Polonais-Russien.	Greco-Russe, doublement schismatique et politique.	Greco-Russe.	$\frac{1}{6}$	$\frac{1}{9}$	Parmi les paysans, les serfs attachés à la glèbe comptent pour $\frac{9}{15}$
POLOGNE, Lithuanie, etc. (ancien royaume).	Russo-Moskovite. Austro-Allemande. Prusso-Allemande.	10,320 1,520 1,440	13,280	11,092,370 4,508,000 1,379,150 16,919,520	» » »	» » »	3,059,630 466,000 1,554,850 5,080,480	22,00	1,272 3,273 2,051 1 037	Idem. Allemand. Idem.	Polonais et Russien. Polonais. Idem. Polonais et Allemand.	Greco-Russe, Catholique-romain, Protestant.	Catholique-romain et Protestant.	$\frac{11}{15}$	$\frac{1}{15}$	Idem pour $\frac{4}{9}$
BOHÈME, Moravie, etc.	Austro-Allemande.	3,997		6,184,170	»	»	2,745,830		2,229	Allemand.	Tchèque, Illyrien et Allemand.	Catholique-romain.	Catholique-romain et Protestant.	$\frac{1}{8}$	$\frac{1}{8}$	
SILÉSIE et Luzace.	Prusso et Saxo-Allemande.	1,200	5,217	1,200,000 7,384,170	»	»	1,300,000 4,045,830	11,43	2,060 2,194	Idem.	Polonais-Allemand.	Protestant.	Protestant.	$\frac{2}{8}$	$\frac{1}{8}$	
SERBIE (principauté tributaire), Bulgarie, etc.	Turco-Ottomane (féodale en partie).	»	6,980	3,700,000	»	100,000	400,000	4,20	602	Illyrien.	Turc.	Grec-schismatique et Mahométan.	Grec-schismatique et Mahométan.	$\frac{4}{5}$	$\frac{1}{5}$	
HONGRIE (royaume), Transylvanie, etc.	Austro-Allemande.	»	5,823	6,308,900	5,472,900	991,000	1,454,800	14,22	2,442	Magyare.	Tchèque, Illyrien, Magyare et Valaque.	Catholique-romain.	Catholique-romain.	$\frac{4}{5}$	$\frac{1}{5}$	Parmi les paysans les colons militaires comptent pour 50,000 hommes.
MOLDAVIE et VALACHIE, (principautés tributaires).	Turco-Ottomane (féodale).	»	3,800	150,000	»	3,200,000	350,000	3,70	1,121	Valaque.	Valaque.	Grec-schismatique.	Grec-schismatique.	$\frac{2}{5}$	$\frac{1}{5}$	
TOTAUX		116,966		68,462,590	5,472,900	4,791,000	18,239,120	96,96	929							

Voir d'autre part l'annexe au présent tableau.

POPULATION des États européens dont font partie les pays compris dans le tableau d'autre part (1848).

ÉTATS.		SURFACES EN MILLES CARRÉS.		NOMBRE D'INDIVIDUS.		RACES ET NATIONALITÉS		IDIOMES		CULTES		OBSERVATIONS
Noms.	Gouvernements	Partielle.	Totale.	Total.	Par mille carré.	Dominantes.	Assujetties.	Officiels.	des Masses.	Dominants ou Officiels.	professés par les Masses.	
1 RUSSIE D'EUROPE (empire).	Autocratie illimitée dans le temporel et le spirituel.	»	92,686	55,500,000	599	Normando-Slaves (Russo-Moskovites).	Letto-Slaves Roumains, etc.	Moskovite.	Moskovite, Polonais, Russien.	Greco-Russe doublement schismatique et politique.	Greco-Russe	
2 AUTRICHE (empire).	Monarchie absolue dans le temporel ; constitionnelle en Hongrie.	12,130		37,000,000	3,050	Allemandes.	Letto-Slaves Germano-Slaves, Magyares, Roumains.	Allemand et Magyare.	Polonais, Russien, Tchèque, Illyrien, Magyare, Valaque, Allemand.	Catholique-romain.	Catholique-romain.	
3 PRUSSE (royaume).	Monarchie tempérée.	5,077	17,478	14,300,000	2,815	Idem.	Letto-Slaves et Germano-Slaves.	Idem.	Polonais, Allemand.	Protestant.	Catholique-romain et Protestant.	
4 SAXE (royaume).	Idem.	271		1,700,000	6,273	Idem.	Germano-Slaves.	Idem.	Illyrien, Allemand.	Idem.	Idem.	
ENSEMBLE		110,164		108,500,000	1,067							Y compris la Tu quie dont la po pulation n'a p être parfaite ment constaté
Pour les autres États européens .		54,836		121,500,000	2,217	. . . .	. . .				. . .	
TOTAL GÉNÉRAL		165,000		230,000,000	1,394							

(États faisant partie de la Confédération germanique.)

III

RESSOURCES FINANCIÈRES

ET

FORCES MILITAIRES.

(1848)

PAYS.	DOMINATION.	NOMBRE des HABITANTS imposables.	FINANCES ÉVALUÉES EN FRANCS. CHIFFRES RONDS.					FORCES MILITAIRES EN TEMPS DE PAIX.						PLACES FORTES.	PORTS MILITAIRES.	OBSERVATIONS.
			REVENUS ANNUELS.				DETTE PUBLIQUE moyenne par tête.	GROUPES DE TERRE ET DE MER.								
			Recettes.	Valeur des corvées et des objets en nature.	Ensemble.	Moyenne par tête.		Nombre de soldats.	Nombre d'habitants pour un soldat.	Durée du service.	Vaisseaux.	Frégates.	Bâtiments inférieurs.			
			millions.	millions.	millions.	f. c.	f.			années.						
RUSSIE D'EUROPE	Russo-Moskovite.	39,908,000	285	570	855	21 44	35	806,700	34	de 22 à 25	45	30	128	6	6	
POLOGNE.	Russo-Moskovite, Austro et Prusso-Allemande.	22,000,000	257	372	629	28 68	Indé-terminé.	301,730	de 31 à 74	de 3 à 25	»	»	»	10		
BOHÊME, MORAVIE, STYRIE, etc.	Austro-Allemande.	8,920,000	182	182	364	20 34	65	120,946	74	14	»	»	»	6		
SILÉSIE et LUZACE.	Prusso et Saxo-Allemande.	2,500,000	36	36	72	29 32	29 à 36	25,789	de 117 à 121	3	»	»	»	4		
SERBIE, BULGARIE, etc.	Turco-Ottomane (en partie féodale).	4,200,000	86	»	86	4 25	Nulle excepté le tribut de la Serbie.	93,333	de 45 à 75	Indé-terminée.	»	»	»	11		
HONGRIE, TRANSYLVANIE, etc.	Austro-Allemande.	10,727,694	161	161	322	20 à 24 47	2 à 65	106,203	de 74 à 106	de 10 à 14	»	»	»	9	1	
MOLDAVIE et VALACHIE.	Turco-Ottomane (féodale).	2,086,067	8 1/2	8 1/2	17	4 à 5 34	Nulle excepté le tribut annuel.	4,800	de 417 à 532	Indé-terminée.	»	»	»			
TOTAUX. . . .		90,351,751	1,015 1/2	1,329 1/2	2,345	25 91		308,401			45	30	128	46	10	

(Voir d'autre part l'annexe au présent tableau.)

RESSOURCES FINANCIÈRES et FORCES MILITAIRES des États européens font partie les pays compris dans le tableau d'autre part (1848).

États faisant partie de la Confédération germanique.

ÉTATS.	Gouvernements	NOMBRE D'HABITANTS.		FINANCES ÉVALUÉES EN FRANCS.				DETTE	CONTINGENT MILITAIRE EN TEMPS DE PAIX.			MARINE.			PLACES fortes.	PORTS militaires.	OBSERVATIONS.
		PARTIEL.	TOTAL.	Recettes.	VALEUR des corvées, etc.	Ensemble.	moyenne par tête	montant.	NOMBRE de ... habitants.	NOMBRE d'habitants pour un soldat.	DURÉE du service.	Vaisseaux.	Frégates.	Bâtiments Inférieurs.			
		millions	millions	millions	millions	millions		millions			années.						
RUSSIE D'EUROPE (empire de).	Autocratie illimitée dans le temporel et le spirituel.	»	55 $\frac{10}{20}$	400	800	1,200	21 f. 80	1,750	...,000	34	de 22 à 25	45	30	128	12	6	
AUTRICHE (empire de).	Monarchie absolue et en partie constitutionnelle.	37	»	380	380	760	20 34	2,425	...,000	74	14	»	3	54	15	3	Y compris les colons militaires.
PRUSSE (royaume de).	Monarchie tempérée.	14 $\frac{6}{20}$	»	209 $\frac{10}{20}$	209 $\frac{10}{20}$	419	29 32	518	...,000	117	3	»	»	»	14	2	Non compris la milice (Landwehr) au nombre de 250,000 hommes.
SAXE (royaume de).	Monarchie constitutionnelle.	1 $\frac{14}{20}$	53	21 $\frac{10}{20}$	21 $\frac{10}{20}$	43	25 »	56	...,000	121	3	»	»	»	»	»	
ENSEMBLE		108 $\frac{10}{20}$	1,011	1,411	2,422	22 32	4,752	...,000	83	de 3 à 22	45	33	182	41	11		
Pour les autres États de l'Europe . . .		121 $\frac{10}{20}$	«	»	2,578	»	33,248	...,000	»	»	188	287	636	»	»	Y compris la Turquie dont les limites n'ont pu être constatées.	
TOTAUX GÉNÉRAUX		230	»	»	5,000	21 74	38,000	...,000	92	»	333	320	818	»	»		

Voir le Nota d'autre part.

NOTA. — Nous croyons devoir faire connaître ici (d'après *la Civilisation*, journal de Bruxelles, juin 1850) la dette publique de chacun des États européens; on verra par là que nos chiffres ne sont pas exagérés.

« Grande-Bretagne.	1849	19,737,578,549
« France	1846	6,235,980,120
« Pays-Bas.	1848	2,620,421,813
« Autriche , ...	1848	3,213,200,000
« Prusse	1849	627,550,000
« Russie	1849	1,335,950,000
« Belgique	1848	606,969,472
« Sardaigne	1849	380,000,000
« Espagne	1844	4,496,800,000
« Portugal	1845	458,800,000
« États germaniques, « sauf l'Autriche et « la Prusse.		848,000,000

La valeur de la monnaie en papier non comprise.

« Les intérêts de cette dette s'élèvent à près de deux « milliards annuellement. C'est le produit de quatre « millions d'hommes gagnant chacun 500 f. par an. »

NOTES

ET

PIÈCES JUSTIFICATIVES

NOTE PRÉLIMINAIRE.

Nous donnons ici, dans des notes assez étendues, les considérations et les développements qui, d'après le cadre que nous nous étions tracé, n'auraient pu trouver leur place dans le texte, sans le surcharger et l'obscurcir.

Elles consistent, pour la plupart, en citations d'écrivains distingués et en reproductions de documents officiels, qui viennent appuyer, développer ou compléter les assertions et conclusions de l'auteur.

Ces notes sont classées dans l'ordre même des diverses divisions de l'ouvrage. — En tête de chacune se trouve l'indication des pages du livre auxquelles elles se rattachent, pour que le lecteur puisse toujours les rapprocher du texte même.

NOTES DE LA PREMIÈRE PARTIE.

SUR LE CHAPITRE Ier.
(EMPIRE DE RUSSIE.)

---

§ 1er. — NOTICE HISTORIQUE.

NOTE Ire. — Pages 14 et 64. — *Origine de l'autocratie*

L'esprit de liberté régnait partout en Russie avant l'invasion de Baty ; il ne peut même disparaître pendant cette époque de malheurs publics ; toutefois il s'affaiblit peu à peu.

La liberté du peuple ne peut exister là où le pouvoir qui gouverne est esclave d'un pouvoir étranger. Les princes étaient abreuvés d'humiliations dans l'*Orda* (horde) par leurs suzerains ; mais ils s'en retournaient munis de pleins pouvoirs de khans et commandaient à leurs sujets avec plus de hardiesse qu'au temps de l'indépendance nationale. Accablé par l'oppression des barbares, on ne songea plus qu'à sauver sa vie et sa fortune, et on oublia les droits civils. Les princes moskovites profitèrent de ces circonstances et de cette disposition des esprits ; et après avoir peu à peu supprimé tout ce qui restait de l'ancien système républicain, ils fondèrent une véritable autocratie. La cloche du Vetché (assemblée populaire) cessa de retentir. Dymitri-Donskoi priva le peuple du droit de nommer ses chefs, et, malgré son humanité reconnue, ce prince établit pour la première fois la peine de mort, afin de réprimer par la terreur les forfaits des anarchistes. Enfin, la puissance des khans mongols s'écroula. On vit Novgorod, Pskow, Riazan, Twer se réunir à Moscou.

Les anciennes possessions des successeurs de Wladimir vers le midi restaient encore au pouvoir de la Pologne ; mais la Russie acquit en compensation les royaumes de Kasan, d'Astrakan, et l'immense Sibérie.

Cette grande œuvre des princes de Moscou fut le résultat non de leur héroïsme personnel; car aucun d'eux, à l'exception de Dymitri-Donskoi, ne se distingua sous ce rapport, mais uniquement d'un système politique sage et conforme aux circonstances...

> KARAMZINE, *historiographe de l'empire russe. — Mémoire présenté à l'empereur Alexandre en* 1819.

NOTE II. — Pages 15, 64-65.

PIERRE Ier. — *Appréciations générales.*

Pierre Ier fit de grandes choses sans doute; mais les princes de Moscou lui en avaient préparé les moyens. Nous n'insisterons pas sur les vices de Pierre Ier; mais sa passion pour les usages étrangers, pour toutes les choses qui venaient du dehors, dépassa les bornes de la sagesse. Pierre ne voulait pas comprendre que l'esprit public, l'esprit national fait la force morale des États, force qui ne leur est pas moins nécessaire que la force physique.

Depuis Pierre, les Russes ne devaient trouver leur honneur et leur dignité que dans l'imitation de l'Europe. Nous sommes devenus cosmopolites, et nous avons cessé sous bien des rapports d'être Russes. C'est Pierre qui en est cause.

> KARAMZINE. — *Mémoire à l'empereur Alexandre en* 1819.

Pierre Ier avait entrepris de tout réformer; il réussit quant à l'armée et à la flotte; mais non quant aux autres grands besoins sociaux. Disons plus : sous le rapport de la législation judiciaire, il ne fit que bouleverser l'ancien édifice, sans élever à sa place rien de véritablement utile. Il formait l'armée non pour de vaines parades, mais pour la guerre, et il faisait la guerre pour acquérir non de la gloire, mais des provinces utiles à l'État, nécessaires pour les communications avec l'Europe civilisée.

> TOURGUENEFF. — *La Russie et les Russes*, tome II, Ire partie.

Ce prince, qui a fait tant de mal par précipitation, s'est affranchi en un jour des entraves des siècles. Ce tyran du bien, quand il a voulu régénérer son peuple, a compté la nature, l'histoire, le passé, le caractère, la vie des hommes pour rien. De tels sacrifices rendent les grands résultats faciles. Aussi Pierre Ier a-t-il fait de grandes choses, mais avec d'immenses moyens ; et ces grandes choses ont été rarement bonnes.

Mis DE CUSTINE. — *La Russie en* 1839, lettre XIX.

NOTE III. — Pages 15, 64.

PIERRE Ier. — *Organisation militaire de l'empire :*
le tchinn.

Le tchinn est le galvanisme, la vie apparente des corps et des esprits. C'est la passion qui survit à toutes les passions.....

C'est une nation enrégimentée, c'est le régime militaire appliqué à une société tout entière, et même aux classes qui ne vont pas à la guerre. En un mot, c'est la division de la population civile en classes qui répondent aux grades de l'armée. Depuis que cette hiérarchie est instituée, tel homme qui n'a jamais vu faire l'exercice, peut obtenir le rang de colonel.....

Il résulte d'une semblable organisation sociale une fièvre d'envie tellement violente, une tension si constante des esprits vers l'ambition, que le peuple russe a dû devenir inepte à tout, excepté à la conquête du monde.

J'en reviens toujours à ce terme, parce qu'on ne peut s'expliquer que par un tel but l'excès des sacrifices imposés ici à l'individu par la société. Si l'ambition excessive dessèche le cœur d'un homme, elle peut bien aussi tarir la pensée, égarer le jugement d'une nation au point de lui faire sacrifier sa liberté à la victoire. Sans cette arrière-pensée, avouée ou non, et à laquelle bien des hommes obéissent peut-être à leur insu, l'histoire de la Russie me paraîtrait une énigme inexplicable.

LE MÊME. — *La Russie en* 1839, lettre XIX.

NOTE IV. — Pages 15, 16, 64.

PIERRE Ier. — *Usurpation du pouvoir spirituel.*

Pierre-le-Grand, après beaucoup d'hésitation, détruisit le patriarcat de Moscou pour réunir sur sa tête la tiare à la couronne.

Ainsi l'autocratie politique usurpa ouvertement la toute-puissance spirituelle qu'elle convoitait depuis longtemps : union monstrueuse, aberration unique parmi les nations de l'Europe moderne. La chimère des papes au moyen âge est aujourd'hui réalisée dans un empire de soixante millions d'hommes, en partie hommes de l'Asie, qui ne s'étonnent de rien, qui ne sont nullement fâchés de retrouver un grand lama dans leur czar.

> *Paroles du* PRINCE K.... *ancien ambassadeur de Russie*
> *au* Mᵢˢ DE CUSTINE, — *La Russie en* 1839, lettre v.

Cet homme ne s'est pas contenté d'être la raison de son peuple, il en a voulu être la conscience; il a osé faire le destin des Russes dans l'éternité, comme il ordonnait de leurs démarches dans ce monde. Ce pouvoir qui suit l'homme au delà du tombeau, paraît monstrueux ; le souverain qui n'a pas reculé devant une telle responsabilité, et qui, malgré ses longues hésitations apparentes ou réelles, a fini par se rendre coupable d'une si exorbitante usurpation, a fait plus de mal au monde par ce seul attentat contre les prêtres et la liberté religieuse de l'homme, que de bien à la Russie par toutes les qualités guerrières et par son génie industrieux.

> Mᵢˢ DE CUSTINE , — *Idem*, lettre x.

Terrible rôle à jouer que celui de la providence de soixante millions d'âmes! Cette divinité, née d'une superstition politique, n'a que deux partis à prendre: prouver qu'elle est homme en se laissant écraser, ou pousser ses sectateurs à la conquête du monde pour soutenir qu'elle est Dieu.

> LE MÊME, — lettre ix.

NOTE V. — Pages 15, 64.

PIERRE Iᵉʳ. — *Testament politique;*
Système de conquêtes.

Le grand Dieu, de qui nous tenons notre existence et notre couronne, nous ayant constamment éclairé de ses lumières et soutenu de son divin appui, me permet de regarder le peuple russe appelé dans l'avenir à la domination générale de l'Europe. Je fonde cette pensée sur ce que les nations européennes sont arrivées, pour la plupart, à un état de vieillesse voisin de la caducité, ou qu'elles y marchent à grands pas; il s'ensuit donc qu'elles doivent être facilement et indubitablement conquises par un peuple jeune et neuf, quand ce dernier aura atteint toute sa force et toute sa croissance. Je regarde l'invasion future des pays de l'orient et de l'occident par le nord comme un mouvement périodique arrêté dans les desseins de la Providence, qui a ainsi régénéré le peuple romain par l'invasion des barbares. Ces émigrations des hommes polaires sont comme le flux du Nil, qui à certaines époques vient engraisser de son limon les terres amaigries de l'Égypte; j'ai trouvé la Russie rivière, je la laisse fleuve; mes successeurs en feront une grande mer destinée à fertiliser l'Europe appauvrie, et ses flots déborderont, malgré toutes les digues que des mains affaiblies pourront leur opposer, si mes descendants savent en diriger le cours. C'est pourquoi je leur laisse les enseignements suivants; je les recommande à leur attention et à leur observation constante.

I. Entretenir la nation russe dans un état de guerre continuelle pour tenir le soldat aguerri et toujours en haleine; ne le laisser reposer que pour améliorer les finances de l'État, refaire les armées, choisir les moments opportuns pour l'attaque. Faire ainsi servir la paix à la guerre et la guerre à la paix, dans l'intérêt de l'agrandissement et de la prospérité croissante de la Russie.

II. Appeler par tous les moyens possibles, de chez les peuples instruits de l'Europe, des capitaines pendant la guerre et des savants pendant la paix, pour faire profiter la nation russe des avantages des autres pays, sans lui faire rien perdre des siens propres.

III. Prendre part en toute occasion aux affaires et démêlés quelconques de l'Europe, et surtout à ceux de l'Allemagne, qui plus rapprochée intéresse plus directement.

IV. Diviser la Pologne, en y entretenant le trouble et des jalousies continuelles; gagner les puissants à prix d'or; influencer les diètes, les corrompre afin d'avoir action sur les élections des rois; y faire nommer ses partisans, les protéger, y faire entrer les troupes moskovites et y séjourner jusqu'à l'occasion d'y demeurer tout à fait. Si les puissances voisines opposent des difficultés, les apaiser momentanément en morcelant le pays, jusqu'à ce qu'on puisse reprendre ce qui aura été donné.

V. Prendre le plus qu'on pourra à la Suède et savoir se faire attaquer par elle pour avoir prétexte de la subjuguer. Pour cela l'isoler du Danemark et le Danemark de la Suède, et entretenir avec soin leurs rivalités.

17

VI. Prendre toujours les épouses des princes russes parmi les princesses d'Allemagne, pour multiplier les alliances de famille, rapprocher les intérêts, et unir d'elle-même l'Allemagne à notre cause en y multipliant notre influence.

VII. Rechercher de préférence l'alliance de l'Angleterre pour le commerce, comme étant la puissance qui a le plus besoin de nous pour sa marine, et qui peut être le plus utile au développement de la nôtre. Échanger nos bois et autres productions contre son or, et établir entre ses marchands, ses matelots et les nôtres des rapports continuels, qui formeront ceux de ce pays à la navigation et au commerce.

VIII. S'étendre sans relâche vers le nord, le long de la Baltique, ainsi que vers le sud le long de la mer Noire.

IX. Approcher le plus possible de Constantinople et des Indes. Celui qui y règnera sera le vrai souverain du monde. En conséquence, susciter des guerres continuelles, tantôt au Turk, tantôt à la Perse; établir des chantiers sur la mer Noire; s'emparer peu à peu de cette mer ainsi que de la Baltique, ce qui est un double point nécessaire à la réussite du projet; hâter la décadence de la Perse; pénétrer jusqu'au golfe Persique; rétablir, si c'est possible, par la Syrie l'ancien commerce du Levant, et avancer jusqu'aux Indes qui sont l'entrepôt du monde. Une fois là, on pourra se passer de l'or de l'Angleterre.

X. Rechercher et entretenir avec soin l'alliance de l'Autriche; appuyer en apparence ses idées de royauté future sur l'Allemagne et exciter contre elle, par-dessous main, la jalousie des princes. Tâcher de faire réclamer les secours de la Russie, par les uns ou par les autres, et exercer sur le pays une espèce de protection qui prépare la domination future.

XI. Intéresser la maison d'Autriche à chasser le Turk de l'Europe, et neutraliser ses jalousies lors de la conquête de Constantinople, soit en lui suscitant une guerre avec les anciens États de l'Europe, soit en lui donnant une portion de la conquête, qu'on lui reprendra plus tard.

XII. S'attacher et réunir autour de soi tous les Grecs désunis ou schismatiques qui sont répandus, soit dans la Hongrie, soit dans la Turquie, soit dans le midi de la Pologne; se faire leur centre, leur appui, et établir d'avance une prédominance universelle par une sorte d'autocratie ou de suprématie sacerdotale; ce seront autant d'amis qu'on aura chez chacun de ses ennemis.

XIII. La Suède encombrée, la Perse vaincue, la Pologne subjuguée, la Turquie conquise, nos armées réunies, la mer Noire et la mer Baltique gardées par nos vaisseaux, il faut d'abord proposer séparément et très-secrètement, d'abord à la cour de Versailles, puis à celle de Vienne de partager avec elle l'empire de l'univers. Si l'une des deux accepte, ce qui est immanquable, en flattant leur ambition et leur amour-propre, se servir d'elle pour écraser l'autre; puis écraser à son tour celle qui demeurera, en engageant avec elle une lutte qui ne saurait être douteuse, la Russie possédant en propre tout l'orient et une partie de l'Europe.

XIV. Si, ce qui n'est point probable, chacune d'elles refusait l'offre de la Russie, il faudrait savoir leur susciter des querelles et les faire s'épuiser l'une par l'autre. Alors, profitant d'un moment décisif, la Russie ferait fondre ses troupes rassemblées d'avance sur l'Allemagne, en même temps que deux flottes considérables partiraient, l'une de la mer d'Azof, et l'autre du port d'Archangel, chargées de hordes asiatiques, sous le convoi des flottes armées de la mer Noire et de la mer Baltique. S'avançant par la Méditerranée et par l'Océan, elles inonderaient la France d'un côté, tandis que l'Allemagne le serait de l'autre, et ces deux contrées vaincues, le reste de l'Europe passerait facilement et sans coup férir sous le joug.

Ainsi peut et doit être subjuguée l'Europe!

Ce testament a été mis en ordre sous le règne d'Élisabeth, d'après les notes écrites en 1724 par le tzar Pierre. La France en reçut une copie en 1757 par l'un de ses ambassadeurs près la cour de Pétersbourg. Il est encore très-peu connu, bien qu'ayant déjà été publié plusieurs fois.

NOTE VI, page 15.

Un auteur anonyme, homme d'État de Russie, présente les considérations suivantes sur la politique de Russie par rapport à la Pologne.

Le partage de la Pologne et la chute de Napoléon sont debout, comme deux causes qui attendent le jugement de la postérité. Le plus ancien des États européens, l'Autriche, avait pour mission politique sacrée d'être gardienne de la conservation des autres États, tandis qu'elle a apporté son concours à détruire tout l'équilibre politique de l'Europe, à la jeter dans l'abîme des désastres et des convulsions inépuisables des siècles futurs, par le partage de la Pologne, à laquelle elle doit sa conservation de la destruction musulmane (1683).

Le partage de la Pologne entre les trois puissances fut un acte aussi illégitime qu'impolitique; il détruisit désormais tout l'équilibre européen, en léguant aux générations futures un grief de discordes interminables, qui se reproduiront infailliblement à chaque mouvement politique et social des autres nations. Aussi, ne m'est-il pas arrivé d'entendre un seul homme d'État russe qui n'eût trouvé désavantageuse la réunion de la Pologne à la Russie, effectuée par l'impératrice.

Si la puissance et la politique extérieure de la Russie devaient être appelées un jour à de grands phénomènes sociaux, certes, elle ne saurait les accomplir en face du programme que doit afficher le sort de la Pologne; il ne lui sera donc pas permis de dire à une autre nation: *Venez à moi, pour que j'anéantisse d'abord vos antiques lois, vos institutions, votre langue nationale, votre instruction publique; vous n'aurez pas la jouissance des prérogatives civiles et politiques à l'égal des Russes; mais vous sympathiserez et ferez une fusion complète!* Certes, si la Russie eût pu se pénétrer de sa haute destinée, elle ne doit prétendre à l'atteindre qu'en élevant ses institutions et le principe du gouvernement à cette perfection, qu'exigent les conditions sociales et morales du siècle......

Or, si la Russie n'a obtenu que des résultats négatifs par l'envahissement de la Pologne, quelles vues d'intérêts réels peut-elle espérer en poursuivant avec tant d'ardeur sa politique sur l'Asie, c'est-à-dire sur la Turquie, la Perse et même jusque sur les Grandes-Indes, où sa diplomatie astucieuse l'entraîne?......

Système de législation, etc., *de la Russie en 1844, p.* 118, *à* 125.

NOTE VII, page 17.

Traité secret d'alliance signé à Vienne, le 3 janvier 1815, entre l'Autriche, la France et l'Angleterre (*).

LL. MM. l'empereur d'Autriche, le roi de France et le roi du royaume-uni de la Grande-Bretagne et de l'Irlande, convaincus que les puissances qui avaient à compléter les dispositions du traité de Paris (1814), devaient être maintenues dans un état de sécurité et d'indépendance parfaites, pour pouvoir facilement et dignement s'acquitter d'un si important devoir ; regardant en conséquence comme nécessaire, à cause des prétentions récemment manifestées, de pourvoir au moyen de repousser toute agression à laquelle leurs propres possessions, ou celles de l'un d'eux, pourraient se trouver exposées en haine des propositions qu'ils auraient cru de leur devoir de faire et de soutenir d'un commun accord, par principe de justice et d'équité, et n'ayant pas moins à cœur de compléter les dispositions du traité de Paris, de la manière la plus conforme qu'il serait possible à son véritable sens et esprit; à ces fins ont résolu de faire entre eux une convention solennelle et de conclure une alliance définitive. (Suivent les articles qui promettent une assistance et intervention mutuelles pour prévenir toute agression, et stipulent, en cas de besoin, un secours de 150,000 hommes à chaque puissance attaquée.)

(*) Pour arrêter les projets ultérieurs de la Russie, lord C..., le prince de T... et le prince de M... décidèrent qu'il fallait signer un traité d'alliance éventuelle, avec stipulation de subsides et de contingents militaires qui pourraient être appelés aux armes, au cas où la Russie ne resterait pas dans des conditions raisonnables.

Le traité secret du mois de janvier 1815 est un des actes les plus curieux, parce qu'il constate au moyen de quels efforts ingénieux M. de T... avait dissous la coalition et trouvé des alliés pour la France le lendemain même du jour où elle avait subi l'invasion.   CAPEFIGUE. Le congrès de Vienne (1847).

NOTE VIII, page 17.

Les trois puissances alliées furent empêchées de donner
suite au traité secret du 3 janvier 1815, à cause du re-
tour de l'empereur Napoléon de l'île d'Elbe, et de la
deuxième déchéance des Bourbons. Ces événements n'ar-
rêtèrent cependant pas les délibérations du congrès réuni
à Vienne, et bientôt il signa le traité définitif du 9 juin
1815. Nous en donnons ici les stipulations qui se rattachent à la Russie.

Le duché de Varsovie, à l'exception des provinces et districts
dont il a été autrement disposé dans les articles suivants, est réuni
à l'empire de Russie. Il y sera lié irrévocablement par sa constitution, pour être possédé par S. M. l'empereur de toutes les Russies,
et ses successeurs à perpétuité. S. M. Impériale se réserve de donner
à cet État, jouissant d'une administration distincte, l'extension intérieure qu'elle jugera convenable. Elle prendra, avec ses autres
titres, celui de czar, roi de Pologne, conformément au protocole
usité et consacré pour les titres attachés à ses autres possessions.
Les Polonais, sujets respectifs de la Russie, de l'Autriche et de
la Prusse, obtiendront une représentation et des institutions nationales, réglées d'après le mode d'existence politique que chacun
des gouvernements auxquels ils appartiennent, jugera utile et
convenable de leur accorder. (Art. i.)
La ville de Cracovie avec son territoire, est déclarée à perpétuité cité libre, indépendante et strictement neutre, sous la protection de la Russie, de l'Autriche et de la Prusse. (Art. vi.)
Les cours de Russie, d'Autriche et de Prusse s'engagent à
respecter, et à faire respecter, en tout temps, la neutralité de la
ville libre de Cracovie et de son territoire; aucune force armée
ne pourra jamais y être introduite, sous quelque prétexte que ce
soit. (Art. ix.)
Les dispositions sur la constitution de la ville libre de Cracovie, sur l'Académie de cette ville et sur l'évêché et le chapitre
de Cracovie, telles qu'elles se trouvent énoncées dans les ar-

ticles VII, XV, XVI du traité additionnel, relatif à Cracovie, et annexé au présent traité général, auront la même force que si elles étaient textuellement insérées dans ce dernier acte. (Art. x.)

Les traités, déclarations, règlements et autres actes particuliers qui se trouvent annexés au présent acte et nommément : 1° Le traité entre la Russie et la Prusse du 3 mai 1815; 2° Le traité additionnel relatif à Cracovie entre l'Autriche, la Prusse et la Russie, du 3 mai 1815; 3° Le traité entre la Russie et l'Autriche, du 3 mai 1815, etc., sont considérés comme parties intégrantes des arrangements du congrès; et auront partout la même force et valeur que s'ils étaient insérés mot à mot dans le traité général. (Art. CXVIII.)

(*Suivent les signatures de dix-sept plénipotentiaires.*)

NOTE IX, page 17.

Texte de l'alliance dite sainte, du 26 septembre 1815.

Déclarons solennellement que le présent acte n'a pour objet que de manifester à la face de l'univers la détermination inébranlable de ne prendre pour règle de leur conduite, soit dans l'administration de leurs États respectifs, soit dans leurs relations politiques avec tout autre gouvernement, que les préceptes de cette religion sainte, *préceptes de justice, de charité et de paix, qui, loin d'être uniquement applicables à la vie privée, doivent, au contraire, influer directement sur les résolutions des princes et guider toutes leurs démarches, comme étant le seul moyen de consolider les institutions humaines et de remédier à leurs imperfections.*

En conséquence, LL. MM. sont convenues des articles suivants: ART. 1er. Conformément aux paroles des Saintes Écritures, qui ordonnent à *tous les hommes de se considérer comme frères*, les trois monarques contractants demeureront unis par les liens d'une *fraternité véritable et indissoluble*, et se considérant comme *compatriotes*, ils se prêteront en toute occasion et en tout lieu assistance, aide et secours; se regardant envers leurs sujets et armées comme *pères de famille*, ils *les dirigeront dans le même esprit de fraternité*, dont ils sont animés pour protéger la religion, la paix et la justice.

Art. 2. En conséquence, le seul principe en vigueur, soit entre lesdits gouvernements, soit entre leurs sujets, sera celui de se rendre réciproquement service, de se témoigner, par une bienveillance inaltérable, l'affection mutuelle dont ils doivent être animés, de ne se considérer tous que comme membres d'une même nation chrétienne, les trois princes alliés ne s'envisageant eux-mêmes que comme *délégués* par la Providence, trois branches d'une même famille; savoir l'Autriche, la Prusse et la Russie, confessant ainsi que la nation chrétienne, dont eux et leurs peuples font partie, n'a réellement d'autre souverain que celui à qui seul appartient, en propriété, la puissance, parce qu'en lui seul se trouvent tous les trésors de l'amour, de la science et de la sagesse infinie, c'est-à-dire Dieu, notre divin Sauveur Jésus-Christ le verbe du Très-Haut, la parole de vie. LL. MM. recommandent en conséquence, avec la plus tendre sollicitude, à leurs peuples, comme unique moyen de jouir de cette paix qui naît de la bonne conscience et qui seule est durable, de se fortifier chaque jour davantage dans les principes et l'exercice des devoirs que le divin Sauveur a enseignés aux hommes.

Art. 3. Toutes les puissances qui voudront solennellement avouer les principes sacrés qui ont dicté le présent acte, et reconnaîtront combien il est important au bonheur des nations, trop longtemps agitées, que ces vérités exercent désormais sur les destinées humaines toute l'influence qui leur appartient, seront reçues avec autant d'empressement que d'affection dans cette sainte alliance.

Fait triple et signé à Paris, l'an de grâce 1815, le 14-26 septembre.

Signé : François.
Frédéric-Guillaume.
Alexandre.

Note x, page 17.

Politique d'Alexandre Ier.

L'empereur Alexandre par ses sentiments élevés, par sa sympathie aux principes d'Occident, eut la pensée de la fusion politique des deux branches principales de la race slave; celles des Russes et des Polonais. Il s'engagea donc solennellement à maintenir le royaume de Pologne avec ses institutions constitutionnelles, que son progrès et son esprit lui assuraient parmi les autres nations européennes.

Bien que les esprits malveillants ou subversifs aient élevé leurs arguments sophistiques, par lesquels on a dû supposer que le gouvernement constitutionnel d'une nation ne pouvait pas être continué, sans provoquer les prétentions de l'autre aux mêmes institutions libérales ; néanmoins le royaume de Pologne eût justifié complétement la confiance de son roi, ainsi que son esprit compatible avec ses institutions, si la susceptibilité de l'empereur Alexandre n'eût été excitée par quelques conseils fatals.

Système de législation, etc., de la Russie, p. 120.

NOTE XI, page 18.

La politique libérale d'Alexandre se montre dans ses proclamations aux Polonais en 1815, et notamment dans son discours à l'ouverture de la diète en 1818. Le changement survenu dans son système se remarque plus particulièrement dans ses actes depuis 1820 concernant la Pologne. (Voir les notes et pièces justificatives du chapitre II.)

Ce changement est ainsi apprécié par un auteur russe :

Alexandre agissait conformément à un principe politique en luttant contre la toute-puissance de Napoléon. Mais ce n'était plus ainsi qu'il agissait quand, renonçant au beau rôle qu'il avait joué en Europe, il se fit le représentant et le champion des idées stationnaires ou rétrogrades. Ce n'était pas là de la politique, par la bonne raison que, pour un empereur de Russie, de pareilles tendances ne peuvent avoir aucun but rationnel, aucun sens logique.

On conçoit que, pour l'empereur d'Autriche, pour le sultan, la conservation du *statu quo* puisse être d'une grande importance, et que par conséquent tout, dans leur politique, concoure à le maintenir.

Tout progrès dans l'ordre civil et politique peut avoir pour eux des dangers; pour la Russie, au contraire, c'est la vie. Or, aucune politique ne peut vouloir aboutir à la mort.

La politique russe peut encore prendre pour base l'agrandissement continuel de l'État. Ce sera, si l'on veut, une politique
peu judicieuse, dangereuse même; mais enfin ce sera toujours de
la politique, et c'est celle qu'on attribue en général au cabinet
russe. Mais on ne voit pas de quel profit peut être, pour cette
politique, le rôle qu'acceptent les empereurs de Russie, en se
plaçant, comme l'on dit, à la tête du parti *conservateur* en Europe.....

Les véritables intérêts de la politique russe ne sont pas dans
l'Occident; c'est dans l'Orient qu'ils se trouvent. Telle a été l'opinion de tous les hommes les plus éminents qui ont dirigé les relations extérieures de l'empire.

N. Tourgueneff.— *La Russie et les Russes*, tome III, 2ᵉ partie.

Note xii, page 20.

Développement d'une politique envahissante et menaçante
pour l'Europe.

La Pologne par sa dernière insurrection a retardé l'explosion
de la mine qui menace d'éclater : elle a forcé les batteries de rester
masquées. On ne pardonnera jamais à la Pologne la dissimula-
tion dont on est forcé d'user, non pas avec elle, puisqu'on l'im-
mole impunément, mais avec des amis dont il faut continuer de
faire des dupes en ménageant leur ombrageuse philanthropie.

Mⁱˢ de Custine. — *La Russie en* 1839, lettre xxvi.

La Russie voit dans l'Europe une proie qui lui sera livrée, tôt
ou tard, par nos dissensions; elle fomente chez nous l'anarchie
dans l'espoir de profiter d'une corruption favorisée par elle, parce
qu'elle est favorable à ses vues : c'est l'histoire de la Pologne re-
commencée en grand. Depuis longues années Paris lit des journaux révolutionnaires payés par la Russie. *L'Europe*, dit-on à
Saint-Pétersbourg, *prend le chemin qu'a suivi la Pologne; elle*
s'exerce par un libéralisme vain, tandis que nous restons puis-
sants, précisément parce que nous ne sommes pas libres; patien-
tons sous le joug, nous ferons payer aux autres notre honte.

Le même. — *Idem*, lettre xxxvi.

Lorsque le colosse russe aura un pied aux Dardanelles, un autre sur le Sund, le vieux monde sera esclave, la liberté aura fui en Amérique : chimère aujourd'hui pour les esprits bornés, ces tristes prévisions seront un jour cruellement réalisées; car l'Europe, maladroitement divisée comme les villes de la Grèce devant les rois de Macédoine, aura probablement le même sort.

THIERS. — *Histoire du Consulat et de l'Empire*, 1849, tome VIII, livre XXIX.

NOTE XIII, page 65.

Détails sur les divers pouvoirs de l'empire russe.

Souverain. — Aucun des gouvernements plus ou moins réguliers, que l'on est convenu d'appeler gouvernements absolus, ne l'est et ne l'a jamais été autant que le gouvernement de la Russie, concentré *tout entier* dans la personne de l'empereur. Dans tous les pays régis par un pouvoir absolu, il y a eu et il y a encore quelques classes, quelques corps, quelques institutions traditionnelles qui, en certaines occasions, obligent le souverain à agir d'une manière déterminée et mettent des bornes à son caprice; rien de tout cela n'existe en Russie. Ce qu'il y a peut-être même de plus important pour les monarchies absolues, l'hérédité du trône, n'y est fixé par aucune loi, par aucune règle stable.

Tous les pouvoirs sociaux sont centralisés, en Russie, dans les mains du souverain; le clergé, la noblesse, le tiers-état, ou tout ce qu'on pourrait appeler de ce nom, n'en possèdent, n'en n'exercent aucun...

L'autocrate (de Russie) peut, comme les autres souverains absolus, proclamer des lois, rendre des ordonnances (ukases); mais il peut en outre réglementer, simplement en déclarant que telle est sa haute, ou pour traduire textuellement sa *hautissime volonté;* et cette manière de légiférer est même plus efficace que toutes autres lois : ukases, coutumes, traditions, tout fléchit devant la hautissime volonté.

N. TOURGUENEFF. — *La Russie et les Russes*, tome II, 1re partie.

Un empereur de Russie est si plein de ce qu'il se doit à lui-même que sa justice s'efface devant celle de Dieu.

Il n'existe pas aujourd'hui sur la terre un seul homme qui

jouisse d'un tel pouvoir et qui en use ; — pas en Turquie, pas même en Chine.

Mis DE CUSTINE.—*La Russie en* 1839, lettres IX et XV.

Sénat. — Le sénat est essentiellement une cour suprême d'appel pour toutes les affaires civiles.

A présent les attributions administratives du sénat se réduisent presque à la publication des lois et ordonnances rendues par la puissance souveraine.

N. TOURGUENEFF.—*La Russie et les Russes,* tome II, 1re partie.

Saint synode. — Le saint synode préside à la direction du culte dominant. Il a pour chef le métropolitain de Novgorod, et se compose de quelques métropolitains et archevêques, qui y entrent à tour de rôle ; plus, d'un archiprêtre appartenant au clergé séculier. Un procureur laïc, nommé par l'empereur, est l'organe de la volonté souveraine auprès du synode...

LE MÊME.— *Idem.*

Législation, ordre judiciaire et administratif. — Comment, à moins d'un pénible effort, consentir à appeler *lois* cet amas d'ordres, de contre-ordres, de décisions, d'arrêts contradictoires, de sentences incongrues, tantôt empruntés à l'étranger, tantôt trahissant l'origine nationale, qui naissent chaque jour pour tomber aussitôt dans l'oubli ? Comment se résigner à prononcer le mot sacré de *droits,* en parlant de ces prérogatives, les unes puériles, les autres monstrueuses, en vertu desquelles ceux qui les possèdent peuvent, tantôt frapper leurs semblables, tantôt se faire traîner par quatre ou six chevaux ?... Voilà pourtant ce qu'en Russie on nomme *droits !...* La classe privilégiée s'y montre même fière, par exemple du *droit* qu'elle a de ne pas être battue à son tour, droit qui, d'ailleurs, ne lui est aucunement garanti...

Il n'y a rien à dire sur le *pouvoir législatif* là où, comme en Russie, non-seulement il appartient au monarque seul, mais n'est même exercé que par lui.

Quant au *pouvoir administratif ou exécutif* et au *pouvoir judiciaire,* tout en émanant du monarque, ils sont exercés par ses délégués. Ces deux pouvoirs ne sont pas en Russie séparés l'un de l'autre, comme ils le sont dans tous les pays civilisés, même dans ceux où le peuple ne participe pas à l'exercice de la souveraineté...

Il ne peut être question en Russie d'aucune indépendance pour le pouvoir judiciaire, à côté de cet immense pouvoir absolu, qui est l'attribut du monarque, et qui englobe et absorbe tout...

La classe des avocats, qui seule peut fournir de bons juges ou des juges quelconques, est inconnue en Russie.

Le même.—Idem.

En Russie, presque tous les procès sont étouffés par une décision administrative qui, le plus souvent, *conseille* une transaction onéreuse aux deux parties; mais celles-ci préfèrent le sacrifice réciproque d'une partie de leurs prétentions, et même de leurs droits les mieux fondés, au danger de plaider contre l'avis d'un homme investi de l'autorité par l'empereur. Vous voyez pourquoi les Russes ont lieu de se vanter de ce qu'on plaide fort peu dans leur pays. La peur produit partout le même bien : la paix sans tranquillité.

En Russie, le gouvernement domine tout et ne vivifie rien. Dans cet immense empire le peuple, s'il n'est tranquille, est muet; la mort y plane sur toutes les têtes et les frappe capricieusement : c'est à faire douter de la suprême justice. Là l'homme a deux cercueils : le berceau et la tombe. Les mères y doivent pleurer la naissance plus que la mort de leurs enfants.

Grâce à l'omnipotence autocratique, le respect pour la chose jugée n'y (en Russie) existe pas; et l'empereur bien informé peut toujours défaire ce qu'a fait l'empereur mal informé.

Mis DE CUSTINE.— La Russie en 1839, lettre XXXVI.

NOTE XIV, page 65.

Le tzarisme et les peuples slaves.

Le tzarisme ne se contente pas de violer le génie slave, en abolissant les franchises des provinces, et en introduisant partout de force, un code, une langue, un culte unique, tandis que les différences morales les plus tranchées séparent entre elles les populations de l'empire. La loi du tzar combat encore les mœurs slaves par la hiérarchie nobiliaire qu'elle établit. En effet, même chez ceux des peuples slaves où l'influence germanique a implanté l'aristocratie, comme en Hongrie et en Pologne, l'égalité la plus parfaite règne au moins parmi les nobles, et les titres qu'on y rencontre ne sont que des titres allemands, sans aucune valeur indigène. En créant des comtes et des barons de l'empire, en établissant des majorats et un code spécial pour la noblesse, les tzars vont directement contre le génie de leur nation...

La révolution qui s'accomplit dans l'Europe orientale, diffère de celle qui agite encore l'Occident en ce qu'elle est et restera un mouvement décentralisateur. Les tendances n'ont évidemment rien de favorable au développement de l'autocratie; de là vient que le cabinet russe les combat avec acharnement. Les municipalités, base de l'existence des nations orientales, sont surtout l'objet de la haine du tzar, qui ne se lasse pas de les poursuivre, au nom de l'*ordre public*, dans tout son empire, et jusqu'en Turquie et en Grèce, opposant partout où il le peut, à cet élément qu'il nomme *démagogique*, le monopole nobiliaire. En faut-il davantage pour montrer combien le cabinet russe exerce parmi les Greco-Slaves (1) une action funeste ?... Voulût-il même se montrer généreux, nous sommes convaincus qu'il ne le pourrait pas; car, sous peine de déchoir et de cesser d'être impérial, il doit se maintenir centralisateur; il doit garder la tradition romaine, monarchique et militaire, au milieu des peuples grecs par leurs institutions, démocrates par leurs instincts, et qui sont essentiellement pacifiques. Ainsi, la législation primitive des Greco-Slaves se trouve, par un invincible intérêt d'État, faussée et paralysée en Russie. Sans doute la société russe proprement dite est encore et restera slave; mais tant que cette société n'arrivera pas à dominer tout un gouvernement, les autres Slaves ne peuvent espérer d'elle qu'un dangereux appui. Exclusivement protégés par les tzars, les Greco-Slaves finiraient par perdre leur nature propre et toutes les qualités qui doivent le plus exciter en leur faveur les sympathies de l'Europe.

C'est donc à tort que tant de publicistes occidentaux voudraient confondre la question russe avec la question slave. Sans doute, le monde greco-slave forme une grande unité, et dans ce monde nouveau tous les esprits généreux, tous les hommes libéraux, à quelque parti qu'ils appartiennent, s'entendent et s'unissent pour glorifier la race dont ils sont les enfants; ce n'est point par l'idolâtrie du tzar, c'est par un dévouement de plus en plus actif au progrès et à la liberté qu'ils prétendent appeler sur leur commune patrie les sympathies de l'Europe. Quant aux

(1) Cette expression de *Greco-Slaves* ne nous paraît pas exacte : nous la citons donc, mais sans l'admettre.

peuples slaves non encore asservis à la Russie, un double intérêt politique et moral les portera toujours à désirer le refoulement de cet empire, qui les menace d'un double danger; car le tzarisme, faut-il le répéter, ne reconnaîtra jamais que forcément l'indépendance des nationalités slaves étrangères à la Russie; et une fois placées sous la suzeraineté du tzar, quelque large et tolérante que la supposent ses partisans, les nations slaves ne tarderaient pas à perdre entièrement leurs institutions propres et leurs tendances naturelles.

CYPRIEN ROBERT.—*Le Monde greco-slave*, 1845.

NOTE XV, page 65.

Effets du système politique en Russie.

Ce qu'il y a d'allemand dans l'esprit du gouvernement russe est antipathique au caractère slave; ce peuple oriental, nonchalant, capricieux, poétique, s'il disait ce qu'il pense, se plaindrait amèrement de la discipline germanique qui lui est imposée depuis Alexis, Pierre-le-Grand et Catherine II, par une race de souverains étrangers. La famille impériale a beau faire, elle sera toujours trop tudesque pour conduire tranquillement les Russes, et pour se sentir d'aplomb chez eux (1); elle les subjugue, elle ne les gouverne pas. Les paysans seuls s'y trompent.

Mᴵˢ DE CUSTINE.—*La Russie en* 1839, lettre XXIV.

Un gouvernement qui ne rougit de rien, parce qu'il se pique de faire ignorer tout, et qu'il s'en arroge la force, est plus effrayant que solide : dans la nation, malaise; dans l'armée, abrutissement; dans le pouvoir, terreur partagée par ceux mêmes qui se font craindre le plus; servilité dans l'Eglise, hypocrisie dans les grands, ignorance et misère dans le peuple, et la Sibérie pour tous : voilà le pays tel que l'ont fait la nécessité, l'histoire, la nature, la Providence toujours impénétrable en ses desseins.

---

(1) Les Romanow étaient prussiens d'origine, et depuis que l'élection les a mis sur le trône, ils se sont le plus souvent mariés à des princesses allemandes, contre l'usage des anciens souverains moscovites.   (Note du Mᴵˢ DE CUSTINE.)

Ce qui est en même temps très-remarquable, c'est que la représentation de la Russie, dans les principaux États de l'Europe, est confiée à la race allemande.
Système de Législation, etc., de la Russie, par un homme d'État russe,
pages 111-112.

Il faut venir en Russie pour apprécier le prix des institutions qui garantissent la liberté aux peuples sans égard au caractère des princes.

Mⁱˢ DE CUSTINE.—*La Russie en 1839*, lettre xxxiv.

Le gouvernement russe, c'est la discipline du camp substituée à l'ordre de la cité; c'est l'état de siége devenu l'état normal de la société.

En France, la tyrannie révolutionnaire est un mal de transition; en Russie, la tyrannie du despotisme est une révolution permanente.... (LE MÊME.—Lettres ix et xiii.)

L'histoire, les faits prouvent surabondamment que le système militaire ne saurait jamais durer sans de graves préjudices pour l'État qui s'y livre, vu que par sa nature il doit absorber les moyens nécessaires au développement du travail, des forces industrielles, et arrêter tous les progrès; il est d'autant plus pernicieux pour un État aussi étendu que la Russie.

Le système de Pierre-le-Grand, s'il eût été terminé par le règne de l'impératrice Catherine II, aurait couronné tous les vœux et accompli la grande destinée de la Russie. Tout ce qui a été fait depuis n'a pas contribué à augmenter ses forces réelles. Sa véritable et sa plus naturelle limite du côté de l'Occident était sans doute le long de la Dwina et du Dniéper; le reste a été trop chèrement acquis et demeure soumis aux vicissitudes constantes de l'avenir. (*Système de Législation, etc., de la Russie*, page 92)

Il est évident que les avantages du système de la politique poursuivie depuis le règne de l'impératrice Catherine II sont entièrement négatifs pour la Russie. La Pologne, qui coûte déjà tant à la Russie, ne cesse pas pour cela d'être un problème, et ne cesse pas de réclamer ses droits. Par quelle théorie parviendrait-on à réfuter ses droits légitimes et solennels à la nationalité? Mais cette légitimité imprescriptible, sacrée, la Pologne ne la retrouve-t-elle pas dans celle de toutes les nations? dans celle de la Russie même, qui la revendiqua après deux siècles et demi de la domination mongole sur elle? dans celle de la Grèce et de la Belgique? Pourquoi faudrait-il que la seule grande race slave soit destinée à s'entre-détruire, tandis que de petits royaumes d'un quart, d'un dixième même de la Pologne, des races germaniques ne nourrissent aucune haine entre elles, et prospèrent l'une à côté de l'autre?

Idem, pages 121 et 122.

NOTE XVI.

Bien que notre exposé s'arrête à l'année 1848, nous croyons devoir citer ici, comme venant à l'appui de nos assertions sur la politique envahissante de la Russie, les trois déclarations suivantes du cabinet de Saint-Pétersbourg, qui révèlent les tendances persévérantes de ce système. Il semble que ce soit déjà le maître de l'Europe qui parle et intervient partout.

La *révolte* et l'*anarchie*, qui ont éclaté d'abord en *France*, se sont communiquées rapidement à l'Allemagne voisine; en se répandant partout avec une audace qui croissait à mesure que les gouvernements faisaient des concessions, ce torrent destructeur vient d'atteindre l'empire d'Autriche et le royaume de Prusse, nos alliés, etc.

Nous sommes prêts à rencontrer nos adversaires partout où ils se rencontreraient, et unis avec notre *sainte Russie* d'une manière indissoluble, nous défendrons sans ménager notre personne, l'honneur du nom Russe ainsi que l'inviolabilité de ses frontières, etc.

Entendez, peuples, et humiliez-vous, car Dieu se trouve avec nous! Audite, populi, et vincimini quia nobiscum est Deus!

Manifeste de Nicolas Ier, du 28 mars 1848.

Par notre manifeste (qui précède) nous avons informé nos fidèles sujets des malheurs qui avaient frappé l'Europe occidentale...

Depuis lors les troubles et les *mouvements séditieux n'ont pas cessé dans l'ouest de l'Europe.* Mais dans la Hongrie et la Transylvanie les efforts du gouvernement autrichien, divisés par une guerre sur un autre point avec des ennemis nationaux et étrangers, n'ont pu vaincre jusqu'à ce jour la révolte.

Au milieu de ces événements funestes, S. M. l'empereur d'Autriche nous a invité à l'assister contre l'ennemi commun; nous ne lui refuserons pas ce service. Après avoir invoqué le Dieu des batailles et le maître des bataillons pour qu'il protége la cause juste, nous avons ordonné à notre armée de se mettre en marche *pour étouffer la révolte et anéantir les anarchistes audacieux* qui menacent aussi la tranquillité de nos provinces.

Manifeste de Nicolas Ier, du 8 mai 1849.

En présence de l'effervescence des esprits , des excès anarchiques , des troubles qui viennent d'affliger l'Occident et qùi menaçaient d'y renverser les bases de tout ordre légal , vous avez su , au milieu de ce naufrage général , remplissant fidèlement mes intentions , diriger *la politique de la Russie vers le but salutaire qui lui est assigné par la Providence divine.* La coopération des forces militaires de la Russie, accordée à l'Autriche, a dompté l'insurrection hongroise , et a porté un coup mortel aux projets subversifs des ennemis de l'ordre social. C'est ainsi que , par la grâce de Dieu , *il a été donné encore une fois à la Russie de préserver l'Europe des calamités incalculables dont elle est menacée.*

Lettre de Nicolas Ier au chancelier de l'empire, en date du 3 septembre 1849.

A ces documents officiels on pourrait ajouter encore :

1° Le *Mémoire sur la situation actuelle de l'Europe ,* depuis février, présenté à l'empereur Nicolas par un diplomate russe, et inséré dans la *Revue des Deux Mondes* du 13 juin 1849 ;

2° Le mémoire intitulé : *La papauté ou la question romaine au point de vue de Saint-Pétersbourg,* dans le même recueil , du mois de janvier 1850.

Ces deux pièces envoyées de Saint-Pétersbourg , et par conséquent approuvées par le gouvernement de Russie, montrent bien l'esprit et les tendances politiques de l'autocrate. Nous regrettons que leur étendue ne nous permette pas de les mettre ici sous les yeux du lecteur. La citation suivante des réflexions qui précèdent le dernier mémoire et le résumé, donnera du moins une idée des prétentions du tzar comme chef de l'Église d'Orient.

L'Église grecque s'appelle l'Église orthodoxe ; elle prétend que c'est Rome qui a rompu avec l'orthodoxie, que c'est Rome qui a fait le schisme ; et tandis qu'au concile de Florence en 1439, et plus tard encore, c'était Rome qui cherchait à réunir l'Église grecque et à la rappeler à elle, comme au centre de la foi chrétienne, voici qu'aujourd'hui l'Église grecque rappelle Rome à elle-même, comme étant elle-même le centre de la foi chrétienne. Elle ne vise donc à rien moins en ce moment qu'à changer l'axe du monde religieux ; mais elle ne vise à cela que parce que l'axe du monde politique semble aussi se déplacer.

L'empereur orthodoxe est entré dans Rome après tant de siècles d'absence, dit le mémoire, en parlant de la visite que l'empereur Nicolas fit à Rome en 1846, au pape Grégoire XVI. Ce sont là des paroles significatives. Charlemagne n'est plus à Paris ou à Aix-la-Chapelle, il est à Moscou ou à Saint-Pétersbourg. Et ce qu'il faut surtout remarquer, c'est que le nouveau Charlemagne, en venant à Rome, prétend bien y apporter, comme l'ancien, une grande force matérielle, mais qu'il ne songe nullement à y venir chercher une consécration spirituelle et morale de son pouvoir : loin de là ; c'est lui qui, pour ainsi dire, vint consacrer la papauté. L'ancien Charlemagne était à la fois le serviteur et le protecteur de la papauté ; il donnait beaucoup, il recevait encore plus. C'était le pape enfin qui le faisait empereur, mais empereur d'Occident, empereur par conséquent un peu nouveau et parvenu, un peu usurpateur ; il y avait toujours en Orient le vieil et légitime empereur dont le pays s'était séparé. Cette séparation n'avait pas affaibli le titre et les droits de l'empereur d'Orient. Aujourd'hui c'est cet empereur d'Orient, c'est l'empereur orthodoxe qui entre dans Rome, qui apporte tout au pape et qui n'a rien à en recevoir ; il apporte au pape la force que la papauté a perdue depuis qu'elle s'est livrée à l'esprit occidental, et qu'elle s'est mise à la tête de ce monde occidental si tumultueux et si peu gouvernable ; il apporte au pape la sainteté de la tradition orientale, que rien n'a altérée et que rien n'a ébranlée ; il vient enfin, c'est le mot de l'orgueil et de l'ambition de l'Église grecque, ou plutôt de l'empereur, dont elle fait à la fois un César et un saint Pierre, il vient finir le schisme en pardonnant à la papauté et en la protégeant.

Revue des Deux Mondes, janvier 1850.

§ 2.—CONSTITUTION PHYSIQUE DU PAYS.

Note xvii, page 21-33.—*Observation générale.*

Nous croyons devoir faire observer ici, une fois pour toutes, que les détails relatifs à la constitution physique de l'empire de Russie sont basés sur les ouvrages des géographes modernes les plus distingués, tels que Balbi, Bulgarine, L. Chodzko, Hassel, Malte-Brun, Pallas, Plater (Stanislas), Schnitzler, etc... On doit ajouter : l'*Almanach de Gotha*, qui paraît en Allemagne depuis plus de 90 ans, et l'ouvrage intitulé : *La Pologne dans ses anciennes limites et l'empire des Russies;* Paris, 1836.

Note xviii, pages 21-23, 66.

Étendue de la Russie.

Suivant l'*Almanach de Gotha* et quelques géographies modernes, l'étendue des possessions asiatiques de la Russie serait plus considérable que d'après nos calculs. Cette différence provient de ce que ces ouvrages ont attribué à la Russie d'Asie les pays situés entre le Wolga, les monts Oural et le fleuve du même nom (Kasan, Astrakan, etc.), tandis que nous avons cru devoir les comprendre dans les possessions européennes, comme l'ont fait d'ailleurs le plus grand nombre des géographes.

§ 3.—INDUSTRIE ET PRODUCTIONS.

NOTE XIX, pages 34-42, 68-69.

État arriéré des diverses branches d'industrie.

L'agriculture, qui est la source principale de la richesse nationale, se trouve en Russie dans l'état le plus déplorable, et il en sera ainsi tant que la terre ne sera pas fécondée par un travail libre.

Le commerce n'est pas dans des conditions plus satisfaisantes. On comprendra aisément, en effet, comment cette autre source de la richesse nationale ne saurait produire tout ce qu'on en pourrait attendre, si l'on se rappelle dans quelle position se trouve la classe des commerçants, placée entre celle des nobles et celle des esclaves.

Quant aux fabriques et aux manufactures, l'existence de l'esclavage agit sur elles d'une manière plus fâcheuse encore que sur l'agriculture; il leur est non moins impossible de prospérer là où le travail n'est pas libre.

N. TOURGUENEFF.—*La Russie et les Russes*, tome II, 1re partie.

Les faits, qui sont plus puissants que les déclamations des hommes, continuent de prouver que ni l'industrie, ni le commerce, ni les produits de l'agriculture, ni les revenus de l'État, rien enfin de ce qui constitue et indique la richesse nationale, n'est en Russie au niveau de la position qu'elle occupe parmi les États de l'Europe, ou seulement à raison de la population du pays. LE MÊME.—*Idem*, tome III, 1re partie.

La Russie est comme un homme plein de vigueur qui étouffe. Elle manque de débouchés. Pierre Ier lui en avait promis, mais sans s'apercevoir qu'une mer nécessairement fermée huit mois de l'année, n'est pas ce que sont les autres mers.

Mis DE CUSTINE.—*La Russie en 1839 (1843)*, lettre VII.

Commerce avec la France.

Une circonstance encore plus digne d'attention, et que nous sommes étonné de ne pas voir prendre en plus sérieuse considération par le gouvernement ou par les chambres, c'est l'extrême exiguïté de notre commerce avec les États du nord de l'Europe qui se groupent autour de la Baltique : la Norvége, la Suède, la Russie du Nord, le Danemark, etc. Pour la Russie même, si l'on distinguait la région du nord, où le commerce se fait principalement par la Baltique, de la région du midi, où il se fait par la mer Noire, on verrait qu'il n'occupe aussi qu'un rang fort secondaire dans nos importations. C'est bien pis pour les exportations, etc... La Russie, enfin, bien que l'on confonde toujours les deux régions en une, n'est plus ici qu'au 16e rang, après l'île Bourbon, et avec un chiffre de 13,600,000 francs.

Ensemble, la Suède, la Norvége et le Danemark, qui forment avec la Russie cette grande région du nord, placée à si peu de distance de nous, et qu'on voit s'étendre sur la carte avec un immense développement de côtes maritimes, n'égalent pas, quant à la valeur des exportations, l'Égypte seule ou les possessions danoises en Amérique.

CHARLES COQUELIN. *Du commerce extérieur de la France*, 1846.

NOTE XX, pages 41-42, 68.

Détails statistiques et comparatifs du commerce russe.

Pour mettre plus en évidence l'état précaire de l'industrie russe, nous laisserons parler les chiffres contenus dans la balance officielle du commerce extérieur, publiée en 1843.

Total de l'importation, soit.......	97,707,344 roubles.
Total de l'exportation.........	89,953,952
Différence en faveur de l'importation.	7,753,392

Ce qui veut dire que l'immense population russe, après avoir exporté à l'étranger les produits de son industrie et de son travail d'une année, se trouve dans un déficit de près de 8 millions de roubles pour couvrir les dépenses de l'importation de l'étranger des objets nécessaires à sa consommation annuelle. C'est une anomalie qui ne se trouve dans l'industrie d'aucun pays étranger, et où ordinairement on voit les exportations excédant d'un tiers, plus ou moins, l'importation; encore importe-t-il beaucoup de tenir compte de la nature de leur exportation.

De plus, le total que l'industrie manufacturière russe est en état d'exporter se réduit à un dixième de la totalité de son exportation annuelle, laquelle consiste en majeure partie en articles d'agriculture. D'après cela, l'industrie russe est-elle donc en rapport efficace avec les 53 millions de population?

Mettons à présent en parallèle le mouvement de l'industrie russe, c'est-à-dire son commerce annuel avec celui des autres pays, et nous aurons les données suivantes :

1. Angleterre pour. . . 3 milliards et $\frac{1}{2}$ de francs.
2. France. . . . . 3 » $\frac{1}{5}$ »
3. États-Unis. . . . . . 1 » $\frac{3}{10}$ »
4. Associations alle-
   mandes et villes
   anséatiques. . . . . 1 » $\frac{1}{5}$ »
5. Pays-Bas. . . . . . . 720 millions.
6. Autriche. . . . . . . 700 »
7. Russie. . . . . 685 »

C'est donc la septième place que l'industrie russe occupe dans le cercle du mouvement commercial, comparativement aux autres pays.

En déduisant les rapports entre les populations de tous ces États et leur industrie, nous aurons :

1. Angleterre. . . . . 198 francs par individu.
2. France. . . . . . . 66 »
3. États-Unis. . . . . 72 »
4. Associations alle-
   mandes et villes
   anséatiques. . . . 56 »
5. Pays-Bas. . . . . . 150 »
6. Autriche. . . . . . 19 »
7. Russie. . . . . . . 13 »

Il s'ensuit que tout le travail de l'année ne rapporte en Russie à un individu que 13 francs par la voie du commerce. C'est un phénomène qui doit frapper l'attention du gouvernement ainsi que les amis de l'humanité. Encore est-il indispensable de tenir compte du déficit qui résulte de l'importation sur l'exportation.

Ne voit-on pas que les cinq sixièmes de travail de la population de la Russie sont ensevelis dans son état actuel de servage; que l'industrie manufacturière ne s'y prête qu'en marâtre; que les forces incommensurables de l'empire sont en torpeur? Eh bien! tels sont des faits irrécusables, que les forces industrielles ne sauraient prospérer dans les populations où le servage existe!

> *Système de législation, d'administration, etc., etc., de la Russie en* 1844, par un homme d'État russe. — Paris, 1844. Pages 82-86.

§ 4. — POPULATION.

NOTE XXI, pages 47-48, 69-70.

Chiffre total des habitants.

En fixant nos évaluations à 59,000,000 pour la population totale de la Russie, et à 55,500,000 pour la population européenne, nous n'avons pas eu la prétention de poser des chiffres absolument exacts.

Ainsi que nous l'avons constaté (note XVIII), certains géographes diffèrent essentiellement sur l'étendue des colonies et conséquemment sur leur population; d'autres comptent parmi les habitants européens les Tatares, les Khiiguiss, les Circassiens, etc., peuplades réellement asiatiques et d'ailleurs nomades; en outre, les limites peu précises de la Russie d'Europe, sa vaste étendue, le peu d'exactitude des documents officiels et le désaccord même qui règne entre eux, font comprendre l'impossibilité de déterminer le chiffre exact de sa population.

Nous donnons donc nos évaluations résultant de nombreuses investigations et comparaisons, comme une sorte de moyenne se rapprochant le plus, suivant nous, de la vérité.

Voici d'ailleurs les chiffres du dernier dénombrement officiel (1846), d'après le *Correspondant de Hambourg* du 19 mai 1851.

Russie européenne proprement dite.	52,546,334
Sibérie occidentale.	2,153,558
Royaume de Pologne.	4,800,000
Grand duché de Finlande.	1,600,000
Trans - Caucasie.	2,500,000
Total.	63,599,892

En retranchant donc les habitants des possessions asiatiques :

Sibérie occidentale.	2,153,558
Trans-Caucasie.	2,500,000

4,653,558

Reste pour la population européenne. 58,946,334.

NOTE XXII, pages 49-51.

Races et idiomes; chiffres des habitants.

D'après nos calculs, la population russienne habitant les provinces anciennement polonaises, et par conséquent appartenant à la branche des Letto-Slaves, balance la supériorité numérique des Moskovites ou Normando-Slaves.

Le bulletin du recensement officiel, déjà cité dans la note précédente, vient à l'appui de cette assertion, en portant à plus de quatorze millions le nombre des Russiens ou Rusniaques, savoir :

Rusniaques des diverses provinces.	11,200,000
. . Idem. . de la Russie blanche.	3,600,000
Total.	14,800,000

NOTE XXIII, pages 49, 71-72.

Croyances religieuses.—Considérations sur le culte greco-russe.

L'influence chevaleresque et catholique a manqué aux Russes (Moskovites); non-seulement ils ne l'ont pas reçue, mais ils ont réagi contre elle avec animosité pendant leurs longues guerres contre la Lithuanie, la Pologne, contre l'ordre Teutonique et l'ordre des chevaliers Porte-Glaive.

Vous ne sauriez vous faire une juste idée de la profonde intolérance des Russes : ceux qui ont l'esprit cultivé, et qui communiquent par les affaires avec l'occident de l'Europe, mettent le plus grand art à cacher leur pensée dominante, qui est le triomphe de l'*orthodoxie grecque*, synonyme pour eux de la politique russe.

Paroles du Prince K... ., *ancien ambassadeur de Russie*, au Mis DE CUSTINE.—*La Russie en* 1839, lettre v.

En Russie la tolérance n'a pour garantie ni l'opinion publique, ni la constitution de l'État. Comme tout le reste c'est une grâce octroyée par un homme ; et cet homme peut retirer demain ce qu'il a donné aujourd'hui...

L'empereur, aidé de ses armées de soldats et d'artistes, aura beau s'évertuer, il n'investira jamais l'Église grecque d'une puissance que Dieu ne lui a pas donnée : on peut la rendre persécutrice, on ne la rendra point apostolique, c'est-à-dire *civilisatrice* et conquérante dans le monde moral: discipliner des hommes, ce n'est pas convertir les âmes. Cette Église politique et nationale n'a ni la vie morale, ni la vie surnaturelle. Tout vient à manquer à qui manque d'indépendance. Le schisme, en séparant le prêtre de son chef indépendant, le met aussitôt dans la main de son prince temporel ; ainsi, la révolte est punie par l'esclavage. Il faudrait douter de Dieu si l'instrument de l'oppression devenait celui de la délivrance...

Le peuple russe passe pour très-religieux, soit : mais qu'est-ce qu'une religion qu'il est défendu d'enseigner ? On ne prêche jamais dans les églises russes. L'Évangile révèlerait la liberté aux Slaves...

Les signes de croix ne prouvent pas la dévotion ; aussi malgré leurs génuflexions et toutes leurs marques extérieures de piété, les Russes dans leurs prières pensent à l'empereur plus qu'au bon Dieu. A ce peuple idolâtre de ses maîtres, il faudrait, comme aux Japonais, un second souverain, un empereur spirituel pour le conduire au ciel (1). Le souverain temporel l'attache trop à la terre. « *Réveillez-moi quand vous en serez au bon Dieu.* » disait un ambassadeur endormi dans une église russe par la liturgie impériale.

Mis DE CUSTINE.—*La Russie en* 1839, lettres XVII et XXI.

On a toujours prêché fort peu dans les églises schismatiques, et chez nous (Russes-Moskovites), l'autorité politique et religieuse s'est opposée plus qu'ailleurs aux discussions théologiques. Sitôt qu'on a voulu commencer à expliquer les questions débattues entre Rome et Byzance, le silence a été imposé aux deux partis. Les sujets de dispute ont si peu de gravité que la querelle ne peut se perpétuer qu'à force d'ignorance. Dans plusieurs institutions de filles et de garçons, à l'instar des Jésuites, on a fait donner quelques instructions religieuses ; mais l'usage de ces conférences n'est que toléré, et de temps à autre on l'abroge. Un fait qui paraîtra incompréhensible, quoiqu'il soit positif, c'est que la religion n'est pas enseignée publiquement en Russie. Il résulte de là une multitude de sectes, dont le gouvernement ne laisse pas soupçonner l'existence.

Il y en a une qui tolère la polygamie ; une autre va plus loin, elle pose en principe et met en pratique la communauté des femmes pour les hommes et des hommes pour les femmes.

(1) On sait que depuis 1583, il existe deux souverains au Japon : le *sjogoun* qui exerce un pouvoir absolu sur la personne et les biens de tous les habitants, et le *daïre-lama*, qui exerce le pouvoir spirituel.

Il est défendu à nos prêtres d'écrire même des chroniques.

C'est par les discussions religieuses que périra l'empire Russe.
Aussi nous envier la puissance de la foi, c'est nous juger sans
nous connaître.

Paroles d'un PHILOSOPHE RUSSE *anonyme*, au Mⁱˢ DE CUSTINE.—
La Russie en 1839, lettre XXVIII.

La foi politique est plus ferme ici (en Russie) que la foi religieuse ; l'unité de l'Église grecque n'est qu'apparente. Les sectes
réduites au silence, par le silence habilement calculé de l'Église
dominante, creusent leurs chemins sous terre ; mais les nations ne
sont muettes qu'un temps ; tôt ou tard le jour de la discussion se
lève : la religion, la politique, tout parle, tout s'explique à la fin.
Or, sitôt que la parole sera rendue à ce peuple muselé, on enten-
dra tant de disputes que le monde étonné se croira revenu à la
confusion de Babel : c'est par les dissensions religieuses qu'arrivera quelque jour une révolution sociale en Russie...

On ne peut assez le répéter, leur révolution (celle des Russes-
Moskovites) sera d'autant plus terrible qu'elle se fera au nom de la
religion ; la politique russe a fini par fondre l'Église dans l'État,
par confondre le ciel et la terre : un homme qui voit Dieu dans son
maître, n'espère le paradis que de la grâce de l'empereur...

Depuis les usurpations de l'autorité temporelle, la religion
chrétienne en Russie a perdu sa vertu : elle est stationnaire, c'est
un des rouages du despotisme ; voilà tout. Dans ce pays, où rien
n'est défini nettement, et pour cause, on a peine à comprendre
les rapports actuels de l'Église avec le chef de l'État, qui s'est
fait aussi l'arbitre de la foi, sans cependant proclamer positive-
ment cette prérogative : il se l'est arrogée, il l'exerce de fait, mais
il n'ose la revendiquer comme un droit, il a conservé un synode.
C'est un dernier hommage rendu par la tyrannie au Roi des rois,
et à son Église ruinée.

J'ai vu en Russie une Église chrétienne que personne n'attaque, que tout le monde respecte, du moins en apparence ; une
Église que tout favorise dans l'exercice de son autorité morale, et
pourtant cette Église n'a nul pouvoir sur les cœurs : elle ne sait
faire que des hypocrites ou des superstitieux.

Cette Église est morte, et pourtant à en juger par ce qui se
passe en Pologne, elle peut devenir persécutrice, tandis qu'elle
n'a ni d'assez hautes vertus, ni d'assez grands talents pour être
conquérante par la pensée ; en un mot, il manque à l'Église russe

ce qui manque à tout dans ce pays : la liberté sans laquelle l'esprit de vie se retire et la lumière s'éteint.

L'Europe occidentale ignore tout ce qu'il entre d'intolérance religieuse dans la politique russe. Le culte des Grecs réunis vient d'être aboli à la suite de longues et de sourdes persécutions: l'Europe catholique sait-elle qu'il n'y a plus d'Uniates chez les Russes (1) ?...

Le monstrueux crédit de la Russie à Rome est un effet de prestige contre lequel je voudrais nous prémunir. Rome et toute la catholicité n'a pas de plus grand, de plus dangereux ennemi que l'empereur de Russie. Tôt ou tard, sous les auspices de l'aristocratie grecque, le schisme règnera seul à Constantinople ; alors le monde chrétien, partagé en deux camps, reconnaîtra le tort fait à l'Église romaine par l'aveuglement politique de son chef (Grégoire XVI).

Mis DE CUSTINE.— *La Russie en* 1839, lettres XI, XIII, XXXVI.

Ces citations démontrent suffisamment que le culte greco-russe, dit orthodoxe, dominant aujourd'hui en Russie, est essentiellement politique. Ajoutons qu'il diffère des autres cultes chrétiens, et que, d'après les relations de quelques voyageurs modernes, il se rapprocherait de certaines croyances lamaïtiques, dont les partisans habitent divers archipels de l'océan Pacifique (Asie), et les colonies même de la Russie.

Nous ne pouvons ici que renvoyer le lecteur au *Voyage pittoresque autour du monde,* publié sous la direction de DUMONT-D'URVILLE; Paris 1834, 1er vol., p. 337-382.

_____

(1) Les Uniates sont des grecs réunis à l'Église catholique, et dès lors regardés comme des schismatiques par l'Église grecque.
Voir les notes du chapitre II (Pologne).

Note XXIV, pages 49, 52, 72.

Classes ou conditions sociales. — Détails.

NOBLESSE. — La noblesse en Russie, outre qu'elle se transmet par hérédité, s'acquiert encore par l'exercice d'un emploi au service de l'État....

Le droit de posséder des terres peuplées de serfs a, de tout temps, exclusivement appartenu à la noblesse. Pierre III assura en outre aux nobles certaines prérogatives, entre autres celle de quitter à volonté le service auquel ils devaient rester toute leur vie, d'après une ordonnance de Pierre I\ er, et celle de résider où bon leur semblerait, soit à l'intérieur soit à l'étranger. Catherine y ajouta encore quelques franchises, et le tout fut consigné dans un acte appelé la *charte de la noblesse*... La plus précieuse des franchises accordées par cette charte, et qui les vaut toutes à elle seule, c'est l'exemption des punitions corporelles. Auparavant, il y avait pour tous les Russes égalité complète devant la loi du bâton. La faculté de résider à l'étranger a été limitée par le petit-fils de Catherine, l'empereur actuellement régnant. Un ukase défend à ses sujets d'y rester au delà d'un certain temps, sans une autorisation nouvelle et expresse.

Le service de l'État, bien qu'obligatoire à un certain point pour la noblesse, doit cependant être rangé au nombre de ses priviléges, et Pierre I\ er a donné à ce privilége une grande importance. En élaborant son fameux *tableau des rangs* (tchinn), ce prince ne voulait peut-être qu'imiter, en le perfectionnant à sa manière, ce qui existait en Suède; peut-être aussi voulait-il tout ramener à la puissance du gouvernement, afin que rien n'émanât que de lui, et même n'existât que par lui.

Conformément à ce tableau des rangs, la population privilégiée des serviteurs de l'État, y compris le haut clergé, est divisée en quatorze classes. La dernière de ces classes comprend les sous-lieutenants de l'armée et les employés civils subalternes. Tout le reste, sous-officiers, soldats, copistes dans les bureaux, etc., se confondant avec les masses, est en dehors de la nation officielle ou légale, et ne forme que la base muette et souffrante de la triste pyramide. Jusqu'à présent les riches négociants avaient pu sans difficulté obtenir les rangs, et par ce moyen acquérir la noblesse ; maintenant on a créé une sorte de classe intermédiaire entre les nobles et les négociants de premier ordre.

On ne conçoit pas que dans un pays où il y a tant de choses sérieuses à faire, on puisse s'occuper de futilités pareilles : c'est progresser vers la Chine...

CLERGÉ.— Le clergé en général est loin de répondre en Russie à l'importance de sa mission. Celui qui est en contact journalier et permanent avec les masses populaires, se trouve dans un tel état d'infériorité et d'insignifiance, qu'il peut à peine suffire à la partie matérielle de ses fonctions, à celles qui consistent dans l'accomplissement des devoirs extérieurs du culte. Sa position ne lui permet pas d'acquérir la moindre influence morale sur ses ouailles, et encore moins de diriger leurs consciences.

Anciennement le haut clergé de Russie se recrutait dans les familles nobles. C'est ainsi que le fondateur de la dynastie des Romanoff eut pour père et pour régent le patriarche Philarète. Depuis ce temps, l'importance du clergé a bien diminué. Pierre Ier abolit le patriarcat, Catherine II confisqua tous les biens du clergé régulier. Quant au clergé séculier, il a toujours végété misérablement en Russie ; les coups portés au premier, qui occupe les hautes positions de l'Église, n'étaient certainement pas faits pour relever le second de son abaissement...

N. TOURGUENEFF. — *La Russie et les Russes*, tome II.

L'influence du prêtre en Russie se borne à obtenir du peuple et des grands des signes de croix et des génuflexions.

Le clergé greco-russe n'a jamais été, il ne sera jamais qu'une milice revêtue d'un uniforme un peu différent de l'habit des troupes régulières de l'empire. Sous la direction de l'empereur, les popes et leurs évêques sont un régiment de clercs ; voilà tout.

Mis DE CUSTINE. — Lettres XVII et XXXVI.

BOURGEOISIE.— La classe des bourgeois proprement dits renferme tous les artisans, les petits commerçants, les détaillants, et en général tous ceux qui ne font partie ni des *guildes*, ni de la classe des *paysans*. C'est encore dans cette classe qu'entrent ordinairement les affranchis. Les bourgeois paient l'impôt de la capitation, dont sont exempts les nobles et les marchands ; ils sont par conséquent soumis, comme les paysans, au recrutement. Ils doivent résider dans les villes, où ils peuvent exercer des métiers et faire le petit commerce de détail, en se conformant à certaines règles prescrites par la loi.

PAYSANS PROPRIÉTAIRES (*odnodwortsi* ou petits propriétaires). — La terre que cultivent ces paysans leur appartient; quelquefois même ils possèdent des serfs attachés à cette terre, mais les impositions qu'ils paient au gouvernement sont modérées.

On évalue à 1,400,000 le nombre des *odnodwortsi*.

KOSAQUES. — L'association kosaque s'est principalement développée sur les bords du Don.

Pierre Ier, prétextant la trahison de l'hetman Mazeppa, qui avait fait alliance avec Charles XII, pour lui faciliter l'invasion de la Russie, dépouilla les Kosaques de la Petite-Russie de toutes les libertés dont son père et lui-même leur avaient, par des traités, garanti la jouissance.

Quelques-unes de ces libertés leur furent rendues sous le successeur de Pierre, et on voit encore les hetmans nommés par le peuple. Enfin, Catherine II établit dans la Petite-Russie le régime russe, et pour consommer l'œuvre, introduisit l'esclavage dans un pays si longtemps libre, et qui naguère l'était encore...

Quant aux Kosaques du Don, ils conservèrent plus longtemps leurs immunités et leurs institutions primitives.

En général, les Kosaques, lorsqu'ils n'éprouvent pas de la part du gouvernement de trop grandes vexations, jouissent non-seulement d'un bien-être remarquable, mais même d'une certaine prospérité, surtout ceux du Don.

LABOUREURS LIBRES ou cultivateurs propriétaires. (Classe créée sous le règne d'Alexandre.) — Les terres acquises par les laboureurs deviennent la propriété de la commune, et non la leur propre.

Malheureusement le nombre des laboureurs libres ne dépasse pas 70,000.

COLONS ÉTRANGERS. — Établis en Russie, par le gouvernement, avec tant de peines et à de si grands frais, ils sont au nombre de 84,000.

PAYSANS DE LA COURONNE. — Ces paysans sont libres comme on l'est en Russie.

Si le gouvernement ne les fait pas esclaves, il peut les traiter comme tels ; le règne d'Alexandre en présente un triste et sanglant exemple dans l'établissement des colonies militaires.

PAYSANS DES APANAGES, *des arendes, attachés aux mines*, etc., *soumis aux corvées postales* (plus ou moins libres), et exempts, soit du recrutement, soit des impositions.

PAYSANS A L'OBROK (serfs, quoique payant leurs redevances en argent); sont en majorité.

PAYSANS A LA CORVÉE (serfs assujettis à des prestations en nature); ce sont les plus malheureux.

ESCLAVES DOMESTIQUES (serfs).

Le nombre des serfs, en Russie, est évalué à plus de 11,000,000.

Il n'y a que les Russes, les Russes véritables, les Russes purs de sang, qui soient ou qui puissent être esclaves en Russie; ni les autres Européens, ni les Orientaux, ne peuvent le devenir. On y voit d'ailleurs des nobles d'origine anglaise, française, allemande, italienne, espagnole, portugaise, de même que d'origine tatare, arménienne, indienne, juive. Tous ils peuvent avoir des esclaves, à la seule condition que ces esclaves soient de véritables Russes. On dirait que la Russie veut réserver exclusivement l'avantage d'être esclaves à ses propres, à ses plus légitimes enfants.

N. TOURGUENEFF. — *La Russie et les Russes*, tome II, Ire partie.

NOTE XXV, pages 49, 72.

Esclavage.—Réflexions.

Disons quelques mots des effets produits par l'esclavage sur les progrès des lumières et de la civilisation. Lumière! civilisation! esclavage! En vérité, la plume refuse de réunir des mots si peu faits pour se trouver ensemble. Lumière, là où le flambeau du christianisme lui-même n'est pas encore parvenu à dissiper les ténèbres de la barbarie! Civilisation, là où l'homme est exploité par l'homme!

N. TOURGUENEFF. — *La Russie et les Russes*, tome II.

Comment déclarer en face de l'Europe, en face de l'humanité et de la civilisation, qu'il se trouve encore dans son sein, dans un des plus puissants empires, plus de 25 millions de population de la même race, dans un état de servage complet, soumise à la volonté arbitraire d'une vingtaine de mille de maîtres, de propriétaires, dont le système d'administration arbitraire, erroné, diffère autant qu'il y a de maîtres? Tel est cependant l'état de la population qui est en possession des particuliers en Russie.

Elle réclame les bienfaits de l'affranchissement, non-seulement au nom de l'humanité, des progrès remarquables de sa patrie; non-seulement au nom de l'industrie, des richesses qui rejailliront de leur léthargie actuelle sur tout le pays, mais encore au nom des intérêts des propriétaires mêmes, que l'affranchissement multipliera et garantira mieux qu'ils ne le sont actuellement.

La Russie étant éminemment agricole, avec cette prodigieuse quantité de terre féconde, comment est-il que la disette vient l'affliger si souvent, tandis que les pays arides ne sont pas soumis à ce fléau? La cause évidente en est dans le servage de la population, et on ne saurait obvier à cette calamité que par son affranchissement.

Système de législation, d'administration, etc., de la Russie en 1844, par un homme d'État russe, pages 86-87.

Note XXVI.

Mœurs des habitants primitifs (Moskovites). — Civilisation russe.

Les rigueurs du climat ne permirent pas aux Mongols de s'établir dans ces pays, comme ils le firent dans la Chine et dans l'Inde. Les kans ne voulaient régner sur la Russie que de loin. Mais les envoyés de l'orde (horde), représentant la personne du kan, faisaient ce qu'ils voulaient en Russie; les marchands, même les vagabonds mongols, nous traitaient comme de vils esclaves. Quelle dut en être la conséquence? La dégradation morale des hommes. Oubliant la fierté nationale, nous apprîmes les basses finesses, les ruses d'esclavage, qui sont la force des faibles; en trompant les Tatares, nous nous trompions encore les uns les autres; en nous rachetant au poids de l'or de l'oppression des barbares, nous devînmes beaucoup plus avides et beaucoup moins sensibles aux offenses, à la honte, exposés que nous étions aux violences des tyrans étrangers.

KARAMZINE. — *Histoire de Russie*, tome V.

Les Russes n'ont point été formés à cette brillante école de la bonne foi dont l'Europe chevaleresque a su si bien profiter, que le mot *honneur* fut longtemps synonyme de fidélité à la parole; et que la *parole d'honneur* est encore une chose sacrée, même en France où l'on a oublié tant de choses!... La noble influence des chevaliers croisés s'est arrêtée en Pologne avec celle du catholicisme; les Russes sont guerriers, mais pour conquérir; ils se battent par obéissance et avidité : les chevaliers polonais guerroyaient pour amour de la gloire. Ainsi, quoique dans l'origine ces deux nations, sorties de la même souche, eussent entre elles de grandes affinités, le résultat de l'histoire, qui est l'éducation des peuples, les a séparées si profondément, qu'il faudra plus de siècles à la politique russe pour les confondre de nouveau, qu'il n'en a fallu à la religion et à la société pour les diviser.

Les Polonais se trouvent, vis-à-vis des Russes, absolument dans la position de ceux-ci vis-à-vis des Mongols sous les successeurs de Bati. Le joug qu'on a porté n'engage pas toujours à rendre moins pesant celui qu'on impose. Les princes et les peuples se vengent quelquefois comme des particuliers sur des innocents : ils se croient forts parce qu'ils font des victimes.

Paroles du Prince K... au Mᵢˢ DE CUSTINE. —
La Russie en 1839, lettre v.

Faites-vous l'idée d'un peuple à demi sauvage et qu'on a enrégimenté sans le civiliser, et vous comprendrez l'état moral et social du peuple russe...

La Russie est un corps sans vie, un colosse qui subsiste par la tête, mais dont tous les membres également privés de force languissent. De là une inquiétude profonde, un malaise inexprimable... expression d'une souffrance positive... De toutes les parties de la terre, la Russie est celle où les hommes ont le moins de bonheur réel...

L'homme ne connaît ici ni les vraies jouissances sociales des esprits cultivés, ni la liberté absolue et brutale du sauvage, ni l'indépendance d'action du demi-sauvage, du barbare... Le Russe pense et vit en soldat.

Mᵢˢ DE CUSTINE. — *La Russie en* 1839, lettre xv.

Les Russes ont beau dire et beau faire, tout observateur sincère ne verra chez eux que des Grecs du Bas-Empire, formés à la stratégie moderne par les Prussiens du xviiie siècle et par les Français du xixe. LE MÊME. — *Idem*, lettre xix.

La vie des Russes est plus triste que celle d'aucun des autres peuples de l'Europe; et quand je dis le peuple, ce n'est pas seulement des paysans attachés à la glèbe que je veux parler, c'est de tout l'empire.   LE MÊME. — *Idem*, lettre XXXVI.

Si vous voyez la cour et les gens qui la grossissent, vous vous croyez chez une nation avancée en culture et en économie politique; mais lorsque vous réfléchissez aux rapports qui existent entre les diverses classes de la société; lorsque vous voyez combien ces classes sont encore peu nombreuses; enfin lorsque vous examinez attentivement le fond des mœurs et des choses, vous apercevez une barbarie réelle à peine déguisée sous une magnificence révoltante.   LE MÊME. — *Idem*, lettre X.

Malgré toutes leurs prétentions aux bonnes manières, malgré leur instruction superficielle et leur profonde corruption précoce, malgré leur facilité à deviner et à comprendre le positif de la vie, les Russes ne sont pas encore civilisés : ce sont des Tatares enrégimentés, rien de plus.   LE MÊME. — *Idem*, lettre XI.

Les Russes, sortis d'une agglomération de peuplades longtemps nomades et toujours guerrières, n'ont pas encore complétement oublié la vie du bivouac.   LE MÊME. — *Idem*, lettre XIV.

Les mœurs des Russes, malgré toutes les prétentions de ces demi-sauvages, sont et resteront encore longtemps cruelles. Il n'y a guère plus d'un siècle qu'ils étaient de vrais Tatares; c'est Pierre-le-Grand qui a commencé à forcer les hommes d'introduire les femmes dans les assemblées; et sous leur élégance moderne, plusieurs de ces parvenus de la civilisation ont conservé la peau de l'ours; ils n'ont fait que la retourner, mais pour peu qu'on gratte, le poil se retrouve et se redresse (1).

LE MÊME. — *Idem*, lettre XVI.

La nature et l'histoire ne sont pour rien dans la civilisation russe; rien n'est sorti du sol ni du peuple; il n'y a pas eu de progrès; un beau jour tout fut importé de l'étranger.

LE MÊME. — *Idem*, lettre XIV.

La Russie est placée sur la limite de deux continents. Ce qui vient de l'Europe n'est pas de nature à s'amalgamer complétement avec ce qui a été apporté de l'Asie. Cette société n'a jusqu'à pré-

(1) Mot de l'archevêque de Tarente.

sent été policée qu'en souffrant la violence et l'incohérence de deux civilisations en présence, mais encore très-diverses.

LE MÊME. — *Idem*, lettre xv.

La bonne civilisation va du centre à la circonférence, tandis que la civilisation russe est venue de la circonférence au centre : c'est de la barbarie recrépie, voilà tout.

La Russie est une nation de muets; quelque magicien a changé soixante millions d'hommes en automates qui attendent la baguette d'un autre enchanteur pour renaître et pour vivre.

La Russie, cette nation-enfant, n'est qu'un immense collège : tout s'y passe comme à l'école militaire, excepté que les écoliers n'en sortent qu'à la mort.

La Russie est policée; Dieu sait quand elle sera civilisée.

LE MÊME. — *Idem*, lettres xvii, xxiv et xxxv.

Le Slave était naturellement ingénieux, musical, presque compatissant; le Russe policé est faux, oppresseur, singe et vaniteux.

LE MÊME. — *Idem*, lettre xxii.

NOTE XXVII.

Proverbes moskovites.

Pour entrer en Russie, les portes sont larges; pour en sortir elles sont étroites.

Quoique à contre-cœur, sois toujours prêt à faire ce que l'on ordonne.

Un homme battu vaut mieux que deux hommes qui ne l'ont pas été.

Il n'y a que les paresseux qui ne nous (paysans) rossent pas.

Le laboureur (libre) travaille comme un paysan, mais il se met à table comme un maître.

Tout est à Dieu et à l'empereur.

Le tombeau redresse un bossu, et le bâton un têtu.

Le poisson est à bon marché quand un autre le paie.

Le knout n'est pas un ange, mais il apprend à dire la vérité.

On boit le kwasse (boisson aigre) quand on veut, et l'hydromel quand on peut.

Les mœurs d'un moujik (paysan) s'allient parfois à la fierté du boyard (noble).

La colère du tzar est l'ambassadeur de la mort.

Dieu est bien haut et le tzar trop loin.

Quand le patriarche est affamé, il vole comme tout autre.

Notre Seigneur volerait aussi, s'il n'avait les mains percées.

D'après Paris, Tourgueneff et de Custine.

§ 5. — RESSOURCES FINANCIÈRES

ET FORCES MILITAIRES.

Note xxviii, pages 53–57 et 74–76.

Finances.—Considérations.

Pour compléter nos remarques sur les finances, nous donnons ici les observations de deux publicistes russes modernes sur ce sujet. On verra qu'ils s'élèvent comme nous contre le système financier de leur propre pays; et que, quoique placés à un autre point de vue, ils viennent cependant à l'appui de nos conclusions.

Il n'y a pas d'autre alternative pour la Russie : il faut qu'elle s'allie franchement avec la civilisation, ou qu'elle se résigne à déchoir. En temps de paix, ses ressources ordinaires ne peuvent subvenir à tous ses besoins, comme le prouvent les emprunts que de temps en temps elle est obligée de contracter. Que serait-ce dans le cas d'une guerre sérieuse en Europe ? On aura beau vouloir se faire illusion, l'expérience ne tarderait pas à apprendre que la voie qu'on a prise est inféconde, et qu'on n'y saurait trouver de nouvelles ressources. L'arbitraire, l'esclavage, le bâton, le knout, ce sont de mauvais moyens de prospérité, de richesse nationale, et il faudra bien se décider à en demander de meilleurs à la légalité, à la liberté, à la civilisation enfin...

Que penser d'un régime avec lequel les sociétés de tempérance sont entièrement incompatibles, d'un pays où le gouvernement lui-même est fortement intéressé à ce que l'usage des boissons alcooliques se propage de plus en plus? Par justice, par humanité, par pudeur, le gouvernement russe devrait chercher ailleurs les moyens de remplir son trésor.

N. TOURGUENEFF. — *La Russie et les Russes en* 1847, tome III, 1ʳᵉ partie.

Les principes, ainsi que les résultats qu'obtient la banque (en Russie.) appellent l'impérieuse nécessité de sa réorganisation. Dans l'état actuel, la banque ou les opérations de la banque se subdivisent en sept établissements distincts :

1° La banque d'emprunt ou d'escompte.

2° Le lombard, qui fait les mêmes opérations que la précédente.

3° La banque d'assignation.

4° La banque de commerce.

5° La commission des métalliques, ou des bons d'État.

6° La commission d'amortissement.

7° La chancellerie du crédit.

En examinant attentivement la nature des opérations si identiques de tous ces établissements, l'éparpillement des capitaux entre eux, la divergence d'action et des formalités, l'immense quantité d'édifices qui sont destinés à cet effet, ainsi que le nombre considérable des fonctionnaires, on sera bien étonné qu'une telle organisation eût pu se maintenir jusqu'à ces jours, en présence de tant de progrès que les institutions de banques ont faits en Occident....

Le système des impôts directs est sans doute le plus aggravant pour une population agricole; il l'est d'autant plus pour la population russe, presque tout entière attachée à la glèbe, sans la civilisation, sans l'industrie, sans la liberté, et pour laquelle le commerce est en même temps un expédient très-perfide. Le comte Kankrine, en arrivant au ministère, a trouvé l'impôt direct basé sur la capitation, ou comme l'on dit *par âme*. Il n'est pas nécessaire d'entrer dans une longue analyse, pour en déduire tout ce qu'il y a dans ce système de plus pernicieux, de plus inique, de plus incompatible avec une administration civilisée, ce qui n'a plus d'exemple en Europe.

De plus, la population russe, étant dispersée sur un espace tellement vaste, variant jusqu'à l'extrémité de la quantité et de la qualité du sol ainsi que des avantages locaux, exprime hautement le danger d'être soumise à ce système. Il suffit de mettre en parallèle les gouvernements de Witebsk, de Mohilew, de Smolensk, de Minsk, de Pskoff avec d'autres gouvernements graduellement, ainsi que ces derniers entre eux réciproquement, pour se convaincre du péril que contient en elle la capitation.

L'administration des finances, qui continuait sa gestion pendant vingt-un ans sans interruption, réunissait des conditions radicales pour opérer une réforme digne du siècle, et des progrès qui caractérisent le gouvernement russe sous tant de rapports. Cependant, il est impossible de ne pas avouer que non-seulement aucune réforme n'a été tentée pour la réduction de cet impôt, mais qu'il a été augmenté; de plus, il a été aggravé très-sensiblement par des impositions indirectes, c'est-à-dire par l'élévation de la taxe sur l'eau-de-vie, sur le sel et sur le papier timbré, qui pèse de tout son poids sur la population agricole...

Dans les budgets des revenus tant d'Angleterre que de France, figurent en première ligne les chiffres des revenus des douanes, d'enregistrement; dans le budget russe, c'est la taxe sur l'eau-de-vie qui occupe la première place, tandis que l'enregistrement disparaît presque. Cela porte, d'un côté, à la réflexion morale quant à la masse de la population; et de l'autre, aux institutions radicales qui mettent des entraves aux mouvements sociaux, spéculatifs, représentés par l'enregistrement et le commerce.

Au commencement du règne de l'empereur Alexandre, la Russie n'avait point de dettes. La politique extérieure, dans laquelle elle fut entraînée ensuite par la diplomatie, et prit une part si active aux affaires de l'Europe, l'a obérée d'une dette énorme. Pour tout résultat d'une lutte qui a tant coûté à la Russie, elle a acquis le royaume de Pologne...

Que doit prononcer la postérité sur le règlement qui a frappé de confiscation tous les biens de ceux que la révolution polonaise a entraînés? Est-ce que la civilisation et la morale n'ont pas effacé à jamais ces lois barbares des institutions civilisées? Y a-t-il justice que le gouvernement soit juge et partie dans les conséquences de ces lois? Ne doit-on pas supposer qu'autant que la loi de confiscation existera, il n'y aura point de garantie de la propriété ni des personnes, vu que l'autorité peut toujours se permettre d'incriminer, selon ses vues, tout individu, même le plus inoffensif? De pareilles lois ne sauraient manquer d'être flétries par la postérité.

Système de législation, d'administration, etc., de la Russie en 1844, par un HOMME D'ÉTAT RUSSE, p. 73-78, 120-124.

NOTE XXIX, pages 57-62, et 76-77.

Forces militaires.—Considérations.

De même que pour les finances, nous donnons ici pour les armées quelques observations des deux publicistes russes cités dans la note précédente, observations qui viennent également à l'appui de nos conclusions.

MARINE. — Le grand inconvénient, le grand désavantage pour la marine de l'État, c'est le manque de matelots. On ne peut avoir de bons marins sans commerce maritime; or, ce commerce est nul en Russie, et l'on est réduit à prendre les matelots parmi les recrues fournies par le pays. Tout le monde sait qu'on ne forme pas des marins comme on forme des soldats.

ARMÉE DE TERRE. — C'est sous le règne d'Alexandre que l'armée russe prit cet immense développement qui étonne le monde et qui ruine la Russie.

Les guerres de ces derniers temps étaient sans doute bien autrement sérieuses que celles du temps de Catherine, et la force armée devait nécessairement être augmentée en proportion; cependant, ce qui prouve que les lois de la nécessité n'ont pas seules produit ce développement, c'est que ce fut précisément après la paix générale que les armées russes furent portées à leur plus haut degré numérique.

Le gouvernement continue, depuis ce temps, d'alimenter l'armée par des recrutements incessants, et elle fut maintenue sur un pied plus formidable qu'elle ne l'avait jamais été pendant la guerre.

Le mode de recrutement est tout ce qu'il y a de plus odieux dans ce genre. On a essayé à différentes reprises d'y apporter quelques remèdes; mais ces remèdes n'étaient toujours que des palliatifs. Jamais on n'a pensé à y introduire quelque régularité, quelques principes généraux, semblables à ceux en usage dans d'autres pays; jamais on n'a tenté de classer les jeunes gens propres au service militaire, d'appeler sous les drapeaux une classe après l'autre, en abandonnant le choix définitif au sort. On se contente de décréter que tant d'hommes seront pris par cent, ou par mille âmes; les communes dans les domaines de la couronne, les seigneurs, ou encore les communes elles-mêmes, désignent ceux qui doivent marcher.

Le chiffre de la population sujette au recrutement est de 22,500,000 âmes; c'est le chiffre de celle qui est soumise à l'impôt de la capitation.

La force matérielle, cette force armée qui, dans l'ordre des choses, est l'instrument principal de la puissance de la Russie, a-t-elle été rendue plus formidable qu'elle ne l'était autrefois, non-seulement par le nombre, mais aussi par l'esprit qui l'anime, par la capacité de ceux qui la dirigent? Rien non plus ne le prouve. La guerre contre les Turcs (1828-29), surtout la première campagne de cette guerre, démontre plutôt le contraire. La guerre contre les Polonais n'a pas duré moins de dix mois; et si l'on pense à la disproportion des deux armées belligérantes, si l'on prend en considération la nullité des ressources des Polonais, privés de tout secours, même de toute communication avec l'étranger, quelle triste idée ne doit-on pas se faire d'une armée qu'ils ont pu tenir si longtemps en échec? Et cette lutte enfin, cette terrible lutte d'extermination avec les montagnards du Kaukase, quels succès, quels triomphes offre-t-elle en compensation des énormes et douloureux sacrifices qu'elle coûte à la nation russe?

N. TOURGUENEFF. — *La Russie et les Russes*, en 1847, tome III, 1re partie.

Disons sincèrement que, quelque imposante que soit l'armée russe, elle ne pourra désormais intervenir dans les affaires de l'Europe, vu que les principes politiques de ces divers États ainsi que les conditions sociales et morales de l'époque, s'y opposent souverainement.

D'ailleurs, la Russie a ce bienfait extraordinaire, inappréciable, d'être inexpugnable dans sa défensive; mais quant à son offensive, elle ne saurait s'arroger ce pouvoir. On sait quelle grande part emporte en lui le génie du général dans une bataille; aussi a-t-on de nombreux exemples où une petite armée a vaincu une plus considérable. De plus, dans les guerres, si elles pouvaient désormais survenir en Europe, le principe de la nationalité jettera son épée sur la balance des batailles. Eh bien, cette arme d'invention récente est une énorme prépondérance dans les luttes politiques! On en a un exemple de fraîche date sur la malheureuse Pologne, qui a lutté avec tant de succès contre une armée dix fois plus nombreuse, mieux organisée, et qui néanmoins, d'après des données dignes de foi, à deux reprises, avait la prépondérance en sa faveur. La Circassie nous offre un autre exemple où une poignée de tribus sans ordre, sans discipline, sans connaissance de l'art de la guerre et même sans ressources matérielles, put résister pendant tant d'années contre un géant.

Système de législation, etc., de la Russie en 1844,
par un HOMME D'ÉTAT RUSSE, *p.* 99-97.

NOTE XXX, page 59.— *Colonies militaires.*

L'idée des colonies militaires a surgi pour la première fois après la pacification de l'Europe en 1815. Personne n'a jamais réclamé pour soi la priorité de cette idée, que l'opinion générale attribuait à l'empereur Alexandre lui-même. Les colonies militaires des Romains ne pouvaient guère l'avoir inspirée; il n'y a rien de commun entre celles-ci et les colonies russes. Les régiments colonisés sur quelques frontières de l'empire d'Autriche n'ont pas dû non plus leur servir de modèle, ayant été créés principalement pour la garde des frontières...

Ce sont les dépenses énormes occasionnées par l'entretien d'une armée exorbitante, et le désir de pouvoir y subvenir, qui ont fait penser à établir ces colonies. Un autre désir vint se joindre au premier et stimuler le zèle pour l'accomplissement du dessein que l'on se proposait : ce fut celui d'avoir le plus grand nombre possible de soldats.

Dès le principe, ce nouveau système colonial ne se bornait pas à coloniser les soldats seulement, mais encore à convertir les paysans cultivateurs en colons militaires; ces deux éléments, soldats et cultivateurs, entraient dans la formation des colonies.

Il suffit de ce peu de mots pour faire sentir tout ce qu'il y avait d'illusion dans la conception d'un pareil plan, ainsi que tout ce qu'il devait y avoir d'odieux dans son exécution. En effet, quant aux soldats, si le gouvernement trouvait utile ou avantageux de les coloniser, il n'y avait rien à redire : le sort du soldat russe est tellement malheureux, qu'aucun changement ne saurait l'aggraver. Mais soumettre de force les paysans à la discipline militaire, eux qui jusque alors avaient joui de leur liberté, autant du moins qu'on peut en jouir en Russie, c'était un acte de tyrannie révoltant, sans aucune utilité pour le pays, ni même pour le gouvernement, et qui pèsera, hélas! sur la mémoire d'Alexandre plus qu'aucun autre acte de sa vie.

L'institution des colonies militaires fut frappée d'une réprobation générale. Je n'ai jamais rencontré un seul individu qui l'ait approuvée...

Dans les dernières années du règne d'Alexandre, les colonies militaires prirent une grande extension. On colonisa des corps d'armée entiers, tant d'infanterie que de cavalerie. Or, pour un soldat, il faut compter peut-être toute une famille de cultivateurs. Qu'on juge, d'après cela, du nombre de victimes sacrifiées en holocauste à cette inconcevable manie.

A la mort d'Alexandre, on s'attendait généralement à ce que son successeur s'empresserait de supprimer les colonies militaires, qui ne présentaient aucun résultat appréciable, et qui avaient causé tant de maux. Cette attente fut trompée. Il paraît qu'on y a introduit quelques modifications; mais leur existence continue d'affliger l'humanité et de faire voir jusqu'où peuvent aller les aberrations d'un pouvoir sans bornes.

TOURGUENEFF. — *La Russie et les Russes*, 1847, 2e partie.

Le lecteur qui désirerait des détails plus étendus sur les colonies militaires de la Russie, pourra consulter l'article de M. Desprey : *De la colonisation militaire en Autriche et en Russie*, inséré dans la *Revue des Deux-Mondes*, août 1847.

SUR LE CHAPITRE II

(POLOGNE.)

<hr>

§ 1ᵉʳ. — NOTICE HISTORIQUE

NOTE 1ʳᵉ, pages 80-87, 134-135.

Premières périodes historiques (965-1795.)

Les limites que nous nous sommes tracées ne nous permettent pas de donner des pièces justificatives sur les trois premières périodes. Nous nous bornerons à citer ici les principaux ouvrages qui viennent à l'appui de notre résumé :

1° *Histoire de l'anarchie en Pologne*, par RULHIÈRES, 4 vol. in-8° (1807-1808) ;

2° *Les trois démembrements de la Pologne*, par le Cᵗᵉ DE FERRAND, 3 vol. in-8° (1820) ;

3° *Chute de la Pologne*, par DE RAUMER, 1 vol., traduit de l'allemand (1837).

Voir de plus les *pièces justificatives* du chap. 1ᵉʳ (Notes v et vi).

Note ii, pages 88, 135.

Émigration militaire.—Formation du duché de Varsovie.

Relativement à l'émigration des Polonais, nous ne pouvons que renvoyer le lecteur à l'*Histoire des Légions polonaises en Italie*, par L. Chodzko, 2 vol. in-4°, Paris 1830.

Quant au duché de Varsovie, nous observerons seulement qu'il fut formé, en vertu des traités de Tilsitt (1807) et de Wagram (1809), des provinces reprises à la Prusse et à l'Autriche, et dont deux furent cédées alors à la Russie. Cet État était régi par un statut constitutionnel, approuvé par l'empereur Napoléon le 22 juillet 1807.

Note iii, page 88.

Guerre entre la France et la Russie (1812).—Politique de la France à l'égard de la Pologne.

Art. 5. Dans le cas où, par suite de la guerre entre la France et la Russie, le royaume de Pologne viendrait à être rétabli, S. M. l'empereur des Français garantira spécialement, comme elle garantit dès à présent à l'Autriche, la possession de la Gallicie.

Art. 6. Si, le cas arrivant, il entre dans les convenances de l'empereur d'Autriche de céder, pour être réunie au royaume de Pologne, une partie de la Gallicie, en échange des provinces illyriennes, S. M. l'empereur des Français s'engage dès à présent à consentir à cet échange. La partie de la Gallicie à céder sera déterminée d'après la base combinée de la population, de l'étendue, des revenus, de sorte que l'estimation des deux objets de l'échange ne soit pas réglée par l'étendue du territoire seulement, mais par sa valeur réelle.

ART. 10. Les articles ci-dessus resteront secrets entre les deux puissances.

Extrait du traité entre la France et l'Autriche, du 14 mai 1812.

Réponse de l'empereur Napoléon aux délégués de la confédération générale de Varsovie, qui avait proclamé le rétablissement de l'ancien royaume de Pologne. (*Wilna*, juillet 1812).

J'ai entendu avec intérêt ce que vous venez de me dire. Polonais, je penserais et j'agirais comme vous, j'aurais voté comme vous dans l'assemblée de Varsovie. L'amour de la patrie est la première vertu de l'homme civilisé.

Dans ma position, j'ai bien des intérêts à concilier et bien des devoirs à remplir. Si j'eusse régné lors du premier, du second ou du troisième partage de la Pologne, j'aurais armé tout mon peuple pour vous soutenir. Aussitôt que la victoire m'a permis de restituer vos anciennes lois à votre capitale et à une partie de vos provinces, je l'ai fait avec empressement, sans toutefois prolonger une guerre qui eût fait couler encore le sang de mes sujets.

J'applaudis à tout ce que vous avez fait, j'autorise les efforts que vous voulez faire; tout ce qui dépendra de moi pour seconder vos efforts, je le ferai.

Si vos efforts sont unanimes, vous pouvez concevoir l'espoir de réduire vos ennemis à reconnaître vos droits; mais dans ces contrées si éloignées et si étendues, c'est surtout sur l'unanimité des efforts de la population qui les couvre que vous devez fonder vos espérances de succès.

Je vous ai tenu le même langage lors de ma première apparition en Pologne. Je dois ajouter ici que j'ai garanti à l'empereur d'Autriche l'intégrité de ses États, et que je ne saurais autoriser aucune manœuvre ni aucun mouvement qui tendrait à le troubler dans la paisible possession des provinces polonaises. Que la Litwanie, la Samogitie, Witepsk, Polotsk, Mohilow, la Wolhynie, l'Ukraine, la Podolie soient animées du même esprit que j'ai vu dans la grande Pologne, et la Providence couronnera par le succès la sainteté de votre cause ; elle récompensera ce dévouement à votre patrie, qui vous a rendus si intéressants et vous a acquis tant de droits à mon estime et à ma protection, sur laquelle vous devez compter dans toutes les circonstances.

NOTE IV, pages 88-89, 136.

Congrès de Vienne (1814).—*Politique libérale d'Alexandre.*

Nous donnons ci-après les extraits de trois notes échangées entre les représentants des puissances européennes au congrès de Vienne :

1° *France.* — Entre toutes les questions qui doivent être traitées au congrès, le roi eut regardé comme la première, comme la plus grande, comme la question la plus exclusivement européenne, et avec laquelle aucune autre ne peut entrer en comparaison, celle qui concerne la Pologne, s'il lui eût été possible d'espérer, autant qu'il le désire, qu'un peuple qui est si digne d'inspirer de l'intérêt à tous les autres par son ancienneté, sa bravoure, les services qu'il a rendus à l'Europe et ses malheurs, pût être remis en possession de son ancienne et entière indépendance. Le partage qui l'a effacé du nombre des nations a été le prélude des bouleversements que l'Europe a éprouvés.....

Note du Prince DE TALLEYRAND (19 décembre 1814).

2° *Angleterre.*—Dans le cours des discussions qui ont lieu à Vienne, le soussigné a plusieurs fois eu occasion, pour des motifs qu'il est maintenant inutile de développer, de s'opposer *avec force*, au nom de sa cour, au rétablissement du royaume de Pologne et à son incorporation avec la Russie. Le désir constamment manifesté par sa cour a été de voir dans la Pologne un *État indépendant*, plus ou moins considérable en étendue, qui serait gouverné par une dynastie distincte et formerait une puissance intermédiaire entre les trois grandes monarchies....

Note circulaire de LORD CASTLEREAGH *aux plénipotentiaires des cinq puissances* (12 janvier 1815).

3° *Autriche.* — L'Autriche n'avait jamais vu un ennemi dans une Pologne libre et indépendante ; les principes adoptés par les prédécesseurs de S. M. impériale actuellement régnante, et strictement observés jusqu'aux partages de 1773 et 1797, n'avaient été que la conséquence des circonstances impérieuses et indépendantes de leur volonté...

L'Autriche ne regretterait pas de plus graves sacrifices pour le rétablissement d'un royaume de Pologne indépendant et régi par un gouvernement national.

Note du PRINCE DE METTERNICH, février 1815.

Ayant donné dans les pièces justificatives du chap. Iᵉʳ un extrait des traités de Vienne (1815), nous renvoyons le lecteur à la note VIII.

Voici maintenant deux documents où se montre la politique libérale adoptée d'abord par Alexandre à la suite de ces traités :

Proclamation de l'empereur de Russie aux habitants du nouveau royaume de Pologne.

Nous, Alexandre Iᵉʳ, empereur autocrate de toutes les Russies, roi de Pologne :

La guerre apportée dans notre patrie, dans l'intention de subjuguer le monde, a réuni la Russie et l'Europe entière, qui ont repoussé cette guerre jusqu'aux murs de Paris. Depuis ce moment nous avons eu l'espoir de *reconquérir l'indépendance des nations, et de lui donner pour bases la justice, la modération et les idées libérales,* trop longtemps effacées par le despotisme militaire du livre des droits civils et politiques des peuples.

Le congrès de Vienne a été formé pour procurer les bienfaits d'une paix durable à l'Europe, écrasée par les calamités de la guerre; mais, pour parvenir à ce but désiré, il était indispensable que chacun, mettant de côté ses intérêts personnels pour s'occuper de l'intérêt général, fît des concessions et des sacrifices exigés par les circonstances. C'est d'après ces principes qu'a été réglé le sort de la Pologne. *Il était essentiel de la faire entrer dans le centre*

20

des nations qui , par la participation mutuelle de leur bien-être et des avantages de la civilisation , s'améliorent les unes les autres.

Cependant, en travaillant à rétablir ce nouveau lien dans la chaîne des intérêts européens, on ne pouvait pas consulter les seuls intérêts de la Pologne. Le bonheur de chaque État en particulier, et la nécessité de garantir la sûreté de tous, ne permettaient pas de faire des arrangements de détail spécialement appliqués aux intérêts de la Pologne, mais qui auraient pu ne pas se trouver en harmonie avec les intérêts communs, qui assurent la balance générale de l'Europe.

Une *politique saine, l'expérience du passé, et cette même religion* qui nous prescrit d'avoir égard aux longues *souffrances de cette nation estimable*, nous ont imposé le devoir de ne ménager aucun sacrifice pour préserver l'Europe de nouveaux malheurs, et pour sauver la tranquillité du monde.

Polonais ! nous aimons à apprécier la *grandeur d'âme, la sensibilité et fermeté qui distinguent votre caractère national*, et qui ont éclaté dans vos efforts pour recouvrer l'existence politique de votre patrie, que vous aimez par-dessus tout.

L'effervescence de vos souhaits vous a quelquefois écartés de ce but si désirable, en vous égarant dans une route opposée. Ces erreurs sont passées, ainsi que les malheurs qui en étaient inséparables.

Quant à nous, nous avons toujours été dirigés par des sentiments d'indulgence pour les coupables, d'amour et de générosité pour la nation, par le désir de couvrir le passé d'un entier oubli, et de réparer tous les maux soufferts, en donnant à votre pays tout ce qui peut le rendre véritablement heureux.

Les traités que nous avons conclus à Vienne vous feront connaître la circonscription politique de la Pologne, et les avantages dont jouiront les contrées qui passent sous notre autorité.

Polonais ! De nouveaux liens vont vous unir à un peuple généreux, qui, par d'anciennes relations, par une valeur digne de la vôtre, et par le nom commun de nations slaves, est disposé à vous admettre à une confraternité qui sera chère et utile aux deux peuples. Une constitution sage et une union inaltérable vous attacheront au sort d'une grande monarchie, *trop étendue pour avoir besoin de s'agrandir*, et dont le gouvernement n'aura jamais d'autres règles de politique qu'une *justice impartiale* et des *idées généreuses*.

Dorénavant, votre patriotisme, éclairé par l'expérience, guidé par la reconnaissance, trouvera dans les institutions nationales un mobile et un but capable d'occuper toutes ses facultés.

Une constitution appropriée aux besoins des localités et de votre caractère, l'usage de votre langue conservé dans les actes publics, les fonctions et les emplois accordés aux seuls Polonais, la liberté du commerce et de la navigation, la facilité des communications avec les parties de l'ancienne Pologne qui restent sous un autre pouvoir, votre armée nationale, tous les moyens garantis pour perfectionner vos lois, la libre circulation des lumières dans votre pays : tels sont les avantages dont vous jouirez sous notre domination et sous celle de nos successeurs, et que vous transmettrez, comme un héritage patriotique, à vos descendants.

Ce *nouvel État* devient royaume de Pologne, si vivement désiré, depuis si longtemps réclamé par la nation, et acquis au prix de tant de sang et de sacrifices.

Pour aplanir les difficultés qui se sont élevées au sujet de la ville de Cracovie, nous avons fait adopter l'idée de rendre cette ville libre et neutre. Ce pays, placé sous la protection des trois puissances libératrices et amies, jouira du bonheur et de la tranquillité, en se consacrant uniquement aux sciences, aux arts, au commerce et à l'industrie. Il sera comme un monument d'une politique magnanime qui a placé cette liberté dans l'endroit même où reposent les cendres des meilleurs de vos rois, et où se rattachent les plus nobles souvenirs de la patrie polonaise.

Enfin, pour couronner une œuvre que les malheurs des temps ont si longtemps retardée, on a consenti, d'un accord unanime, que, dans les parties même de la Pologne soumises aux dominations autrichienne et prussienne, les habitants fussent désormais gouvernés par leurs propres magistrats, choisis dans le pays.

Polonais ! il n'était pas possible de régler vos destinées et tout ce qui tient à votre bonheur national d'une autre manière ; il était nécessaire de vous conserver une patrie qui ne fût ni un sujet de jalousie ou d'inquiétude pour vos voisins, ni un sujet de guerre pour l'Europe. Tels étaient les désirs des amis de l'humanité, et tel devait être le but d'une politique éclairée.

Par le commun accord du congrès européen, assemblé à Vienne, et d'après la cession de S. M. le roi de Saxe, nous prenons possession à jamais du duché de Varsovie, qui nous est échu par le droit des traités, et nous nommons un gouvernement provisoire, composé de personnes revêtues de nos pleins pouvoirs, afin que, sans aucun délai, cette nation soit appelée à jouir d'un régime constitutionnel, dont les bases sont préparées d'après le vœu général, et affermi par le consentement des habitants.

Nos chargés de pouvoirs vous feront connaître toutes les *garanties* qui vous ont été *accordées dans les conférences de Vienne*. Vous connaîtrez en même temps celles qui résultent de la *réunion constitutionnelle de votre patrie avec notre empire*, de cette union qui doit régler vos droits, vos devoirs et vos destinées.

A cette fin, nous appelons toutes les classes de citoyens, nous appelons l'armée, les magistrats, à prêter le serment de fidélité, qui sera une garantie de vos devoirs envers nous et de votre obéissance filiale, ainsi que de notre protection paternelle et de nos soins pour votre bonheur.

Le premier des devoirs que nous voulons remplir envers vous sera de vous affranchir le plus tôt possible des fardeaux si onéreux dont l'état prolongé de guerre a fait accabler ce pays. Nous en connaissons toute l'énormité, et c'est avec un profond chagrin que nous nous sommes vus réduits jusqu'ici à l'impossibilité d'en alléger le poids.

Polonais ! puisse cette époque mémorable, qui change et fixe votre sort, satisfaire à la fois tous vos vœux, réaliser vos espérances longtemps trompées, et réunir tous les sentiments dans le seul amour de la patrie et de votre monarque !

Puissiez-vous, en contribuant à la grandeur et à la prospérité de notre empire, en mettant votre confiance entière dans notre justice et dans nos dispositions pour votre bonheur, vous rendre dignes du bienfait de votre existence politique, et des nouvelles améliorations dont votre condition sera susceptible !

Fait à Vienne, le 13-25 mai 1818.

Signé : ALEXANDRE.

Extrait du discours de l'empereur Alexandre, prononcé à l'ouverture de la diète de Varsovie, le 27 mars 1818.

Représentants du royaume de Pologne,

Vos espérances et mes vœux s'accomplissent. Le peuple que vous êtes appelés à représenter, jouit enfin d'une existence nationale garantie par des institutions que le temps a mûries et sanctionnées.

L'oubli le plus sincère du passé pouvait seul produire votre régénération. Elle fut irrévocablement décidée dans ma pensée, du moment où j'ai pu compter sur les moyens de la réaliser. Jaloux de la gloire de ma patrie, j'ai ambitionné de lui en faire cueillir une nouvelle. La Russie, en effet, à la suite d'une guerre désastreuse, en rendant le bien pour le mal, vous a tendu fraternellement les bras, et parmi tous les avantages que lui a donnés la victoire, elle en a préféré un seul : l'honneur de relever et de rétablir une nation vaillante et estimable.

En y contribuant, j'ai obéi à une conviction intérieure puissamment secondée par les événements. J'ai rempli un devoir prescrit par elle seule, et qui n'en est que plus cher à mon cœur. L'organisation qui était en vigueur dans votre pays, a permis l'établissement immédiat de la constitution que je vous ai donnée, en mettant en pratique les principes de ces institutions libérales, qui n'ont cessé de faire l'objet de ma sollicitude, et dont j'espère, avec l'aide de Dieu, *étendre l'influence salutaire sur toutes les contrées que la Providence a confiées à mes soins.*

Vous m'avez ainsi offert les moyens de montrer à ma patrie ce que je médite pour elle, et ce qu'elle obtiendra lorsque les préparatifs d'une œuvre aussi importante auront atteint le développement nécessaire.

Polonais ! revenus comme vous l'êtes des funestes préjugés qui vous ont causé tant de maux, c'est à vous à consolider votre renaissance : elle est indissolublement liée aux destinées de la Russie ; c'est à fortifier cette union salutaire et protectrice, que doivent tendre tous vos efforts. Votre restauration est décidée par des traités solennels ; elle est sanctionnée par la charte constitutionnelle. L'inviolabilité de ces engagements extérieurs et de cette loi fondamentale assure désormais à la Pologne un rang honorable parmi les nations de l'Europe : bien précieux ! qu'elle a longtemps cherché en vain, au milieu des épreuves les plus cruelles.....

NOTE V, page 89.— *Révolution de 1830.*

Manifeste de la diète de Varsovie (20 décembre).

Lorsqu'une nation, jadis libre et puissante, se voit forcée, par l'excès de ses maux, d'avoir recours au dernier de ses droits, de repousser l'oppression par la force, elle se doit à elle-même, elle doit au monde de divulguer les motifs qui l'ont amenée à soutenir, les armes à la main , la plus sainte des causes. Les chambres de la diète ont senti cette nécessité, et, en adoptant l'esprit de la révolution du 29 novembre, en la reconnaissant nationale , elles ont résolu de justifier cette mesure aux yeux de l'Europe.

Ici vient le récit animé des griefs de toute nature subis plus particulièrement par le nouveau royaume et les autres provinces soumises à la Russie , récit que les bornes de ce livre ne nous laissent pas la possibilité de reproduire. Le manifeste reprend ensuite ainsi :

Enfin, la dernière consolation qui , sous le règne d'Alexandre, faisait supporter aux Polonais leurs infortunes, l'espérance de se voir réunis à leurs frères, leur fut enlevée par l'empereur Nicolas. Dès ce moment tous les liens furent rompus; le feu sacré, qu'il était défendu depuis longtemps d'allumer sur les autels de la patrie, couvait secrètement dans les cœurs des gens de bien. Une seule pensée leur était commune : qu'il ne leur convenait pas de supporter plus longtemps un tel asservissement. Mais c'est l'autorité elle-même qui a rapproché le moment de l'explosion. A la suite de bruits qui se confirmaient de plus en plus au sujet d'une guerre contre la liberté des peuples , des ordres furent donnés pour mettre sur le pied de guerre l'armée polonaise, destinée à une marche prochaine, et, à sa place, les armées russes devaient inonder le pays ; les sommes considérables provenant de l'emprunt et de l'aliénation des domaines nationaux, mises en dépôt à la banque, devaient couvrir les frais de cette guerre meurtrière pour la liberté. Les arrestations recommencèrent. Tous les moments étaient précieux : il y allait de notre armée, de notre trésor, de nos ressources, de notre honneur national , qui se refusait à porter aux autres peuples des fers dont il a lui-même horreur, et à combattre contre la liberté et ses anciens compagnons d'armes. Chacun partageait ce sentiment ; mais le cœur de la nation, le foyer de l'enthousiasme, cette intrépide jeunesse de l'école militaire et de l'université, ainsi qu'une grande partie de la brave garnison de Varsovie et beaucoup de citoyens, résolurent de donner le signal du soulèvement. Une étincelle électrique embrasa dans un moment l'armée, la capitale, tout le pays. La nuit du 29 novembre fut éclairée par les feux de la liberté; dans un seul jour la capitale délivrée, dans quelques jours toutes les divisions de l'armée unies par la même pensée, les forteresses occupées, la nation armée, le frère de l'empereur se reposant avec les troupes russes sur la générosité des Polonais, et ne devant son salut qu'à cette seule mesure : voilà les actes héroïques de cette révolution, noble et pure comme l'enthousiasme de la jeunesse qui l'a enfantée.

La nation polonaise s'est relevée de son abaissement et de sa dégradation avec la ferme résolution de ne plus se courber sous le joug de fer qu'elle vient de briser, et de ne déposer les armes de ses ancêtres qu'après avoir reconquis son indépendance et sa puissance, seules garanties de ses libertés ; qu'après s'être assuré la jouissance de ces mêmes libertés, qu'elle réclame par un double droit, comme un héritage honorable de ses pères, comme un besoin pressant du siècle ; enfin qu'après s'être réunie à ses frères soumis au joug du cabinet de Pétersbourg, les avoir délivrés et les avoir fait participer à ses libertés et à son indépendance.

Nous n'avons été influencés par aucune haine nationale contre les Russes, qui, comme nous, sont d'origine slave ; au contraire, dans les premiers moments, nous nous plaisions à nous consoler de la perte de notre indépendance en pensant que, bien que notre réunion sous un même sceptre fût nuisible à nos intérêts, elle pourrait néanmoins faire participer une population de quarante millions à la jouissance des libertés constitutionnelles, qui, dans tout le monde civilisé, étaient devenues un besoin pour les gouvernants comme pour les gouvernés.

Convaincus que notre liberté et notre indépendance, loin d'avoir jamais été hostiles vis-à-vis des États limitrophes, ont au contraire servi, dans tous les temps, d'équilibre et de bouclier à l'Europe, et peuvent lui être aujourd'hui plus utiles que jamais, nous comparaissons en présence des souverains et des nations, avec la certitude que la voix de la politique et de l'humanité se feront également entendre en notre faveur.

Si même, dans cette lutte, dont nous ne nous dissimulons pas les dangers, nous devions combattre seuls pour l'intérêt de tous, pleins de confiance en la sainteté de notre cause, en notre propre valeur et en l'assistance de l'Éternel, nous combattrons jusqu'au dernier soupir pour la liberté. Et si la Providence a destiné cette terre à un asservissement perpétuel, si, dans cette dernière lutte, la liberté de la Pologne doit succomber sous les ruines de ses villes et les cadavres de ses défenseurs, notre ennemi ne règnera que sur des déserts, et tout bon Polonais emportera en mourant

cette consolation, que, si le Ciel ne lui a pas permis de sauver sa
propre patrie, il a du moins, par ce combat à mort, mis à couvert pour un moment les libertés de l'Europe menacée.

NOTE VI, page 90.— *Mesures contre les vaincus.*

Lorsque nous annonçâmes, par notre manifeste du 25 janvier
de l'année dernière, à tous nos fidèles sujets, l'entrée de nos
troupes dans le royaume de Pologne, soustrait momentanément
par la révolte à l'autorité légale, nous leur fîmes connaître en
même temps notre intention de fonder le destin futur de ce pays
sur des bases durables, en harmonie avec les besoins et le bien-
être de tout notre empire.

A présent que la force des armes a mis un terme aux troubles de
Pologne, et que la nation, qui avait été entraînée par des agita-
teurs, est rentrée dans le devoir et a recouvré la tranquillité, nous
avons jugé utile de mettre en exécution notre projet d'établir un
ordre de choses qui assure à jamais contre toute entreprise de ce
genre le repos et l'union des peuples que la Providence a confiés
à nos soins.....

Comme nous voulons, en outre, assurer à nos sujets du royaume
de Pologne la durée de tout le bonheur nécessaire à chacun d'eux
en particulier, et à tout le pays en général, la sûreté des personnes
et des propriétés, la liberté des consciences et toutes les lois et
les franchises des villes et des communes, afin que le royaume de
Pologne, quoique administré séparément d'une manière appropriée
à ses besoins, ne cesse pas cependant de former une partie intégrante de notre empire, *et qu'à l'avenir les habitants de ce pays ne
forment avec les Russes qu'une seule et même nation*, animée du
même sentiment d'union et de fraternité ; nous avons résolu et
ordonné, conformément à ces principes, par des statuts organi-
ques publiés ce jour, d'introduire une nouvelle forme d'administration dans notre *royaume de Pologne.*

Manifeste de l'empereur NICOLAS Ier. — 2-14 février 1832.

Ce manifeste est suivi d'un statut organique qui, tout
en maintenant le conseil d'État et les tribunaux supé-
rieurs, substitue le régime de l'arbitraire le plus dur au
gouvernement constitutionnel et représentatif.

Lettre au secrétaire du conseil d'administration.

Varsovie, le 24 mars 1832.

Le chef de l'état-major de S. M. impériale dans les colonies militaires, le général d'infanterie Tolstoy, communiqua, le 19 février
dernier, au commandant en chef de l'armée, l'ordre de S. M. l'empereur de réunir dans le royaume de Pologne tous les enfants
mâles vagabonds, orphelins et pauvres; de les diriger sur Minsk,
et là de les remettre au commandant de la garnison, afin qu'ils
soient placés dans les bataillons des cantonistes militaires, et ren-
voyés aux lieux désignés par le règlement du chef de l'état-major
général dans les colonies militaires. Le commandant en chef de
l'armée active a ordonné à tous les commandants militaires des
palatinats d'exécuter *vigoureusement* cet ordre suprême, et il a
alloué sur les sommes destinées dans le budget du royaume aux
dépenses imprévues de l'armée, pour le compte de l'intendance de
camp, les fonds nécessaires à l'entretien et au transport desdits
enfants jusqu'à Minsk.

En remplissant l'ordre qui m'est donné, d'informer Votre Excel-
lence pour que vous le présentiez à la séance du conseil, je vous
communique en même temps ci-jointe copie des ordres que S. A.
le prince lieutenant du royaume a envoyés aux commandants militaires des palatinats et au général intendant.

Signé : Gal DE GORTCHAKOW.

Une décision du conseil, en date du 10 avril, a ordonné aux autorités compétentes l'exécution des ordres
qui précèdent.

Circulaire du ministre de l'intérieur de Russie.

Pétersbourg, 6-18 avril 1832.

Au mois d'octobre de l'année passée a paru l'ordre suprême concernant la transplantation du gouvernement de Podolie au Kaukase, de cinq mille familles de ci-devant gentilshommes polonais,
portant désormais le nom d'affranchis et de bourgeois. Le comité
destiné particulièrement à s'occuper des affaires des provinces
reconquises sur la Pologne, pour être réunies à la Russie, a ordonné par un rescrit, confirmé par Sa Majesté, de transplanter les
personnes qui en auraient manifesté le désir, et en outre ;

1º Les gens qui, ayant pris part à la dernière insurrection, sont revenus témoigner leur repentir au terme fixé; ceux aussi qui, ayant été compris dans la troisième classe de coupables, ont obtenu la haute grâce et le pardon de S. M.

2º Les personnes qui, par leur manière de vivre, et d'après l'opinion des autorités locales, méritent la méfiance du gouvernement et peuvent devenir suspectes.

Les règles prescrites pour exécuter cet ordre ont reçu la sanction de S. M.

S. M., en confirmant ces règlements, a daigné ajouter de sa propre main : *Ces règlements doivent servir non-seulement pour le gouvernement de Podolie, mais encore pour tous les gouvernements occidentaux : Wilna, Grodno, Witebsk, Mohilew, Bialystolk, Minsk, Wollhynie, Kiovie, ce qui fait en tout quarante-cinq mille familles.*   *Signé :* BLOUDOFF.

Lettres au feld-maréchal Paskiewicz, lieutenant du royaume.

.... Avril 1832.

S. M. l'empereur, instruit par le ministre secrétaire d'État, comte Grabowski, de la lettre que vous lui avez adressée le 26 mars, afin d'obtenir la permission de laisser à l'université de Varsovie une partie de sa bibliothèque, m'a ordonné d'informer V. A. qu'elle permet qu'on laisse à Varsovie les ouvrages de médecine, de théologie, et ceux qui sont nécessaires pour les travaux de l'Observatoire. Quant aux livres de jurisprudence et autres, S. M. l'empereur, regardant comme impossible la conservation de ces facultés auprès de l'université de Varsovie, avec ses anciennes bases, ordonne de les transporter tous à Pétersbourg, conformément à son premier ordre. En communiquant à V. A. cette décision suprême, j'ai l'honneur de vous prévenir qu'il a plu à S. M. que les dettes dont la bibliothèque nationale de Varsovie est grevée, et qui montent à 51,000 florins, soient payées sur les revenus du royaume; attendu que les troupes russes ayant pris Varsovie par la force des armes, tous ces objets appartiennent à la Russie par droit de guerre.

Le général aide-de-camp, *Signé :* CZERNISZEFF.

A la lettre de V. A., adressée le 26 du mois dernier au ministre secrétaire d'État, comte Grabowski, et accompagnée d'une requête du lieutenant-général Rautemstrauch, relative à la conservation de la bibliothèque pour la société littéraire de Varsovie, S. M. l'empereur a daigné m'ordonner de répondre à V. A. que S. M. ne peut pas reconnaître la solidité des arguments que le général a présentés dans sa requête..... *Signé :* CZERNISZEFF.

Extrait du discours de l'empereur Nicolas Ier à la municipalité de Varsovie (10 octobre 1835).

Je sais, Messieurs, que vous avez voulu me parler; je connais même le contenu de votre discours, et c'est pour vous épargner un mensonge que je ne désire pas qu'il me soit prononcé. Oui, Messieurs, c'est pour vous épargner un mensonge; car je sais que vos sentiments ne sont pas tels que vous voulez me les faire accroire...

Vous n'avez jamais pu vous contenter de la position la plus avantageuse, et vous avez fini par briser vous-mêmes votre bonheur. Je vous dis ici la vérité pour éclaircir notre position mutuelle, et pour que vous sachiez bien à quoi vous en tenir, car je vous vois et vous parle pour la première fois depuis les troubles...

Eh bien ! Messieurs, avant tout il faut remplir ses devoirs, il faut se conduire en *honnêtes gens.* Vous avez, Messieurs, à choisir entre deux partis, ou persister dans vos illusions d'une Pologne indépendante, ou vivre tranquillement et en sujets fidèles sous mon gouvernement.

Si vous vous obstinez à conserver vos rêves de nationalité distincte, de Pologne indépendante, et de toutes ces chimères, vous ne pouvez qu'attirer sur vous de grands malheurs.

J'ai fait élever ici la citadelle, et je vous déclare qu'à la moindre émeute *je ferai foudroyer la ville, je détruirai Varsovie, et certes ce ne sera pas moi qui la rebâtirai...*

Au milieu de tous ces troubles qui agitent l'Europe, et de toutes ces doctrines qui ébranlent l'édifice social, il n'y a que la Russie qui reste forte et intacte.

Croyez-moi, Messieurs, c'est un vrai bonheur d'appartenir à ce pays, et de jouir de sa protection...

Rappelez-vous bien ce que je vous ai dit.

Ukase impérial du 16-28 septembre 1841.

Ayant jugé convenable, en 1832, de créer dans notre conseil de l'Empire un département spécial des affaires du royaume de Pologne, auquel ressortissent les affaires les plus importantes concernant le royaume ; nous considérons l'existence ultérieure d'un conseil d'État distinct dans le royaume comme n'étant plus en harmonie avec la situation actuelle du pays ; et comme il est d'urgente nécessité, en même temps, d'établir la cour de justice supérieure sur une base plus solide, nous avons résolu de supprimer le conseil d'État actuellement existant dans le royaume, ainsi que la cour de justice supérieure, et de les remplacer à Varsovie, pour tout le royaume de Pologne, par deux départements du sénat dirigeant, qui prendront les noms de 9ᵉ et 10ᵉ départements ; et par une assemblée générale des départements de Varsovie du sénat dirigeant.

NOTE VII, pages 90 et 136.

Protestations de la France et de l'Angleterre en faveur de la nationalité polonaise.

CHAMBRES LÉGISLATIVES DE FRANCE (1831).

Discours du trône. — Une lutte sanglante et acharnée se prolonge en Pologne. Cette lutte entretient de vives émotions au sein de l'Europe. Je me suis efforcé d'en hâter le terme. Après avoir offert ma médiation, j'ai provoqué celle des grandes puissances. J'ai voulu arrêter l'effusion du sang, préserver le midi de l'Europe du fléau de la contagion (choléra-morbus), que la guerre propage, et surtout assurer à la Pologne, dont le courage a réveillé les vieilles affections de la France, cette nationalité qui a résisté au temps et à ses vicissitudes.   (*Séance du 23 juillet.*)

Adresse de la chambre des Pairs. — Puissent avoir une heureuse issue vos efforts réunis à ceux de vos alliés, pour arrêter par une sage et puissante médiation l'effusion du sang en Pologne, et la propagation du fléau qui menace de dévaster l'Europe! Puissent-ils donner à cette brave nation une preuve efficace de l'affection que

la France n'a jamais cessé de lui porter, et lui assurer cette nationalité qui a résisté au temps et à ses vicissitudes !

(*Séance du* 10 *août.*)

Adresse de la chambre des députés.—Dans les paroles touchantes
de V. M. sur les malheurs de la Pologne, la chambre des députés
aime à trouver l'assurance qui lui est bien chère : *que la nationalité
polonaise ne périrait pas.*   (*Séance du* 16 *août.*)

CHAMBRE DES COMMUNES D'ANGLETERRE.

Motion de M. Cutler-Fergusson—......Suivant moi, la première
chose que la chambre et le gouvernement doivent faire, c'est de
déclarer : 1° qu'à leurs yeux les droits de la Pologne, quoi qu'il
soit arrivé, subsistent dans toute leur intégrité; 2° que le traité
de Vienne, solennellement reconnu et garanti par toutes les puissances de l'Europe, a été violé par la conduite barbare de la Russie
vis-à-vis de la Pologne; 3° enfin que l'Angleterre proteste contre
une pareille violation.....

Réponse de lord Palmerston (ministre des affaires étrangères).—
« Je ne puis que remercier M. Fergusson de sa proposition, car elle
a pour but d'exciter la sympathie de cette chambre et du peuple
d'Angleterre en faveur d'un peuple brave, généreux, éclairé,
accablé des persécutions et des malheurs les moins mérités, et
victime d'un crime politique sans exemple dans l'histoire. Je suis
prêt à adopter tous les arguments de mon honorable ami. Il est
incontestable que le royaume de Pologne ne faisait pas anciennement partie de l'empire russe, et que les prétentions de la
Russie à la possession de la Pologne n'étaient pas fondées sur un
droit, mais sur la base du traité de Vienne, et par conséquent
sur des conditions, traité garanti par les grandes puissances de
l'Europe.

Le gouvernement anglais, comme une des parties contractantes,
sait qu'il a le droit d'intervenir et d'exprimer son opinion sur ce
qu'il regarde comme une violation de ces stipulations. Le premier
article du traité de Vienne déclare que le royaume de Pologne
doit être uni, d'une manière inséparable, à l'empire russe par sa
constitution. Si l'on me demande le sens de cet article, je suis forcé
de dire qu'il signifie que la constitution qui a été donnée à la Pologne, doit être le lien qui unisse cette nation à la Russie. La
constitution donnée par l'empereur de Russie doit donc être con-

sidérée comme placée sous la sauvegarde du traité, et la Russie était tenue de laisser la Pologne jouir de cette constitution. Je ne pense pas que la révolte de Pologne ait délié la Russie des obligations créées par ce traité, non pas même s'il se fût agi de ces deux nations seulement. Mais par le traité de Vienne, la concession de la Pologne à la Russie a été regardée comme un arrangement européen. Ce traité a défini de la manière la plus nette les rapports de la Pologne et de la Russie, et c'est pour cela que les autres puissances ont le droit d'exiger de la Russie que la constitution soit respectée.

Telle est mon opinion, et je ne l'ai pas cachée au gouvernement russe, non-seulement avant la prise de Varsovie, lorsque la lutte durait encore, mais même après la chute de cette malheureuse ville, et quand la Pologne était à la merci de son conquérant. Je le répète, ces observations ont été transmises au gouvernement russe de la manière la plus nette et sans aucune réserve; la Russie toutefois a envisagé la question sous un autre point de vue. Elle a prétendu que la révolution et la reconquête de la Pologne l'a placée dans la même position où elle était avant l'existence du traité de Vienne et la promulgation de la constitution, c'est-à-dire que toutes les institutions de ce pays avaient été balayées par la révolution, et que c'était à l'empereur seul à déterminer la forme nouvelle du gouvernement. »

Lord Palmerston établit ensuite que l'*Angleterre a protesté vivement* contre cette fausse interprétation, et que la *France a complétement* partagé les vues de l'Angleterre sur cette question. La Prusse et l'Autriche ont été d'une opinion contraire. Fallait-il, dans l'intérêt même de la Pologne, en faire un cas de guerre générale? Le ministre anglais ne l'a pas pensé.

Lord Palmerston termine en rendant pleine justice aux intentions honorables de M. Fergusson, et ne repousse la motion que comme de nature à compromettre les relations pacifiques des puissances de l'Europe.

Après une courte discussion, dans laquelle il a été reconnu par tous les orateurs que l'état actuel de la Pologne était une violation manifeste du traité de Vienne, la chambre va aux voix :

Pour la motion 95, contre 177.

(Séance du 9 juillet 1833.)

Réponse du Moniteur Universel (30 septembre 1833) au journal de Saint-Pétersbourg, du 1-13 septembre 1833.

Le journal de Saint-Pétersbourg vient de publier, sur la question polonaise, un article dont le ton grave et mesuré contraste singulièrement avec le caractère paradoxal des conclusions par lesquelles il se résume. Le rédacteur de cet article prétend d'abord que le traité de Vienne, ne contenant qu'une adhésion passive aux dispositions déjà prises par l'Autriche, la Prusse et la Russie, relativement à la Pologne, les autres puissances signataires de ce traité n'ont eu réellement aucune part à la création de ce royaume, et par conséquent n'ont aujourd'hui aucun droit à contrôler le maintien des conditions de cette existence. Une pareille assertion est trop peu en accord avec les faits et avec l'esprit général des transactions de 1814 et de 1815 ; elle est trop contraire même au texte du traité de Vienne, pour que l'on puisse y voir un argument sérieux. Aussi le publiciste russe ne tarde-t-il pas à l'abandonner pour se placer sur un terrain moins attaquable. Il s'efforce de prouver que les dernières mesures appliquées à la Pologne ne sont pas en opposition avec les stipulations de l'acte du congrès.

Pour apprécier la valeur des raisonnements qu'il accumule à cet effet, nous serions obligés d'entrer dans des considérations de fait et de droit qui nous mèneraient trop loin, et qui pourront trouver place en temps et lieu. Il nous suffira, pour le moment, de constater qu'à Pétersbourg même on reconnaît, en principe, la validité des stipulations arrêtées en 1815 pour assurer aux Polonais une administration distincte, une représentation et des institutions nationales. Dès lors aussi, on reconnaît nécessairement à tous les gouvernements signataires des mêmes stipulations, le droit d'examiner si elles sont toujours en vigueur, et, lorsqu'ils croiront reconnaître qu'on y a porté une atteinte directe ou indirecte, de demander des explications au cabinet russe, et d'apprécier, s'il y a lieu, la valeur de ces explications.

On voit donc que la *Gazette de Pétersbourg* est peu conséquente, lorsqu'elle déclare que *l'empereur n'est pas tenu d'admettre l'intervention d'une puissance quelconque dans les questions de régime intérieur qui concernent la Pologne.* Sur ce point le journaliste s'est, en quelque sorte, réfuté lui-même. Il n'est pas mieux inspiré, selon nous, dans ses tentatives pour expliquer le renversement de la constitution polonaise, qu'il semble présenter comme la punition de l'insurrection de 1830. De deux choses l'une : cette insurrection était-elle l'œuvre d'une minorité? Dans cette hypothèse, comment avait-elle pu relever le gouvernement des engagements contractés envers la masse de la nation? Était-elle vraiment nationale? exprimait-elle les vœux, les sentiments, les besoins de la grande majorité du peuple polonais?-Il se peut, mais nous ne croyons pas que la Russie ait intérêt à présenter les faits sous un pareil aspect. Nous ne vivons pas dans un siècle où la justice permette et la sagesse conseille à un gouvernement de proclamer une nation entière digne de châtiment, et d'user envers elle d'un prétendu droit de conquête que la civilisation ne reconnaît plus, au moins dans ce sens.

NOTE VIII, page 92.

Extinction de la république de Krakovie (1).

CHAMBRES LÉGISLATIVES DE FRANCE (1847.)

Discours du trône.—Un événement inattendu a altéré l'état de choses fondé en Europe par le dernier traité de Vienne. La république de Krakovie, État indépendant et neutre, a été incorporée à l'empire d'Autriche (2). J'ai protesté contre cette infraction aux traités.   (*Séance du 11 janvier.*)

Adresse de la chambre des pairs.—La chambre a appris avec un douloureux étonnement l'incorporation à l'empire d'Autriche de la république de Krakovie, État indépendant et neutre. Cet événement a altéré l'état de choses fondé en Europe par le dernier traité de Vienne, et porté une nouvelle atteinte à la nationalité de la Pologne. En protestant contre cette infraction aux traités, V. M. a répondu au sentiment de la France.   (*Séance du 21 janvier.*)

Adresse de la chambre des députés.—Un événement inattendu

----

(1) Pour plus de détails, le lecteur pourrait consulter le *Mémoire historique et politique sur l'État de la ville libre de Krakovie*, par T. KROLIKOWSKI. Paris 1840.

(2) Convention secrète du 11 novembre 1846.

a altéré l'état de choses fondé en Europe par le dernier traité de Vienne. La république de Krakovie, État indépendant et neutre, a été incorporée à l'empire d'Autriche. La France veut sincèrement le respect de l'indépendance des États et le maintien des engagements, dont aucune puissance ne peut s'affranchir sans en affranchir en même temps les autres. En protestant contre cette violation des traités, nouvelle atteinte à l'antique nationalité polonaise, V. M. a rempli un impérieux devoir, et répondu à la juste émotion de la conscience publique.   (*Séance du* 26 *janvier.*)

Moniteur universel, janvier 1847.

PARLEMENT BRITANNIQUE.

Discours d'ouverture de la reine Victoria.—L'extinction de l'État libre de Krakovie m'a paru être une violation si manifeste du traité de Vienne, que j'ai ordonné qu'une protestation contre cet acte fût remise aux cours de Vienne, de Berlin et de Saint-Pétersbourg, qui y ont participé.   (*Séance du* 19 *janvier* 1847.)

L'espace nous manque pour produire ici les protestations de tout genre qui ont été émises depuis vingt ans, entre autres par l'assemblée constituante de la France (21 mai 1848) en faveur du rétablissement de la Pologne, dans l'intérêt du progrès et de l'humanité.

Cette nécessité est d'ailleurs aujourd'hui généralement reconnue.

M. Tourgueneff, qui s'en est préoccupé au point de vue de la Russie, a démontré que cette puissance y est elle-même intéressée, la Pologne se trouvant un des principaux obstacles au développement de sa civilisation. Nous regrettons de ne pouvoir, à cause de son étendue, citer le remarquable passage relatif à cette question, traitée au chap. II du tome III de l'ouvrage : *La Russie et les Russes.*

§ 2.—CONSTITUTION PHYSIQUE DU PAYS.

Note IX, pages 93-101.—*Observation*.

Les détails compris sous ce paragraphe sont puisés aux mêmes sources que les renseignements analogues du chap. Ier.

Seulement nous avons cru ne devoir pas mentionner dans nos tableaux celles des provinces de l'ancienne Pologne, qui n'en faisaient pas partie à l'époque de son premier démembrement en 1772 (Silésie, Smolensk, Ukraine et Boukowine).

§ 3.—INDUSTRIE ET PRODUCTIONS.

Note X, pages 109-112.

Commerce de l'ancienne Pologne.

Le commerce de la Pologne a toujours été du plus grand intérêt pour l'Angleterre et la Hollande. Vos blés, vos lins, vos chanvres, vos bois de construction, vos cuirs et tant d'autres productions qui nous sont nécessaires, rivalisent bien, pour la perfection, avec les mêmes denrées que nous tirons de la Russie, et vos lins surpassent tous ceux que nous recevons des autres pays. Mais le commerce avec la Pologne est d'autant plus avantageux, que n'ayant ni fabriques ni manufactures, et faisant une très-grande consommation d'objets étrangers et de luxe, vous nous rendez avec usure ce que vous nous prenez.

Paroles de Pitt en 1790, adressées à Michel Oginski.—*Mémoires sur la Pologne et les Polonais*, tome I, page 99.

Commerce du nouveau royaume avec la Russie.

Les rives du Niémen, théâtre de tant de scènes grandioses et terribles, sont à présent occupées par deux bureaux de douane établis tout exprès pour favoriser les intérêts industriels de la Russie et paralyser ceux de la pauvre nation conquise. Les denrées que la Pologne pourrait exporter sont arrêtées de l'autre côté du fleuve, si la Russie n'en a pas un besoin rigoureux. Les denrées russes, au contraire, doivent être débonnairement acceptées en Pologne. Il y a telle marchandise, même prohibée dans ce pays, sur les frontières de l'Autriche et de la Prusse, et qui n'est plus frappée que d'un droit léger lorsqu'elle arrive par la Russie; comme si, en passant par les domaines de l'empereur, elle se purifiait de son caractère de prohibition. Ce généreux tarif date de 1832, et il n'est pas difficile d'en apprécier les résultats. En 1832, la Pologne expédiait annuellement des draps pour une valeur de 30 millions de florins. Dans l'espace de dix années, le chiffre de cette exportation est tombé à 3 millions. Les autres branches de l'industrie sont à peu près au même point de décadence....

X. MARMIER.— *La Russie en* 1842, lettre IV.

Voir de plus les notes XIX et XX du chap. Ier.

§ 4.— POPULATION.

NOTE XI, page 116.— *Nombre des habitants.*

Bien que des géographes modernes évaluent la population de la Pologne à plus de 22 millions, nous avons cru devoir nous renfermer dans ce chiffre, qui nous semble le plus près de la vérité. Il est à remarquer que parmi les écrivains qui l'ont dépassé, plusieurs ont compris dans leur travail les provinces qui ne faisaient pas partie de la Pologne en 1772, année qui sert de base à nos calculs.

NOTE XII, page 118.

Origine et idiomes des habitants.

Voir la note XXII du chapitre précédent, d'après laquelle le chiffre des Russiens ou Rousniaques, dont l'idiome se rapproche du polonais plutôt que du moskovite, s'élève, dans les provinces soumises à la Russie, à plus de 14 millions d'individus. Ainsi la population letto-slave, dans l'ancienne Pologne, dépasse les trois quarts du chiffre total de ses habitants.

NOTE XIII, pages 91, 118, 146.

Croyances religieuses.

Propagation forcée du culte greco-russe.—Protestation de la cour de Rome. —Quelle en a été la cause et l'origine? pendant combien de temps ont-ils été préparés (les faits qui s'y rattachent) avec autant d'ardeur que d'habileté? quels moyens, quelles honteuses pratiques, quelles perfidies y furent employées?... Le but une fois atteint, sous quelles couleurs s'est-on efforcé de les représenter au monde? avec quelle adresse et avec quelle persévérance cherche-t-on maintenant à en étendre les effets dans les autres parties des États impériaux, et jusque sur les sujets catholiques du rit latin?... La réponse à ces questions résulte, avec une entière évidence, d'un tel ensemble de documents authentiques et d'un tel nombre de relations publiées dans les journaux des pays étrangers, avec tant de précision, d'exactitude, avec des détails tellement circonstanciés (puisqu'on désigne nommément les personnes, les temps, les lieux auxquels chaque fait se rapporte), que, dans leur substance du moins, on n'essaiera même pas de les démentir. Ceux qui sur de pareils faits veulent avant tout savoir la vérité, pourront donc la connaître et apprécier toute l'importance de cette déplorable défection des Grecs dans les provinces russo-polonaises. Et les fils de l'Église catholique, quel que soit le lieu de la terre qui les accueille, auxquels parviendra ce cri de notre douleur, tout en respectant profondément les jugements de Dieu sur d'infortunés prévaricateurs, et tout en battant des mains au courage chrétien, à la constance religieuse de ceux qui, sous le poids de la persécution, ont su résister et se conserver à l'union catholique, jugeront en connaissance de cause, si la mémoire de ce funeste événement peut de bonne foi être perpétuée par une médaille portant cette légende : *Séparés par la violence en 1596, réunis par l'amour en 1839* (1).

Exposition officielle annexée à l'allocution du souverain Pontife GRÉGOIRE XVI, *en date du 22 juillet 1842.*

Voir aussi l'allocution prononcée par S. S. PIE IX, le 3 juillet 1848.

NOTE XIV, pages 119, 122, 147.

Classes ou conditions sociales.—Paysans de l'ancienne Pologne.

La charte du 3 mai 1791 déclare les paysans libres. Tout esclave, fût-il musulman, dès qu'il touche le sol polonais, cesse d'avoir un maître; tout paysan peut quitter à son gré la ferme qu'il exploite, s'il s'y sent trop grevé par le propriétaire. L'acquisition progressive du sol qu'ils ne possèdent pas est assurée aux kmetzes (paysans), moyennant un dédommagement envers les possesseurs seigneuriaux. Ainsi le droit était respecté et se conciliait avec l'affranchissement.... La Russie se hâta de venir protester par les armes; et les guerres de démembrement et de partage ayant recommencé, le paysan polonais, tout en n'étant plus serf, resta exclu de la possession de la terre. Il n'est pas moins vrai que l'état social des basses classes de Pologne, à cette époque, était bien supérieur à l'état de ces mêmes classes dans la Prusse, l'Autriche et la Russie. Quoiqu'elles aient prétendu faire acte d'humanité en intervenant, disaient-elles, dans l'anarchie polonaise, contre le seigneur pour le serf opprimé, ce sont au contraire ces trois puissances qui ont empêché la noblesse polonaise d'achever la réforme sociale qu'elle avait si glorieusement commencée par sa charte du 3 mai.

CYPRIEN ROBERT.—*Le Monde greco-slave*, 1845.

(1) On sait que le tzar actuel de Russie fit frapper une médaille commémorative à cette occasion.

Page 91.—*Divisions fomentées entre les paysans et les propriétaires fonciers.*

Le but de la politique russe et allemande en Pologne est de séparer, par tous les moyens, les paysans des nobles (1). En paraissant protéger les paysans contre d'anciens oppresseurs, le tzar était même parvenu à les gagner et à rompre les derniers liens qui les attachaient aux nobles..... Les sociétés de tempérance (2), en mêlant ensemble les différentes classes, ont fait heureusement cesser leur désaccord.

CYPRIEN-ROBERT.—*Des diètes de 1844 dans l'Europe orientale*, 1845.

Le lecteur pourra aussi consulter la brochure intitulée : *La Vérité sur les derniers événements de la Galicie*, 1847.

§ 5.—RESSOURCES FINANCIÈRES

ET FORCES MILITAIRES.

NOTE XV, pages 126-127.

Finances.—Créances du nouveau royaume de Pologne.

Les comptes arrêtés entre la France et le duché de Varsovie, pour les fournitures de l'année, donnaient à celui-ci une balance de sept millions de francs.

DE PRADT.—*Histoire de l'ambassade de Varsovie*, 1813.

(1) C'est ainsi que Paskewitcz, gouverneur général du royaume, a soustrait aux tribunaux ordinaires tous les procès intentés par des paysans contre des gentilshommes. Dans ces causes les gouverneurs russes ont le droit de juger sommairement, et ils décident presque toujours en faveur du paysan.

(2) Depuis l'époque de cette publication, les sociétés de tempérance ont été supprimées par le gouvernement de Russie.

Les réclamations que le royaume de Pologne serait en droit d'adresser à la France, ont leur origine dans le traité de Vienne, conclu en 1815, ainsi que dans les conventions qui en furent la suite. Elles seraient fondées sur les créances du trésor et des habitants du ci-devant duché de Varsovie, qui fut alors érigé en royaume de Pologne. Les titres qui constituent principalement ces créances sont :

1° Des bons échangés par le gouvernement du duché de Varsovie contre les sommes dites de Bayonne, confisquées à la Prusse, et cédées à ce duché en 1808 par l'empereur Napoléon, mais qui, en 1815, sont rentrées dans la propriété du gouvernement prussien.

2° Des avances et fournitures faites par le duché de Varsovie pour le compte du gouvernement français, de 1806 à 1813.

3° Des prétentions du royaume de Saxe envers la France, qui ont été cédées au royaume de Pologne à la suite des dernières liquidations avec ce pays.

Cependant, d'un autre côté, le royaume de Pologne se trouve grevé, vis-à-vis de la France, de certaines dettes. Elles résultent, pour la plupart, d'avances et de fournitures faites par le gouvernement français pour le compte du duché de Varsovie, et du droit que des citoyens français prétendent avoir aux revenus des biens, qu'ils ont possédés dans ce pays, en vertu de donations faites par l'empereur Napoléon ; car, quoique ces biens aient été confisqués en 1813, la jouissance des revenus n'en a pas moins été accordée à leurs anciens propriétaires jusqu'au 1er juin 1814.

Cet actif et ce passif, mis en balance, paraissaient établir le royaume de Pologne créancier de la France, comme on a pu s'en convaincre par l'examen des titres respectifs, qui, à l'effet d'opérer une liquidation définitive, ont été rassemblés par l'ancien ministère des finances en Pologne. Cette liquidation s'est trouvée suspendue, et c'était pour la continuer qu'en 1830, le prince Lubecki, alors ministre des finances en Pologne, devait se rendre à Paris. Cette mission n'eut pas lieu à cause de la révolution de juillet.

N. K. (ancien employé supérieur au ministère des finances en Pologne). *Sur les créances réclamées de la France par la Russie, au nom du royaume de Pologne.* Paris, 1835.

NOTE XVI, page 129.

*Incorporation des troupes polonaises dans les cadres
de l'armée russe.*

1. Tous les sous-officiers et soldats de l'ancienne armée polonaise et les militaires qui ont donné leur démission, ainsi que les personnes étrangères au service militaire qui y ont été appelées par le gouvernement des révoltés, soit qu'ils aient été élevés au grade d'officier ou non, seront incorporés dans les régiments russes et employés, selon leur aptitude, au service de campagne ou de garnison. Ceux d'entre eux qui avaient effectivement avant la révolte le grade de sous-officier, le conserveront dans le service russe ; les autres y entreront comme simples soldats.

2. Ne seront exceptés de cette obligation que les invalides et ceux qui, possédant une ferme, se trouvent inscrits comme propriétaires-fonciers sur les registres des communes, et qui sont retournés, immédiatement après l'extinction de la révolte, à leurs travaux agricoles.

3. La durée du service militaire sera de quinze ans. On comptera ux sous-officiers et aux soldats de l'ancienne armée polonaise les années de leur service accompli avant le 29 novembre 1830 ; les autres qui sont entrés dans les rangs militaires pendant la révolte, sont obligés de servir les quinze années entières, à compter du jour de leur entrée dans l'armée russe.

4. L'enrôlement de ces militaires doit être achevé le 1er septembre 1832, et augmenter les rangs de l'armée russe de vingt mille hommes au moins.

Signé : Le feld-maréchal PASKIEWICZ.

Ordonnance du **26** *février* 1832.

SUR LE CHAPITRE III

(BOHÈME ET AUTRES PAYS HABITÉS PAR LES TCHÈQUES ET LES ILLYRIENS.)

§ 1er. — BOHÊME

ET PAYS HABITÉS PAR LES GERMANO-SLAVES.

NOTICE HISTORIQUE.

NOTE Ire, pages 155 - 159.

BOHÊME.—Si nous passons de la Pologne à la Bohême, nous trouverons cet autre royaume slave travaillé par les mêmes idées de réforme sociale et de renaissance politique. Quoique l'Autriche ne lui ait point encore accordé les franchises de langage que le cabinet prussien croit ne plus pouvoir refuser aux diétines de Posen et de Silésie, l'assemblée des États de Prague n'en marche pas moins dans la voie patriotique qu'elle a su s'ouvrir. Le petit budget dont elle dispose est consacré exclusivement à des travaux qui ont pour objet de réveiller l'esprit national. Malgré les chaînes qui pèsent sur elle, cette diète montre depuis 1840 une énergie inaccoutumée..... Enfin, en 1844, cette diète a obtenu, pour la première fois depuis quatre-vingt-dix ans, la faveur d'envoyer à Vienne une députation officielle pour porter au trône de son roi les désirs du pays. Ces désirs (*desideria*) et projets de réforme ont été solennellement reçus par l'empereur et roi entouré de sa cour..... Au nombre des articles qu'a ratifiés le cabinet aulique, on trouve une concession importante : le burgrave de Prague, président de la diète, devra désormais être choisi parmi

les magnats du royaume. En encourageant la nationalité tchèque,
l'Autriche espère sans doute l'opposer un jour à la Hongrie magyare, qui opprime les Tchèquo-Slovaques....

Au temps de Napoléon, personne n'aurait imaginé de regarder
la Bohême comme un pays non allemand ; aujourd'hui, les journaux et les recueils les plus dévoués à la cause allemande, se
bornent à demander que dans ce *royaume slave* les Allemands
continuent d'être traités en citoyens, et que le *rappel de l'union*
ne soit jamais prononcé. Il faut bien avouer que les Tchèques nous
paraissent avoir perdu plus d'une des qualités propres à leur race.
On pourrait dire qu'ils sont Slaves comme la Belgique et la Savoie
sont françaises. Les populations tchèques, même les moins mé-
langées, portent sur leurs physionomies morales mille empreintes
des coups que leur a portés l'Allemagne. Toutefois, on reconnaît
aisément que ces coups sont anciens, que les cicatrices tendent à
s'effacer ; qu'en un mot, ce qu'on appelle en Autriche la *germa-
nisation* du peuple bohême a cessé....

Il est d'ailleurs difficile d'assigner aux Bohêmes un rôle politique bien tranché. Ils sont les confédérés naturels de la Pologne,
et suivront probablement en tout les doctrines de leur alliée. Voilà
pourquoi la fraction du peuple bohême qui a le moins de rapport
avec les Polonais, est aussi celle où se manifeste le moins d'énergie
nationale. Cette fraction qui, sous le nom de Slovaques, se trouve
rejetée en Hongrie, garde, vis-à-vis des Magyares, adversaires
déclarés de sa nationalité, une attitude passive....

DALMATIE.—La Dalmatie, province tellement pénétrée de l'influence italienne, qu'on pourrait la regarder comme tout à fait
perdue pour le slavisme, s'est enfin ressouvenue de sa vraie nationalité. Son principal écrivain, le célèbre Tomasso, qui avait jusqu'à ce moment écrit tous ses ouvrages en italien, s'est mis à
étudier l'idiome de ses pères, et vient de publier dans cet idiome,
sous le titre d'*Iskritse* (les Étincelles), une brochure patriotique.
Les armateurs à demi vénitiens de l'ancienne Raguse sont de plus
en plus remplacés, dans Raguse même, par des négociants serbes
de Bosnie et de Hertzegovine. Inondées de Morlaques, c'est-à-dire
de montagnards slaves, les cités du littoral cessent de se regarder
comme vénitiennes, et on n'y rougit plus de parler illyrien. A côté
des journaux, jusqu'ici tous italiens, de ces villes, se publie depuis
bientôt un an une feuille slave intitulée *l'Aurore de Dalmatie*
(Zora Dalmaticka), et dirigée par un professeur de Zasa. Cette
feuille hebdomadaire est destinée principalement au peuple des

campagnes ; elle prétend se borner strictement à l'examen des intérêts indigènes, en les rattachant toutefois aux intérêts généraux de l'Illyrie.

Silésie. — Il est une autre diète où les Slaves commencent également à se faire sentir; cette diète est celle de la Silésie. Dans cet ancien duché polonais, quoique la bourgeoisie soit entièrement devenue allemande, la majorité de la population est encore slave de langue et de mœurs, et consacre par-là même aux événements de Pologne une grande attention. Excitée par l'exemple des nonces de Posen , la diète de Breslau , en 1844 , s'est montrée presque révolutionnaire. Elle s'est prononcée unanimement dans le sens d'une réforme électorale, qui permettrait aux paysans de prendre une part active à la chose publique.

Outre l'oppression aristocratique , les indigènes de Silésie ont encore à supporter un autre fléau, celui qu'ils appellent la *slavophagie* allemande. Il n'y a point dans ce pays, comme dans le duché de Posen, de hautes écoles polonaises; l'allemand est la langue adoptée pour l'enseignement et le commerce. La diète elle-même délibère et vote en allemand. Un état de choses à peu près analogue régit la Silésie autrichienne, et pourtant jusque dans ces provinces on sent la réaction slave. C'est que ces populations s'appuient sur la Pologne, et, malgré les efforts de l'Allemagne pour les absorber, les Polonais savent, partout où ils habitent, se maintenir comme nation à part , sans jamais perdre de vue leur avenir

Cyprien Robert.— *Le Monde greco-slave*, 1845.

Pour ce qui concerne les temps plus anciens, le lecteur peut consulter aussi l'ouvrage de M. Koch, intitulé : *Tableau des révolutions de l'Europe*. Paris, 1807 , savoir :

Pour la Bohême tome Ier, page 108; tome II, pages 49 , 119, 219 , 220 ; pour la Moravie, tome Ier, pages 76 et 241; tome II, page 225 ; pour la Silésie, tome Ier, pages 109 et 241; tome II, pages 50 et 81; tome III, pages 215 et 322; pour la Styrie, tome Ier, pages 182 et 185.

§ 2.—SERBIE

ET PAYS HABITÉS PAR LES TURCO-SLAVES.

NOTICE HISTORIQUE.
NOTE II, pages 166-168.

SERBIE.—Depuis qu'elle est libre, la Serbie s'est donné successivement trois *ustavs* ou constitutions, qui ne sont que la conséquence logique l'une de l'autre. Arrachée à Miloch en 1825, la
première de ces constitutions porte, malgré ses réticences abso-
lutistes, un cachet profondément greco-slave. Dédaignant les
classifications hiérarchiques et l'égalité roturière de l'Occident,
elle cherchait à élever tous les rangs, sans en rabaisser aucun, et
déclarait nobles sans distinction tous les indigènes de Serbie, par
la seule raison qu'ils professaient la religion du Christ. En l'absence d'un code civil, elle déclarait prendre l'Évangile pour base
de l'administration de la justice, ce qui ne l'empêchait pas, par
une bizarre inconséquence, d'abolir les tribunaux ecclésiastiques,
et de laisser les juges civils prononcer même en matière de divorce.
Chaque province répartissait à sa guise les impôts; chaque commune était solidaire des actions de ses enfants; elle devait livrer
elle-même au gouvernement les coupables et les malfaiteurs, et
restituer aux victimes l'équivalent des vols commis sur ses terres.

La constitution nouvelle, proclamée après l'insurrection victo-
rieuse de 1835, fut la première charte proprement dite du peuple
serbe. Malgré son éducation philosophique et assez peu orthodoxe,
l'auteur de cette charte, Davidovitch, dut se conformer aux idées
de sa nation sur l'origine religieuse du pouvoir. C'est à la religion que, d'après la charte serbe de 1835, les citoyens doivent
tous leurs droits politiques, et le souverain toutes ses prérogatives.

Le sénat (soviet) est investi, conjointement avec le prince ou
kniaze, de tout le pouvoir législatif. Le prince ne peut promulguer
ni faire exécuter aucune loi avant que le sénat l'ait consentie et
signée par la main de son président. Le sénat, qui siège en per-
manence, représente vraiment le pays, partageant avec son kniaze
la souveraineté. Ainsi, la Serbie est en quelque sorte une démo-

cratie de vieillards; la *skouptchina* (chambre des communes), composée des députés des villages, et qui représente, pour ainsi dire, la jeunesse du pays, ne participe point à la confection des lois; elle ne se rassemble momentanément chaque année que pour consentir, modifier ou rejeter l'ordonnance du budget. Cette charte ne déclare plus, comme la première, tous les Serbes nobles, mais elle les fait du moins égaux devant la loi, et la loi est indépendante du souverain; les juges n'ont à rendre compte à personne de leurs arrêts. Aucun citoyen serbe ne peut être arrêté sans une accusation légale, ni rester détenu plus de trois jours sans subir son jugement. Sur la terre étrangère même, le Serbe reste soumis aux lois de sa patrie. Le paysan affranchi de toute servitude ne rend plus de corvée qu'à l'État, et même dans ce cas le gouvernement doit lui payer un salaire raisonnable.....

CYPRIEN ROBERT.—*Le Monde greco-slave*, 1847.

BULGARIE, BOSNIE ET ALBANIE.—Nous renvoyons le lecteur à l'ouvrage déjà cité de M. KOCH : *Tableau des révolutions de l'Europe*. (Voir tome Iᵉʳ, pages 113 et 242; tome II, pages 85, 93-95 et 324.)

MONTÉNÉGRO (Tchernogora).—L'époque primitive de l'histoire du Tchernogora s'étend de 1500 à 1750. Les *piesmas* (chants) et les traditions qui nous sont restées de cette époque, indiquent qu'au xvᵉ siècle le Tchernogora manquait encore d'une population permanente, et n'était visité par les pâtres serbes que durant la belle saison. Les braves échappés de Kossovo, et Strachimir Ivo, dit Tchernoi (le noir), c'est-à-dire le proscrit, le rebelle, vinrent peupler ces rochers déserts. De même que les Francs nommèrent France le pays où ils croyaient avoir été introduits par Francus, de même les Tchernogortsi se dirent les descendants de cet Ivo Tchernoi, et ont nommé Tchernogora la montagne sauvée par ce héros du joug des conquérants. Le fleuve qui traverse le pays des noirs libres, et qui s'appelait auparavant Obod, reçut de même le nom de Tchernoïevitch.

CYPRIEN ROBERT.—*Le Monde greco-slave*, 1842.

NOTICES STATISTIQUES.

Note III, pages 170-171.

Constitution physique du pays, Industrie, Population.

Les documents statistiques sur la Turquie se trouvant manquer, les auteurs diffèrent entre eux dans les questions qui s'y rattachent. Mais après avoir étudié attentivement leurs données et les avoir rapprochées avec soin de nos recherches particulières, il nous est permis de croire, en définitive, que nos chiffres se rapprochent le plus possible de la vérité.

Page 172.— *Finances.*— *Tribut de la Serbie.*

La valeur des monnaies turques s'étant singulièrement abaissée par suite d'altérations successives, la réduction que nous avons donnée des piastres en francs doit, par suite, être modifiée en prenant leur cours pour base de comparaison, cours qui d'ailleurs continue à se déprécier de jour en jour.

NOTES DE LA SECONDE PARTIE

SUR LE CHAPITRE Ier.

(HONGRIE ET PAYS ADJACENTS.)

---

§ 1er.—NOTICE HISTORIQUE.

NOTE 1re, pages 186-189.

Établissement et prépondérance des Magyares.

On applique indistinctement le nom de Hongrois aux peuples très-divers qui sont disséminés sur le vaste territoire des deux royaumes annexés de Hongrie et de Kroatie, et dans la principauté des Sept-Forteresses ou de Transylvanie. Les Magyares sont l'un de ces peuples, et ils ont joué naguère le rôle de promoteurs dans le mouvement politique des jeunes nationalités de cette partie de l'Europe orientale; mais aujourd'hui ce mouvement, qui a favorisé l'essor des races, semble tourner contre eux. A côté des Magyares, ou parmi eux, vivent et s'agitent trois peuples qui leur disputent vaillamment et la place et l'influence, les Slovaques au nord, les Valaques à l'est, et les Kroates au midi. Les Slovaques et les Kroates appartiennent à deux familles de la race slave, ceux-ci à la famille illyrienne, ceux-là à la famille tchèque; les Valaques sont roumains. Quant aux Magyares, ils sont les derniers venus sur le sol hongrois; en y arrivant, ils trouvèrent les Slaves qui, de temps immémorial, cultivaient ces riches contrées sous le nom de Pannoniens et d'Illyriens, et les Valaques ou Vlasks qui, au second siècle de l'ère chrétienne, avaient pris la place des Daces, exterminés par Trajan.....

Sans remonter aux temps des Scythes et des Philistins, les Magyares, il faut le reconnaître, n'avaient, pour illustrer leur berceau, qu'à puiser à pleines mains dans l'histoire du moyen âge. Les uns, fixés et organisés dès l'époque d'Attila, à l'extrémité orientale des Karpathes, sous le nom de *Szeklers*, de *Sicules* ou *Scythules* (Petits-Scythes), établirent promptement leur renommée de bravoure. Ainsi en fut-il des autres qui vinrent, du viᵉ au ixᵉ siècle, et se constituèrent sous la conduite d'Arpad. Leur domination une fois assurée sur les Roumains de la Transylvanie, qui forma néanmoins une principauté à part, sur les Slaves des Karpathes, enfin sur les Kroates, les Slavons et les Dalmates, les Magyares, entraînés par la passion des conquêtes, furent un moment maîtres de la Bosnie et de la Serbie. Ils devaient cependant éprouver à leur tour les maux qu'ils faisaient souffrir aux peuples vaincus. Après avoir succombé au xviᵉ siècle sous les coups de Soliman, à Mohacz, dans un combat désastreux dont encore aujourd'hui ils ne parlent qu'en gémissant, ils furent réduits, par la violence et par la ruse, à se donner à la maison d'Autriche, qui les dépouilla peu à peu de toutes leurs libertés, et voulut leur enlever jusqu'au sentiment de leur nationalité.....

Cependant, au moment même où les Magyarés semblaient les plus fidèles sujets de l'Autriche, les savants qui étudiaient le passé avec admiration et surprise, les patriotes qui s'inspiraient du souvenir rajeuni de leurs aïeux, les nobles et les paysans eux-mêmes, effrayés du germanisme envahissant de Joseph II, se réveillèrent par un coup d'éclat, qui fut la naissance du mouvement connu sous le nom de *magyarisme*. La Hongrie changea son nom en celui de Magyarie ou de royaume magyare (*magyar-orsag*), sous prétexte que le mot latin *hungaria* n'avait point d'autre sens possible dans la langue nationale. C'était à la fois un affranchissement et une conquête. Les Magyares s'affranchissaient de la suprématie du latinisme et du germanisme, et ils conquéraient, en les absorbant, les Slovaques, les Kroates et les Valaques; du moins le magyarisme, plus orgueilleux que prudent, se proposait ce double but.....

Sous la domination allemande comme au temps de l'indépendance, les Magyares, arrivés sur le sol hongrois en conquérants, avaient conservé sur les Slovaques, les Kroates et les Valaques, une suprématie à la fois politique et morale. L'aristocratie magyare, maîtresse de l'administration supérieure et du pouvoir législatif tant qu'il fut respecté, avait aussi plus d'ambition et plus de moyens d'agir que la noblesse kroate, et que le petit nombre de grandes maisons reconnues pour slovaques ou roumaines. C'est ce qui explique comment l'initiative des agitations nationales, en face du germanisme, a dû venir de la race magyare, et comment, au lieu d'être slovaque ou valaque, ou même kroate, le mouvement politique de la Hongrie a commencé par être exclusivement magyare.....

A partir de 1837, commence dans l'histoire du magyarisme une époque d'incertitude et de découragement. L'irritation croissante, les protestations officielles portées par les Illyriens et les Roumains dans la diète, et par les Slovaques jusqu'au pied du trône impérial, le morcellement, la dissolution imminente du royaume, frappent enfin quelques esprits qui, à l'origine, s'étaient eux-mêmes laissé séduire par les brillantes illusions du patriotisme conquérant.....

H. DESPREZ.—*La Hongrie et le mouvement magyare*, 1847.

Pour plus amples détails sur les deux premières périodes historiques, le lecteur consulterait avec fruit l'ouvrage de M. KOCH : *Tableau des révolutions de l'Europe*, 1807, spécialement pages 75, 110, 133, 241-245 du tome 1er; 85, 214-218, 319 du tome II; 14-16, 26, 59 du tome III.

Il y trouverait aussi l'indication des meilleures publications sur l'histoire des Hongrois.

NOTE II, page 189.— *Système constitutionnel.*

Comme tous les peuples d'Orient, les Hongrois ont traversé des périodes d'affreuse tyrannie; mais au milieu des plus rudes persécutions politiques, ils ont su garder leurs libertés communales et provinciales. En vain la maison d'Autriche a introduit, tant qu'elle a pu, son génie absolutiste dans les hautes branches de l'administration; la diète suprême et les diétines des provinces ou comitats ont constamment repoussé, sous toutes ses formes, la bureaucratie autrichienne.

Chaque diétine hongroise, sous le nom de *congrégation*, s'assemble une ou plusieurs fois l'an, pour délibérer et décider en souveraine sur tout ce qui concerne l'administration intérieure du comitat. La session générale s'ouvre par la lecture du protocole de la congrégation précédente. On discute les rescrits et l'administration du roi, la répartition de l'impôt, le recrutement, les travaux publics, les besoins de l'industrie indigène, les demandes des comitats voisins, etc., etc. La diétine est présidée, au nom du roi, par le ober-gespan, littéralement le haut caissier, ou par le vice-gespan. Ces deux titres, qui équivalent aux noms de comte et de vicomte, désignent en Hongrie l'administrateur suprême d'un comitat et celui qui le supplée dans les affaires secondaires.....

Les ober-gespans sont magnats du royaume : réunis aux autres comtes hongrois, ils composent dans l'assemblée nationale la première table, dite *table des magnats*, où siégent également tous les prélats du royaume, tant latins que grecs-unis et non unis. Outre cette première table, qui représente les intérêts de la haute noblesse et ceux de l'épiscopat, l'assemblée nationale renferme encore la *table des États* ou des députés du peuple, c'est-à-dire de la petite noblesse, des villes libres et du bas clergé. Malheureusement, les villes ne sont point représentées dans ces États en proportion de leur importance, puisqu'elles n'y ont toutes ensemble qu'une seule voix collective. Le motif de cette exclusion est que presque toutes les villes, étant peuplées d'Allemands et d'étrangers, sympathisent faiblement avec les populations indigènes, d'où il suit que, dans l'intérêt de leur propre conservation et afin de pouvoir résister au despotisme autrichien, les peuples de la Hongrie doivent restreindre, autant que possible, les droits politiques des cités. La réunion des deux tables des magnats et des députés compose la diète ou *comitia*. Les représentants se rendent armés à cette assemblée ; c'est un dernier souvenir de la barbarie féodale et des temps où la diète n'était qu'un rendez-vous de guerre, destinée à faire voter par les guerriers sur un champ de mars national, au milieu du bruit des armes, une nouvelle campagne contre les Allemands et les Turcs.

Entouré de la garde hongroise, le roi ouvre la diète par un discours sur l'état actuel du royaume et de ses relations extérieures, puis il se retire, et la diète commence à délibérer avec une franchise et une rudesse de langage digne des enfants de la steppe. Responsables de leurs votes devant ceux qui les ont élus, les députés doivent écrire chaque semaine à leur comitat ce qui se passe à la diète. Quatre fois par an, les électeurs de chaque comitat se rassemblent en congrégation pour lire publiquement la correspondance de leurs mandataires, scruter leur conduite, et les remplacer par d'autres, s'ils en sont mécontents. Les effets bienfaisants de cette responsabilité ne s'étendent pas, il est vrai, en Hongrie, jusqu'aux ministres de la couronne. Ceux-ci n'ont aucun compte à rendre à la diète pour la gestion des deniers publics. De plus, le roi, qui n'a pas l'initiative des projets de loi, a pourtant le droit de *veto* absolu, et sans sa signature aucune décision de la diète n'est valide. Il est vrai que la diète vote l'impôt de la guerre et le contingent des troupes, et elle peut refuser ces deux articles, si le gouvernement suit une voie anti-nationale. Ainsi tenue en bride, la royauté ne peut commettre que des abus partiels, ce qui n'empêche pas que ses prérogatives ne soient excessives. Aussi la diète cherche-t-elle par tous les moyens à les restreindre.

Ce n'est pas toutefois dans la prépondérance royale que se trouve le principal défaut de la charte hongroise; le vice radical de cette constitution est le monopole politique accordé à l'aristocratie. La magnifique institution des diétines, où primitivement tout citoyen quelconque, pourvu qu'il fût libre, venait parler et voter, n'est plus qu'un champ d'intrigues dans lequel les nobles ont seuls le droit d'agir. On a estimé qu'il y avait en Hongrie près de 500,000 gentilshommes, dont la plupart, vivant dans la misère, sont réduits à se faire artisans, cochers ou valets: on conçoit que de tels citoyens n'aillent aux congrégations que pour y voter en faveur de leurs maîtres; quant à ceux qui sont sans maîtres, ils vendent, comme en Angleterre, leurs votes pour de l'argent, pour un bon dîner, souvent pour un verre d'eau-de-vie....

Malgré les criants abus de cette liberté sauvage, il y a dans le système hongrois des vices encore plus déplorables. Ces vices dérivent tous de l'état d'asservissement où sont tenus le bas peuple et la classe agricole. Heureusement la noblesse elle-même sent ce mal, et à chaque diète nouvelle des réformes de plus en plus décisives s'accomplissent dans la législation, en faveur des paysans. La diète de 1832, qui a été une sorte d'assemblée constituante pour la Hongrie régénérée, a commencé héroïquement la lutte contre l'intérêt aristocratique et les préjugés des indigènes. Elle a posé des principes d'où doit sortir un jour l'émancipation de toutes les classes de la nation. Le paysan a déjà acquis en Hongrie des droits considérables, un code nouveau le protége contre son seigneur; il peut racheter, pour une somme assez modique, les corvées et redevances dont sa terre se trouve grevée. La bourgeoisie des villes est chaque jour mieux garantie dans ses stipulations commerciales. Les nobles peuvent maintenant être arrêtés pour dettes. Enfin, la liberté de la presse, bien qu'elle ne soit pas légalement reconnue,

existe à peu près dans le royaume, puisque la censure y est sur-
veillée par la diète.

CYPRIEN ROBERT. — *Le Monde greco-slave*, 1845.

NOTE III, pages 189-190.— *Mouvement illyrien.*

La Kroatie forme avec la Slavonie un royaume qui est annexé
à la Hongrie, et placé sous le regime de la même constitution par-
lementaire. Ce royaume envoie ses magnats et ses députés à la
diète hongroise, et il est divisé, comme la Hongrie, en comitats
ou départements, dont tous les nobles s'assemblent quatre fois
l'an pour délibérer sur les affaires locales. Outre ces institutions,
qui sont communes aux deux royaumes, la Kroatie et la Slavonie
possèdent encore une sorte de parlement national, qui date du
temps de l'indépendance de la Kroatie, et qui, sous le nom de
congrégation, est appelé à s'occuper des intérêts généraux du
royaume annexé. Ses attributions, son organisation même, sont
encore aujourd'hui des sujets de controverse; mais si faiblement
assis qu'il soit, il est d'un grand secours pour les Kroates, car en
même temps qu'ils trouvent dans leurs comitats et dans la diète
de Hongrie l'occasion de parler hautement en faveur de l'illyrisme,
ils trouvent dans la congrégation le moyen de centraliser leurs
efforts et de donner à leur nationalité l'appui et l'autorité d'une
institution.

C'était donc une chose sérieuse que tout ce bruit qui se faisait
autour des questions dirigées par la congrégation, et l'illyrisme
était devenu une force politique. Le succès, on le pense bien,
représentait une somme d'efforts qui ne dataient point de la veille.
Cependant, à tout prendre, le mouvement illyrien n'est vieux
que de quinze ans. Le sentiment de la race est antique parmi les
Slaves méridionaux; mais il ne s'est déclaré bien nettement parmi
eux qu'à l'époque où l'attention de l'Europe, sollicitée par la
renaissance de la Grèce et la chute de la Pologne, s'est portée sur
les questions des races depuis quelque temps agitées par les écrivains allemands. Peut-être aussi la France n'est-elle point tout
à fait étrangère au réveil de l'illyrisme; au moins aime-t-on à
s'en glorifier sur les bords de la Save, où l'on a conservé de notre
administration les meilleurs souvenirs. En rendant à une partie de
l'ancien territoire illyrien son nom primitif, Napoléon avait assu-
rément touché la fibre nationale des populations voisines de
l'Adriatique; il avait fait mieux encore : il avait reconnu plus tard

la langue illyrienne pour langue officielle dans les provinces, il avait pris soin qu'un journal fût publié dans les pays dalmates, à la fois en italien et en illyrien, et que les lois données par lui fussent écrites dans l'idiome national comme en français.

L'effervescence nationale qui succéda à cette première, mais fugitive invocation de l'illyrisme, coïncida avec les préoccupations qu'excitèrent successivement en Europe les événements de Grèce et de Pologne, venus à propos pour démontrer l'importance trop longtemps méconnue des questions de races. Mais ces événements n'auraient peut-être pas suffi eux-mêmes pour émouvoir profondément les Kroates, si une atteinte directe n'avait pas été portée à leurs intérêts par les Magyares qui prétendaient, vers 1830, imposer leur langue nationale aux Roumains de la Transylvanie (Valaques), aux Slaves du nord et du sud. Les Kroates s'éveillèrent alors, bien décidés à résister : leurs droits municipaux, leurs institutions locales se trouvaient menacés. Ils se mirent sur la défensive et combattirent ardemment *pro aris et focis*. C'est dans cette lutte seulement, et une idée amenant l'autre, que l'idée de nationalité prit possession de leur esprit.

H. DESPREZ. — *Souvenir de l'Europe orientale, ou la Grande-Illyrie et le mouvement illyrien*, 1847.

NOTE IV, page 90.

Antagonisme des races ou nationalités.

Nous aurions voulu donner quelques extraits de diverses publications sur les causes de désunion entre les différentes races ou nationalités qui occupent le sol de la Hongrie, et notamment des articles de M. CYPRIEN ROBERT dans son *Monde greco-slave*, 1845-46 ; mais le défaut d'espace ne nous permet pas ces communications.

NOTE V.— *Révolution de 1848.*

Nos *recherches* s'arrêtent à l'année 1848 ; cependant nous croyons ne pas devoir nous taire absolument sur

la révolution qui a éclaté alors dans la malheureuse
Hongrie.

L'article suivant peut, jusqu'à un certain point,
suppléer à notre silence sur ce sujet :

Nous devons rappeler en deux mots quelle était la situation
des Hongrois, d'une part, vis-à-vis de l'Autriche, et d'autre part,
vis-à-vis des peuples de race différente qui partagent avec eux le
sol de la Hongrie.

Vis-à-vis de l'Autriche, cette situation était légale, constitutionnelle, nette, inattaquable à tous les points de vue : la Hongrie
n'était pas une province de l'Autriche. Le même souverain qui, à
Vienne, régnait en monarque absolu, descendait, devant la diète
de Presbourg et devant le peuple hongrois, au rang de souverain
constitutionnel..... La constitution hongroise, une des plus anciennes et des plus curieuses de l'Europe, et semblable en beaucoup de points à celle de l'Angleterre, était garantie par les traités
même qui avaient fait de la couronne de Saint-Étienne (premier
roi chrétien de Hongrie) un patrimoine de la maison de Habs-
bourg.

Cependant, cette constitution avait subi avec le temps, grâce
à la politique cauteleuse et souterraine de la maison d'Autriche,
des atteintes considérables ; au commencement de 1848, elle
n'avait, pour ainsi dire, plus qu'une existence nominale. Les lois
votées par la diète de Presbourg restaient enfouies dans les cartons
de la chancellerie autrichienne et n'étaient point exécutées. Les
Hongrois souffraient dans leur orgueil national ; le pays dépé-
rissait.

Il n'est donc pas étonnant que le mouvement de 1848 et la
révolution de Vienne aient provoqué en Hongrie une véritable
insurrection de l'esprit public. Le gouvernement autrichien com-
prit la nécessité des transactions avec cette merveilleuse facilité
qui, à cette époque, ne fit défaut à aucun gouvernement ; et avant
aucune menace, avant aucune démonstration hostile, il fit les
concessions demandées, consistant dans la formation d'un ministère entièrement hongrois, et responsable devant la diète, l'organisation de la garde nationale, la liberté de la presse, la transpor-
tation de la diète de Presbourg, sur la frontière autrichienne, à
Pesth, capitale nationale et traditionnelle de la Hongrie.

Mais le même mouvement d'opinion, qui s'était déclaré en Hongrie contre l'Autriche, se déclara contre les Hongrois chez les races slaves soumises à leur suzeraineté. La diète de Presbourg avait, à la vérité, proclamé l'égalité des droits de tous les peuples établis sur le territoire du royaume ; mais ce n'était qu'une concession apparente. Les Kroates et les Slovaques continuaient à dépendre de la Hongrie dans leurs rapports avec le cabinet de Vienne ; et ce qui blessait le plus ces peuples d'une civilisation naïve et incomplète, c'était l'emploi exclusif de l'idiome magyare dans toutes les transactions officielles. Chez les peuples primitifs, bien plus que chez les peuples civilisés, la langue est le caractère distinctif et intime, le cachet de nationalité. *Nolumus magyarisari*, disaient les Kroates ; et nous tenons ce sentiment pour légitime, comme tout ce qui touche à la revendication de la personnalité et du droit individuel.

Les Hongrois, qui avaient très-justement obtenu de l'Autriche des concessions légitimes, se montrèrent très-injustement intraitables envers les Slaves, qui recoururent aux armes. Jellachich, ban de la Kroatie, franchit la Drave et entre en Hongrie.

Dans cette première période de la guerre, malheureuse pour les Hongrois, qui ne purent presque nulle part tenir devant Jellachich, toutes les sympathies sont pour les Kroates, qui revendiquent leur autonomie contre la Hongrie et contre l'Autriche : on voit le cabinet de Vienne, tenu en respect par l'ascendant des Hongrois, les traitant d'abord de rebelles, et destituant Jellachich de tous ses biens et dignités.

Mais bientôt la scène change, et le succès des Kroates continuant, le gouvernement autrichien conçoit la pensée de se servir de leur concours pour faire rentrer les Hongrois sous le joug à peine secoué.

Le 3 octobre 1848, paraît une proclamation de l'empereur dans laquelle on lit :

« Nous dissolvons la diète. En conséquence, aussitôt que notre rescrit royal aura été publié, elle devra clore ses séances.

« Nous déclarons illégales et inefficaces toutes les résolutions et ordonnances de la présente diète qui n'ont pas été sanctionnées par nous. »

Par cette ordonnance (qui met en outre la Hongrie en état de siége et confie au ban Jellachich des pouvoirs extraordinaires), l'alliance des Kroates et de l'Autriche est officiellement proclamée. Dès lors, les sympathies que méritait le slavisme disparaissent dans la haine qu'inspire le despotisme autrichien. Le caractère de la guerre devient autre, et les Hongrois, au lieu de figurer comme oppresseurs des Slaves, deviennent les défenseurs de-leur propre liberté constitutionnelle, contre les Autrichiens appuyés par les Kroates.

A. NEFTZER. — *Sur les mémoires du général Georgei,* 1852.

Plusieurs autres publications ont paru sur la dernière révolution hongroise; elles se recommandent par le nom des auteurs, et le lecteur pourra les consulter utilement, entre autres : *Mémoires du* Gal KLAPKA *et du* Gal *Dembiwski;—Le magyarisme,* ou *la guerre des nationalités en Hongrie,* par BOLDÉNYI.

§§ 2 ET 3.—NOTICES STATISTIQUES.

NOTE VI, pages 191–200.

Pour ce qui concerne cette partie de notre ouvrage, nous nous sommes appuyés sur les travaux de MM. Balbi, Huot, Boldényi, et sur la *Statistique de la Hongrie,* de M. FENYÈS.

A ces documents imprimés, M. Boldényi a eu l'obligeance d'ajouter des renseignements particuliers qui nous ont été d'une véritable utilité.

Nous renvoyons d'ailleurs, pour les finances, à la *Politique financière de l'Autriche,* de M. A COCHUT, 1843; et pour les colonies militaires, à l'ouvrage de M. DESPREZ : *De la colonisation militaire en Autriche et en Russie,* 1847.

SUR LE CHAPITRE II

(MOLDAVIE ET VALACHIE).

§ 1er. — NOTICE HISTORIQUE

NOTE 1re, pages 209 et 215.

Louis le Grand, roi de Hongrie, mit dans sa dépendance les princes de Moldavie et de Valachie..... Il monta aussi au trône de Pologne à la mort de son oncle, Casimir le Grand (1370-1382).....

Soliman le Grand, qui succéda à Selim, son père, éleva l'empire turc au faîte de la grandeur. Outre l'île de Rhodes, qu'il enleva aux chevaliers de Saint-Jean, et la meilleure partie de la Hongrie dont il dépouilla ses rois, il mit dans sa dépendance les provinces de Moldavie et de Valachie; il en rendit les princes vassaux et tributaires de son empire.....

La maison d'Autriche tira un parti avantageux de cette guerre (1), en occupant, en 1774, la Boukowine, qu'elle se fit remettre par la Russie qui en avait fait la conquête sur les Turcs. Cette province de la Moldavie, composée des deux districts de Suczawa et de Czernowitz, était revendiquée par la cour de Vienne comme un ancien domaine de la Transylvanie, usurpé par les princes de la Moldavie. La Porte n'eut d'autre parti à prendre que de lui abandonner les districts réclamés, par une convention particulière signée le 7 mai 1775.....

KOCH.—*Tableau des révolutions de l'Europe,* 1807, **page 245** du tome Ier, 85 du tome II, et 95-96 du tome III.

NOTE II, pages 209-210, 215.

A Bukarest et à Yassy, toute vie politique semble près d'expirer sous la pression russe. Toutefois, les boyards résistent autant que

---

(1) La guerre entre la Russie et les Turcs, qui se termina en 1774 par le traité de Roustckouk-Kaynaÿrgia.

le leur permet leur organisation morale, et beaucoup d'entre eux aspirent à se coaliser, avec les Serbes, pour relever leur pays de cet état d'humiliante prostration. Ne pouvant réagir en dehors, ils tâchent au moins de réaliser des améliorations intérieures, en accordant aux bourgeois et aux paysans des priviléges qui rendent moins précaire la position de ces classes, jusqu'ici indignement opprimées par la noblesse. On ne se contente pas d'adoucir le sort des paysans indigènes; la sollicitude nationale s'est étendue en Valachie jusque sur les Tsigans, qui ont été appelés à jouir des mêmes droits que les autres paysans. Entraînée par l'exemple des États valaques, la diète moldave a aboli dernièrement l'esclavage des Tsigans, et a assigné sur le budget un fonds spécial pour racheter ceux d'entre ces infortunés qui sont la propriété particulière des seigneurs... .

CYPRIEN ROBERT.—*Le Monde greco-slave: les diètes de 1844 dans l'Europe orientale*, 1845.

§ 2.—NOTICES STATISTIQUES.

NOTE III, pages 212-214 et 216-218.

De même que pour les pays des Turco-Slaves, les chiffres relatifs à l'état actuel de la Moldavie et de la Valachie se trouvent établis, d'après les publicistes qui ont paru s'approcher le plus de la vérité, MM. Balbi, Huot et Cyprien Robert; ce dernier bien connu comme s'étant plus particulièrement occupé de la question dans son ouvrage : *Le Monde greco-slave*, année 1842.

Ajoutons que le tribut annuel payé à la Porte-Ottomane par les deux principautés, doit être évalué d'après les bases indiquées pour le tribut de la Serbie, au chap. III de la première partie. (Voir page 323.)

FIN

TABLE DES MATIÈRES

DEUXIÈME PARTIE.

TABLEAUX SYNOPTIQUES.

NOTES ET PIÈCES JUSTIFICATIVES.

NOTES DE LA PREMIÈRE PARTIE.

SUR LE CHAPITRE Ier (EMPIRE DE RUSSIE).

SUR LE CHAPITRE II (POLOGNE).

SUR LE CHAPITRE III (BOHÊME ET PAYS DES TCHÈQUES-ILLYRIENS).

NOTES DE LA SECONDE PARTIE.

SUR LE CHAPITRE Ier (HONGRIE ET PAYS ADJACENTS).

SUR LE CHAPITRE II (MOLDAVIE ET VALACHIE).

FIN DE LA TABLE.

NOUVEL

APPENDICE.

AVANT-PROPOS.

Debellare superbos.
(Virgile).

Parmi les pièces citées à l'appui de nos assertions sur la politique envahissante de la Russie (*) il se trouve un article emprunté à la *Revue des Deux-Mondes*, et ayant pour objet un mémoire intitulé : *La papauté ou la question romaine*.

L'auteur de ce mémoire, publié en 1850, sous les auspices du cabinet de Saint-Pétersbourg, s'attache d'abord à démontrer la prétendue orthodoxie de l'Église d'Orient. Puis, en parlant de la visite que le czar actuel fit à Rome en 1846, il ajoute : *L'empereur orthodoxe est entré dans Rome après tant de siècles d'absence.*

Cette comparaison de l'autocrate de Russie avec le restaurateur de l'empire d'Occident, Charlemagne, et l'induction qu'en tire l'auteur au profit de son maître, paraissaient alors (1852) trop étranges pour

(*) Voir la note XVI sur le chapitre Ier de la première partie des *Recherches sur les peuples d'origine slave, magyare et roumaine*, édition de 1852, pages 263-265.

mériter une réfutation. Aussi, en insérant l'article
cité, étions-nous persuadé que les lecteurs éclairés
ne manqueraient pas d'apprécier les prétentions
moscovites à leur juste valeur.

En effet, la première partie de notre ouvrage
relative à la Russie et à la Pologne, fait connaître
suffisamment l'origine, encore peu éloignée, de la
croyance dont les czars sont aujourd'hui les chefs
illimités dans le spirituel et le temporel. On y
voit que, dirigée arbitrairement, elle ne devint
dominante en Russie que par ruse ou violence, et
que ce fut de la même manière qu'on parvint à la
propager parmi les populations professant le culte
non-seulement grec schismatique, mais encore grec-
uni ou catholique romain. En résumé, on apprend
par là que, privée de son caractère religieux, cette
croyance ne saurait avoir rien de commun avec
d'autres cultes chrétiens professés librement. Elle
n'est qu'un instrument politique ayant pour but
d'assurer le triomphe du système de conquêtes qui,
adopté, il y a plus d'un siècle, par le fondateur
de l'empire actuel de Russie, Pierre Ier, n'a pas
cessé d'être continué par ses successeurs jusqu'à
nos jours.

D'un autre côté, ce qui s'y trouve mis en évidence, ce sont les conséquences funestes du même
système, dont plusieurs États voisins (Suède,
Pologne, Crimée, Turquie, Perse, etc.) tombèrent
victimes, ayant été démembrés en totalité ou en

partie au profit de ce nouvel empire, asiatique plutôt qu'européen.

Enfin, divers documents annexés à l'ouvrage, et les citations empruntées aux travaux de publicistes distingués, ne font voir que trop la justesse de nos appréciations, en même temps qu'ils démontrent les immenses dangers dont la politique des czars menace l'équilibre européen et le monde civilisé.

Nul doute n'était donc possible sur le caractère étrange des dernières prétentions moscovites, ni sur leurs tendances réelles, bien qu'elles eussent la religion pour prétexte

Mais faut-il conclure de ces réflexions, que, dans notre pensée, les autocrates de Russie pourraient, comme par le passé, étendre leurs exigences de plus en plus, et poursuivre impunément leur politique ambitieuse?...

Pour se convaincre du contraire, il suffit de lire l'introduction de nos *Recherches,* où se trouve exprimé l'espoir : « que la France et l'Angleterre ne « perdront jamais de vue les conséquences possibles « d'une situation qui a tant de gravité. »

Cet espoir commence aujourd'hui à se réaliser d'une manière providentielle, par le conflit qui a amené la guerre actuelle en Orient.

En donnant un nouveau poids aux recherches de l'auteur, cet événement lui imposait des devoirs impérieux. Pour les remplir, il a jugé utile de compléter son travail par l'addition de nouveaux documents qui se rattachent à la question actuellement pendante.

Choisis parmi les plus importants, classés suivant l'ordre chronologique, et accompagnés de notes ou de pièces qui en expliquent la portée, ces documents authentiques seront propres à jeter une vive lumière sur le drame qui se déroule sous nos yeux, et dont le dénouement doit remédier à tant de maux. Ils contribueront à faire mieux apprécier encore la sollicitude éclairée des souverains, qui n'hésitent pas à tirer l'épée pour défendre la liberté civile, politique et religieuse, contre l'arbitraire et la fourberie, pour protéger la justice contre l'oppression, pour faire prévaloir la civilisation contre la barbarie moscovite.

DOCUMENTS ET NOTES.

I.

NOTICE HISTORIQUE.

« L'empereur de Russie, fidèle à la politique de ses ancêtres, cherchait une occasion commode et à sa convenance d'humilier complétement la Turquie, en attendant qu'il pût la subjuguer. Une fois établis à Constantinople, qui est la clef de la Méditerranée, les Russes auraient menacé, avant un demi-siècle, de leurs flottes de la mer Noire, Alger et Toulon; de leurs flottes de la Baltique, le Havre et Cherbourg. Nos enfants auraient assisté à une nouvelle invasion des barbares du Nord, chassant devant eux la civilisation et foulant aux pieds la liberté!

« L'affaire dite des *Lieux-Saints*, et le *protectorat des Grecs*, qui en a été la suite, ont semblé au czar offrir cette occasion qu'il cherchait; il l'a saisie avec un empressement qui a trahi, malgré lui, son ambition secrète.

« Tout le monde sait qu'à Bethléem et à Jérusalem, c'est-à-dire aux lieux où le Sauveur est né, où il a souffert et où il est mort, la piété des chrétiens a fondé depuis des siècles des églises et des monastères. Depuis que l'Église d'Orient s'est séparée de l'Église d'Occident, il est survenu des rivalités et des luttes entre les chrétiens de la communion latine et les chrétiens de la communion grecque, soit au sujet de la garde de ces *Lieux-Saints*, soit au sujet des cérémonies qui s'y trouvaient célébrées. La France, dont l'autorité politique et morale en Orient est considérable depuis les croisades, a toujours pris sous son patronage les Pères des monastères latins. Ces Pères avaient été les victimes d'empiétements successifs de la part des chrétiens de la communion grecque, et le gouvernement de Louis-Napoléon, alors président de la république française, obtint en leur faveur, il y a trois ans, des réparations aussi justes que modérées.

« L'empereur Nicolas, feignant de croire que les chrétiens de la communion grecque avaient été dépouillés au profit des chrétiens de la communion latine, envoya, au mois de février 1852, le prince Menschikoff à Constantinople, avec la mission apparente de rétablir les droits des Pères grecs; mais il ne fut pas difficile au gouvernement français de démontrer jusqu'à l'évidence que les satisfactions qui lui avaient été accordées ne lésaient en rien les droits de personne. La cour de Saint-Pétersbourg, après examen, fut forcée de le reconnaître; et, dès lors, si le prince Menschikoff n'avait eu réellement en vue que de faire rendre justice aux Pères grecs de Terre-Sainte, sa mission eût été complétement terminée.

« Il n'en fut pas ainsi, bien s'en faut. C'est alors que les véritables desseins de la Russie éclatèrent. Le prince Menschikoff demanda, avec hauteur et menaces, pour le czar son maître, le droit de protectorat direct sur tous les sujets de l'empire turc appartenant à la communion grecque; et comme parmi les sujets du sultan, dans la Turquie d'Europe, de onze à douze millions appartiennent à la communion grecque, tandis que trois ou quatre millions seulement appartiennent à l'islamisme, c'est, au fond, comme si l'empereur de Russie avait fait demander au sultan sa couronne.

« Cette prétention du Czar à protéger une si notable portion des sujets du sultan contre le sultan lui-même, prétention soutenue par une armée, était évidemment la même chose que l'asservissement de la Turquie par les Russes. Cette prétention est d'ailleurs d'autant moins justifiée, que l'Église grecque répandue en Turquie, sous l'autorité du patriarche de Constantinople, n'a pas consenti à la séparation de l'Église russe, dont le czar est le chef spirituel et temporel; que le gouvernement turc est beaucoup plus doux, beaucoup plus tolérant que le gouvernement moscovite à l'égard des cultes dissidents, témoin les catholiques de Pologne (1); et que le clergé grec en masse, le patriarche en tête, repousse de toute son énergie la protection des Russes, dans lesquels, d'après la rigueur des canons, ils seraient tentés de ne voir que des schismatiques.

---

(1) On n'ignore pas que le Saint-Siége protesta solennellement contre la propagande forcée de la croyance dominante en Russie, parmi les Grecs unis aux catholiques romains de la Pologne; mais que ces manifestations restèrent sans effet, n'ayant été appuyées par aucun gou-

« Ainsi, l'ambition de l'empereur de Russie ne tarda pas à percer
le voile religieux sous lequel il l'avait enveloppée. Être maître de
Constantinople, s'y établir comme dans une forteresse inexpugnable, dominer sur la Méditerranée en même temps que sur la
Baltique, envelopper l'Europe à la fois par le midi et par le nord,
et préparer, dans un avenir plus ou moins prochain, la domination

---

vernement chrétien. — Nous croyons devoir citer ici à ce sujet les
principaux passages de l'allocution prononcée par le souverain pontife
Grégoire XVI devant le Sacré-Collége, le 22 juillet 1842 :

« Déjà, dans ce lieu même, nous avons épanché avec vous, vénéra-
bles Frères, la douleur que dès longtemps a profondément enracinée
dans notre âme la condition misérable de l'Église catholique au sein
de l'empire de Russie. Celui dont nous sommes, quoique indigne, le
vicaire sur la terre, nous est témoin que, depuis le moment où nous
fûmes revêtu de la charge du souverain pontificat, nous n'avons rien
négligé de ce que commandent la sollicitude et le zèle pour remédier,
autant que cela était possible, à tant de maux chaque jour croissants.
Mais quel a été le fruit de tous nos soins? Les faits, et les faits les plus
récents, ne le disent que trop....

« Ce que nous avons fait, sans repos ni relâche, pour protéger et
défendre, dans toutes les régions soumises à la domination russe, les
droits invariables de l'Église catholique, le public n'en a point eu connaissance; on ne l'a point su dans ces régions surtout, et il est arrivé,
pour ajouter à notre douleur, que parmi les fidèles qui les habitent en si
grand nombre, les ennemis du Saint-Siége ont, par la fraude héréditaire
qui les distingue, fait prévaloir le bruit qu'oublieux de notre ministère
sacré, nous couvrions de notre silence les maux si grands dont ils sont
accablés, et qu'ainsi nous avions presque abandonné la religion catholique...

« Les choses étant ainsi, nous devons à Dieu, à la religion, à nous-
mêmes de repousser bien loin de nous jusqu'au soupçon d'une faute si
injurieuse. Et telle est la raison pour laquelle toute la suite des efforts
faits par nous en faveur de l'Église catholique de l'empire de Russie a été
par notre ordre mise en lumière dans un exposé particulier qui sera
adressé à chacun de vous, afin qu'il soit manifeste à tout l'univers
fidèle que nous n'avons en aucune façon manqué au devoir que nous
impose la charge de l'apostolat. »

Ajoutons encore que le successeur de Grégoire XVI, aujourd'hui régnant, fit aussi, dans son allocution du 3 juillet 1848, des réserves en
faveur des Grecs-unis qui avaient été forcés d'abandonner leur culte;
mais le résultat de cette manifestation n'est pas connu.

des Cosaques et des Baskirs sur tout l'Occident, soumis au plus honteux despotisme : voilà le but des Russes, but que l'empereur Napoléon signala dès le premier jour, et que toute l'Europe a vu clairement après lui. Le czar, mal renseigné par ses ambassadeurs, avait pensé que la France et l'Angleterre, séparées par d'anciennes rivalités, ne se réuniraient pas pour l'arrêter, et il a tellement l'habitude d'inspirer les résolutions des gouvernements du Nord, qu'il n'avait pas cru pouvoir douter de leur concours. Il s'est néanmoins complétement trompé ! »

(Extrait de la brochure officielle *la France et la Russie ;
Question d'Orient*, février 1854.)

II.

Manifeste du czar.

(21 Février 1854.)

« Nous avons fait connaître à nos chers et fidèles sujets la cause de notre mésintelligence avec la Porte-Ottomane.

« Depuis lors, malgré l'ouverture des hostilités, nous n'avons pas cessé de former, comme nous le faisons encore aujourd'hui, le désir sincère d'arrêter l'effusion du sang.

« Nous avions même nourri l'espérance que la réflexion et le temps convaincraient le gouvernement turc de son erreur, suggérée par de perfides insinuations, dans lesquelles nos prétentions justes et fondées sur les traités ont été représentées comme un empiétement sur son indépendance, cachant des arrière-pensées de domination. Mais vaine a été jusqu'à présent notre attente. Les gouvernements anglais et français ont pris parti pour la Turquie, et la présence de leurs flottes, réunies à Constantinople, a principalement servi à l'encourager dans son obstination.

« Enfin, les deux puissances occidentales, sans déclaration de guerre préalable, ont fait entrer leurs flottes dans la mer Noire, en proclamant la résolution de défendre les Turcs, et d'entraver la libre navigation de nos vaisseaux de guerre dans la défense de notre littoral.

« Après un mode d'agir aussi inouï dans les rapports des puissances civilisées, nous avons rappelé nos légations d'Angleterre et de France, et interrompu toutes relations politiques avec ces puissances.

« Et ainsi contre la Russie, combattant pour l'orthodoxie, se placent à côté des ennemis de la chrétienté l'Angleterre et la France.

« Mais la Russie ne manquera pas à sa sainte vocation ; et si sa frontière est envahie par l'ennemi, nous sommes prêts à lui faire tête avec l'énergie dont nos ancêtres nous ont légué l'exemple. Ne sommes-nous pas aujourd'hui encore ce même peuple russe dont la vaillance est attestée par les fastes mémorables de l'année 1812 ? Que le Très-Haut nous aide à le prouver à l'œuvre. Dans cet espoir, combattant pour nos frères opprimés qui confessent la foi du Christ, la Russie n'aura qu'un cœur et une voix pour s'écrier :

« Dieu! notre Sauveur! qui avons-nous à craindre? Que le « Christ ressuscite, et que ses ennemis se dispersent! »

« Donné à Saint-Pétersbourg, le 9/21ᵉ jour de février de l'an de la naissance du Christ 1854, et de notre règne le 29ᵉ.

« Signé : NICOLAS. »

(Extrait du Journal de Saint-Pétersbourg.)

Ce manifeste, publié peu de temps après la rupture des relations diplomatiques par la Russie avec la France et l'Angleterre, fait évidemment appel non-seulement au fanatisme des sujets du czar, mais encore à celui des chrétiens du culte grec-schismatique qui habitent les pays voisins.

D'après ce qui a été dit plus haut, il est facile de voir sur quelles orgueilleuses présomptions reposent, soit l'orthodoxie de la croyance qui domine aujourd'hui en Russie, soit sa communauté avec le culte grec-schismatique. Nous croyons donc inutile d'entrer dans l'examen des arguments allégués par l'autocrate et depuis répétés tant de fois. Il suffira de dire que les effets de cette politique,

basée sur le § XII du testament de Pierre Ier (1), ne tardèrent pas à se faire sentir, ainsi que le prouve le soulèvement de la Grèce et des provinces limitrophes qui
appartiennent à la Turquie. (Voir le Document n° V).

Ajoutons qu'admettre les prétentions religieuses du
czar, ce serait reconnaître implicitement que la croyance
dont il est le chef illimité, et qui n'est chrétienne que
de nom, possède une certaine supériorité sur les cultes
vraiment chrétiens.

D'ailleurs, les souverains des États où sont professés
ces derniers cultes, se priveraient par là du droit d'intervenir en faveur de leurs coreligionnaires qui habitent
la Russie. Or, ces malheureux, y compris les Israélites,
continuant à y être en butte à l'intolérance et aux persécutions de plus en plus vexatoires, l'intervention des
gouvernements chrétiens pour mettre fin à cet état de
choses paraît aujourd'hui plus que jamais indispensable.

III.

Discours de l'Empereur des Français prononcé à la
réunion du Sénat et du Corps Législatif.

(2 Mars 1854.)

« L'Europe, préoccupée de luttes intestines depuis quarante
ans..., semblait méconnaître le danger dont pouvait la menacer la
puissance colossale qui, par ses envahissements successifs, embrasse le Nord et le Midi, qui possède presque exclusivement

---

(1) Voir la note V du chapitre Ier de la première partie de nos
Recherches, page 218.

deux mers intérieures, d'où il est facile à ses armées et à ses flottes de s'élancer sur notre civilisation. Il a suffi d'une prétention mal fondée à Constantinople pour réveiller l'Europe endormie.

« Nous avons vu, en effet, en Orient, au milieu d'une paix profonde, un souverain exiger tout à coup de son voisin plus faible des avantages nouveaux, et, parce qu'il ne les obtenait pas, envahir deux de ses provinces. Seul, ce fait devait mettre les armes aux mains de ceux que l'iniquité révolte. Mais nous avions aussi d'autres raisons d'appuyer la Turquie. La France a autant et peut-être plus d'intérêt que l'Angleterre à ce que l'influence de la Russie ne s'étende pas indéfiniment sur Constantinople; car régner sur Constantinople, c'est régner sur la Méditerranée, et personne de vous, Messieurs, je le pense, ne dira que l'Angleterre seule a de grands intérêts dans cette mer, qui baigne trois cents lieues de nos côtes. D'ailleurs, cette politique ne date pas d'hier; depuis des siècles tout gouvernement national, en France, l'a soutenue; je ne la déserterai pas.

« Qu'on ne vienne donc plus nous dire : Qu'allez-vous faire à Constantinople? Nous y allons avec l'Angleterre pour défendre la cause du Sultan, et néanmoins pour protéger les droits des chrétiens; nous y allons pour défendre la liberté des mers et notre juste influence dans la Méditerranée. Nous y allons avec l'Allemagne pour l'aider à conserver le rang dont on semblait vouloir la faire descendre, pour assurer ses frontières contre la prépondérance d'un voisin trop puissant. Nous y allons enfin avec tous ceux qui veulent le triomphe du bon droit, de la justice et de la civilisation. »

(Extrait du *Moniteur universel*).

A la suite des paroles si nobles de l'illustre élu de la France, nous aimons à citer aussi les considérations élevées de Napoléon Ier sur le même sujet :

« La tiare grecque relevée et triomphante depuis la Baltique jusqu'à la Méditerranée, on verrait nos provinces attaquées par une nuée de fanatiques et de barbares, et si, dans cette lutte, l'Europe civilisée venait à périr, notre coupable indifférence serait un titre d'opprobre dans l'histoire. Qui pourrait calculer la durée des guerres, le nombre des campagnes qu'il faudrait faire un jour pour réparer les malheurs qui résulteraient de la perte de Constantinople, si l'amour d'un lâche repos et des délices de la grande ville l'emportent sur les conseils d'une grande prévoyance! »

(*Mémorial de Sainte-Hélène.*)

« Une fois maîtresse de Constantinople, la Russie a tout le commerce de la Méditerranée, devient une grande puissance maritime, et Dieu sait ce qu'il en peut résulter. » (*Idem.*)

« Je vois dans l'avenir plus loin que les autres. Je voulais opposer une barrière à ces barbares en rétablissant le royaume de Pologne. »

(*Echo de Sainte-Hélène*, par O'MEARA.)

IV.

Circulaire du cabinet de Saint-Pétersbourg à ses agents diplomatiques, au sujet du soulèvement des Grecs en Turquie.

(2 Mars 1854.)

« Ce soulèvement, bien que prévu et même annoncé depuis longtemps, préoccupe et émeut dans ce moment les esprits et la presse de l'Europe. Par une contradiction de ceux qui prétendent vouloir sauvegarder contre nous le pouvoir du croissant et les droits du sultan, ces mêmes puissances qui nous déclarent la guerre pour le seul motif que nous avons voulu maintenir les immunités religieuses des chrétiens de la Turquie, se disent disposées à obtenir en leur faveur les mêmes droits civils et politiques dont jouissent les musulmans.

« Nous ne voulons pas former de sinistres pronostics, mais ces promesses tardives, et si peu d'accord avec les actes de ceux qui les proclament, n'auront, nous le croyons, d'autre résultat que d'exaspérer davantage les oppresseurs contre les opprimés, de provoquer de sanglantes représailles, et de rendre désormais impossible la soumission de ces populations à la domination turque.

« Si le soulèvement qu'on nous signale acquérait d'ailleurs une plus grande extension, s'il devenait une guerre à mort et de longue durée, comme celle des Grecs en 1821, aucune puissance chrétienne, nous le pensons, ne saurait concourir à replacer ces populations sous le joug ottoman, sans froisser sa conscience. L'empereur, dans aucun cas, ne saurait s'y prêter. Durant notre guerre comme à l'époque où la paix sera possible, leur sort fera l'objet de la sollicitude de l'empereur. Nous espérons aussi que Dieu ne souffrira pas que, par une injuste animosité contre la Russie, des souverains chrétiens permettent à leurs armées de s'associer à l'œuvre d'extermination que les rénégats réunis au camp d'Omer-Pacha méditent sans doute à cette heure contre ceux qui ont pris les armes pour la défense de leurs foyers et de leur Église.

« Saint-Pétersbourg, le 2 mars 1854.

« Signé : NESSELRODE. »

(Extrait du *Moniteur universel*.)

On voit par ces extraits que le gouvernement moscovite s'attendait à la révolte des chrétiens en Turquie, et que, loin de la réprimer, il promet aux insurgés son assistance dans certaines éventualités.

De là il est permis de conclure qu'il n'était pas étranger à la naissance de ces troubles.

A l'appui de cette conclusion il suffira de rappeler les observations que nous venons de faire sur le manifeste précédent du czar (voir le document n° II), et notamment les événements dont la Grèce devint ensuite le théâtre ; ce nouveau royaume paraît, en effet, être le foyer des conspirations ourdies contre la domination ottomane.

Pour apprécier la tendance de la politique moscovite,

il faut encore se rappeler que le premier partage de la Pologne (1772) fut aussi précédé de troubles analogues, mouvement qui donna à la Russie le prétexte d'intervenir en faveur des dissidents.

Enfin, ce qui mérite d'être remarqué, c'est la manière défavorable avec laquelle le cabinet de Saint-Pétersbourg apprécie les réformes opérées en Turquie par le gouvernement local, réformes qui, appuyées par les cabinets de Paris et de Londres, promettent aux chrétiens de cet empire la jouissance des droits civils et politiques dont ils étaient privés précédemment. Aussi, en condamnant d'avance ces mesures progressives, le gouvernement moscovite paraît-il trahir l'espoir déçu de sa secrète ambition.

Il résulte de ces considérations que, comme par le passé, le czar se sert de la religion pour masquer ses plans politiques, ayant toujours le même but; et que, tout en se déclarant ennemi de l'anarchie, il n'hésite pas à provoquer les troubles lorsqu'ils peuvent lui être profitables.

V.

Correspondance secrète entre le czar et le cabinet de Londres, concernant l'avenir de l'empire ottoman.

(1853.)

Cette correspondance, qui eut lieu au commencement de l'année dernière, mais dont l'origine remonte jusqu'à l'année 1844, avait pour but le démembrement de l'empire ottoman.

D'après le projet du czar, cet empire, se trouvant déjà en état de dissolution, devait être partagé entre la Russie et l'Angleterre, de manière que la première aurait occupé provisoirement la ville de Constantinople, et aurait exercé un protectorat non-seulement sur la Moldavie, la Valachie et la Servie, mais encore sur la Bulgarie. Le royaume de Grèce serait aussi resté sous son protectorat, comme par le passé, sans toutefois obtenir aucune extension ultérieure. La restauration de l'empire byzantin était à jamais interdite. A ces conditions le czar permettait que l'Angleterre prit possession de l'Égypte et de l'île de Candie.

Quant aux autres puissances européennes, y compris l'Allemagne, il n'en fut point question; cependant on considérait l'Autriche comme prête à adhérer à ces propositions.

Le projet dont nous parlons n'eut pas de suite à cause de l'opposition qu'il avait rencontrée en Angleterre. On publia cependant officiellement toutes les lettres de l'ambassadeur anglais à Saint-Pétersbourg, qui s'y rattachaient.

L'étendue de cette correspondance ne permettant pas de l'insérer ici textuellement, nous nous bornons à donner l'article du *Moniteur universel* qui terminait la publication de ces documents diplomatiques.

« Nous avons publié les pièces relatives aux ouvertures faites au gouvernement anglais par la Russie, dans les premiers mois de l'année dernière. Les vues de cette puissance sont aujourd'hui attestées par des preuves officielles sorties de la chancellerie russe et du cabinet de l'empereur Nicolas lui-même; et il est suffisamment démontré désormais combien le gouvernement français avait raison de signaler, sous les démonstrations dont l'incident des sanctuaires de Palestine était le prétexte, des desseins dangereux pour la Turquie et pour l'Europe. On sait maintenant avec quelle netteté de langage le cabinet anglais refusa à la Russie de se prêter à toute entente qui aurait eu pour objet un partage de l'empire ottoman, et nous n'avons pas besoin de faire ressortir quel est celui des deux gouvernements auquel reste l'avantage dans cette correspondance.

« S'il y a, dans les propositions ainsi repoussées par l'Angleterre, des hardiesses qui paraîtront excessives, il y a aussi des oublis qui surprendront. L'empereur de Russie refait la carte d'Europe sans prononcer le nom de la Prusse, sans tenir compte de l'Autriche. On a vu dans quels termes ce souverain répond aux expressions d'étonnement que le silence gardé sur cette dernière puissance inspire au ministre d'Angleterre. On se demande, d'ailleurs, quelle pourrait être la part de l'Autriche, quand la Russie s'attribue la Moldo-Valachie, la Bulgarie et la Servie. On aura également remarqué ce qui concerne la Grèce, à laquelle l'empereur Nicolas interdisait non-seulement la restauration de l'empire de Byzance, mais *toute extension de territoire propre à en faire un État puissant.*

« Quant au gouvernement de l'empereur Napoléon, il n'a qu'une observation à faire sur le soin avec lequel la Russie le laissait à l'écart, c'est que l'on s'est retourné vers lui après avoir échoué à Londres, et qu'il a eu, à son tour, à décliner des avances plus ou moins directes, qui ne sont point sans analogie avec celles dont l'Angleterre avait été d'abord l'objet. »

(Extrait du *Moniteur universel* du 23 mars 1854).

VI.

Déclaration de la reine d'Angleterre sur la guerre avec la Russie.

(28 Mars 1854).

« C'est avec un profond regret que la reine annonce l'insuccès de ses efforts pleins de sollicitude et prolongés pour conserver à son peuple et à l'Europe les bénédictions de la paix. L'agression non provoquée de l'empereur de Russie contre la Sublime-Porte a été poursuivie avec une telle absence de considérations pour ses conséquences, qu'après le rejet par l'empereur de Russie des conditions que l'empereur d'Autriche, l'empereur des Français et le roi de Prusse, ainsi que Sa Majesté, avaient jugées justes et équitables, la reine est contrainte par le sentiment de ce qui est dû à l'honneur de sa couronne, aux intérêts de son peuple et à l'indépendance des États de l'Europe, de marcher à la défense d'un allié dont le territoire est envahi, et dont la dignité et l'indépendance sont attaquées.

« La reine, pour justifier la marche qu'elle va suivre, se réfère aux transactions dans lesquelles elle a été engagée.

« L'empereur de Russie avait quelques sujets de plainte contre le sultan relativement au règlement sanctionné par Sa Hautesse des droits contradictoires des Églises grecque et latine, sur une partie des lieux saints de Jérusalem et de son voisinage. Justice fut faite à la plainte de l'empereur de Russie sous ce rapport, et l'ambassadeur de la reine à Constantinople eut la satisfaction de faciliter un arrangement contre lequel le gouvernement russe lui-même ne souleva aucune objection.

« Mais pendant que le gouvernement russe assurait à diverses reprises le gouvernement de la reine que la mission du prince Menschikoff à Constantinople avait exclusivement trait au règlement de la question des lieux saints à Jérusalem, le prince Menschikoff lui-même faisait valoir auprès de la Porte d'autres exigences d'une nature plus sérieuse et plus importante, et qu'il s'efforçait tout d'abord, autant que possible, de tenir cachées à l'ambassadeur de la reine. Ces exigences, si soigneusement entourées de mystères, affectaient non les priviléges de l'Église grecque à Jérusalem, mais la position de plusieurs millions de sujets turcs dans leurs relations vis-à-vis de leur souverain le sultan.

« Ces demandes furent repoussées par la décision spontanée de la Sublime-Porte.

« Deux assurances avaient été données à la reine : l'une, que la mission du prince Menschikoff n'avait trait qu'aux saints lieux, et l'autre, que sa mission serait d'une nature conciliante.

« Sous ce double rapport la juste attente de la reine fut déçue.

« Il était fait des demandes qui, de l'avis du sultan, allaient jusqu'à substituer l'autorité de l'empereur de Russie à la sienne sur une grande partie de ses sujets, et ces demandes étaient appuyées par la menace. Lorsque la reine apprit qu'en proclamant sa mission terminée, le prince Menschikoff avait déclaré que le refus du sultan imposerait au gouvernement russe la nécessité de chercher une garantie par sa propre force, la reine crut devoir donner l'ordre que sa flotte quittât Malte, et, de concert avec celle de S. M. l'empereur des Français, prît position dans le voisinage des Dardanelles.

« Tant que la négociation conserva un caractère amical, la reine s'abstint de toute démonstration de force; mais lorsqu'en outre de la concentration des forces militaires considérables sur la frontière de Turquie, l'ambassadeur de Russie signifia que de sérieuses conséquences résulteraient du refus du sultan de souscrire à d'injustifiables prétentions, la reine crut devoir, conjointement avec l'empereur des Français, donner une preuve irréfragable de sa détermination de soutenir les droits souverains du sultan.

« La dépêche à l'ambassadeur de la reine à Constantinople, lui donnant pouvoir, dans certaines éventualités spécifiées, de mander la flotte anglaise, était en date du 31 mai, et l'ordre envoyé directement d'Angleterre à l'amiral de la reine, de se rendre dans le voisinage des Dardanelles, était daté du 2 juin.

« Ainsi, la détermination d'occuper les principautés était arrêtée avant que l'ordre eût été donné de faire avancer les escadres combinées.

« Le gouvernement russe a soutenu que la détermination de

l'empereur d'occuper les principautés a été provoquée par le
mouvement en avant des escadres d'Angleterre et de France; mais
la menace d'invasion du territoire turc était consignée dans la
note du comte de Nesselrode à Reschid-Pacha, les 19-31 mai, et
reproduite dans sa dépêche au baron Brunow du 20 mai au 1er juin,
annonçant la détermination de l'empereur de Russie d'ordonner
à ses troupes d'occuper les principautés, si la Porte, dans les huit
jours, ne souscrivait pas aux demandes de la Russie.

« Le ministre du sultan fut informé que s'il ne signait pas dans
les huit jours, et sans y changer un seul mot, la note proposée à
la Porte par le prince Menschikoff à la veille de son départ de
Constantinople, les principautés de Moldavie et de Valachie seraient
occupées par les troupes russes. Le sultan ne pouvait accéder à
cette insultante prétention. Mais lorsque l'occupation effective des
principautés eut lieu, le sultan ne déclara pas la guerre, comme
il eût pu le faire dans l'exercice de son droit incontestable : il
adressa une protestation à ses alliés.

« La reine, conjointement avec les souverains d'Autriche, de
France et de Prusse, a fait diverses tentatives pour satisfaire aux
justes demandes de l'empereur de Russie, sans affecter la dignité
et l'indépendance du sultan; et si l'unique objet de la Russie avait
été d'obtenir des sûretés pour la jouissance par les sujets chrétiens
de la Porte de leurs privilèges et immunités, elle eût trouvé cette
sûreté dans les offres faites par le sultan; mais cette sûreté n'étant
pas offerte sous la forme d'une stipulation spéciale et distincte avec
la Russie, fut rejetée.

« Deux fois cette offre a été faite par le sultan et recommandée
par les quatre puissances : d'abord, par une note rédigée dans
l'origine à Vienne, et ensuite modifiée par la Porte; une autre
fois, par la proposition des bases de négociations convenues à
Constantinople le 31 décembre, et approuvées à Vienne le 13 janvier, comme offrant aux deux parties le moyen d'arriver à un
accord d'une manière convenable et honorable.

« Il est dès lors manifeste qu'un droit pour la Russie à l'effet
d'intervenir dans les relations ordinaires des sujets turcs vis-à-vis
de leur souverain, et non le bonheur des populations chrétiennes
en Turquie, était le but que se proposait le gouvernement russe.
Le sultan ne voulut pas se soumettre à cette prétention, et Sa Hautesse, dans l'exercice du droit de légitime défense, déclara la
guerre à la Russie.

« Néanmoins, la reine, conjointement avec ses alliés, ne cessa pas pour cela ses efforts afin de rétablir la paix entre les parties belligérantes. Mais le moment est arrivé où les avis et remontrances des quatre puissances étant devenus tout à fait impuissants, et les préparatifs de la Russie prenant chaque jour plus d'extension, il n'est que trop évident que l'empereur de Russie est entré dans une voie politique qui, si elle n'est pas entravée, doit conduire à la destruction de l'empire ottoman.

« Dans cette conjoncture, la reine croit devoir, par égard pour un allié dont l'empire, dans son intégrité et son indépendance, a été reconnu comme essentiel à la paix de l'Europe, consultant la sympathie de son peuple pour le droit contre l'injustice, et cédant au désir d'éloigner de ses États les plus préjudiciables conséquences, et de préserver l'Europe de la prépondérance d'une puissance qui a violé la foi des traités et qui défie l'opinion du monde civilisé, la reine croit devoir prendre les armes conjointement avec l'empereur des Français pour la défense du sultan.

« La reine est persuadée qu'en agissant ainsi elle aura l'appui cordial de son peuple, et que le prétexte du dévouement à la religion chrétienne sera invoqué en vain pour couvrir une agression commise contrairement à ses saints préceptes et à son esprit pur et bienfaisant.

« Sa Majesté espère humblement que ses efforts pourront être couronnés de succès, et qu'avec la grâce de Dieu la paix pourra être rétablie sur des bases sûres et solides.

« Westminster, 28 mars 1854. »

(Extrait du *Moniteur universel*).

Cet important document, qui avait été communiqué au parlement britannique et que nous publions en entier, résume tous les griefs contre la Russie, et les justifie suffisamment. Il couronne donc dignement la série des pièces officielles qui paraissaient mériter le plus l'attention publique.

FIN DE L'APPENDICE.

TABLE DES MATIÈRES

Tours. — Imp. MAME.

CARTE DE L'EUROPE ORIENTALE

et du
THÉÂTRE DE LA GUERRE
entre la Turquie et la Russie
1854.
par L. CHODZKO et F. RAYMOND.

Librairie H. CATTIER rue de la Vrillière 1 Paris.

www.ingramcontent.com/pod-product-compliance
Lightning Source LLC
Chambersburg PA
CBHW071622270326
41928CB00010B/1743